大学美育

郑德前　主编

DAXUE MEIYU

山东人民出版社·济南
国家一级出版社　全国百佳图书出版单位

图书在版编目(CIP)数据

大学美育 / 郑德前主编. — 济南 : 山东人民出版社, 2023.8 (2024.1重印)
ISBN 978-7-209-14643-2

Ⅰ.①大… Ⅱ.①郑… Ⅲ.①美育—高等职业教育—教材 Ⅳ.①G40-014

中国国家版本馆 CIP 数据核字(2023)第 111263 号

大学美育
DAXUE MEIYU
郑德前 主编

主管单位 山东出版传媒股份有限公司
出版发行 山东人民出版社
出 版 人 胡长青
社　　址 济南市市中区舜耕路 517 号
邮　　编 250003
电　　话 总编室 (0531) 82098914
　　　　 市场部 (0531) 82098027
网　　址 http://www.sd-book.com.cn
印　　装 日照报业印刷有限公司
经　　销 新华书店

规　　格 16 开 (185mm×260mm)
印　　张 15.5
字　　数 275 千字
版　　次 2023 年 8 月第 1 版
印　　次 2024 年 1 月第 2 次
ISBN 978-7-209-14643-2
定　　价 38.00 元

编委会

主　编　郑德前

副主编　傅瑞琴　薛　彬　李倩文　张凯悦　刘　明

　　　　刘尚林　张振东

编　者　于　磊　张　婕　牛婷婷

目 录

认识美 美学理论

表达美 各艺术门类的认知

创造美 艺术鉴赏与艺术实践

认识美

美学理论

绪　论

中共中央办公厅、国务院办公厅印发的《关于全面加强和改进新时代学校美育工作的意见》提出，“美是纯洁道德、丰富精神的重要源泉。美育是审美教育、情操教育、心灵教育，也是丰富想象力和培养创新意识的教育，能提升审美素养、陶冶情操、温润心灵、激发创新创造活力”。我国近代著名教育家蔡元培曾对美育作过这样的解释：“美育者，应用美学之理论于教育，以陶养感情为目的者也。”也就是说，美育是美学与教育学的融合，是美学在教育中的贯彻和运用，是教育的重要组成部分。

第一节　美与美学

美，这是一个多么迷人的字眼！一提起“美”，我们几乎可以不假思索地说出许许多多美的事物：春天，那粉的如霞的芍药花、长满鸢尾的山坡是美的；秋天，那硕果累累的枝头、五谷丰登的田园是美的；农村，那小桥流水的村庄、金波荡漾的麦田是美的；城市，那络绎不绝的车辆、灯火辉煌的高楼是美的……的确，要说出什么是美的并不困难，但要科学界定什么是美绝非易事。

一、美的本质

美的本质是什么？其实是回答“美是什么”的问题。尽管前人作过多种多样的回答，其中不乏真知灼见，但很难说是建立在科学基础上。这个问题看似简单，实际上回答起来却极其艰难。千百年来，无数美学家为它费尽心机，作出过几十种回答，但至今仍然是一个千古之谜。

| 美学之窗 |

“美”字，最早见于甲骨文。东汉时代的许慎在《说文解字》中解释说：“美，甘也。从羊从大，羊在六畜主给膳也。”有人认为，“羊”与“大”组成美，与“善”同义。另一种说法是“羊人为美”。有学者认为，“美”字是一个独体象形文字。其字形乃是一个头戴羽饰手舞足蹈的人形。“美”和“舞”二字，古音相通，“舞，乐也”（《说文解字》）。所以，“‘美’字起源于盛装而饰之舞蹈；‘美’与‘舞’两字最初是同音、同形、同义字的分化。这就是‘美’这个重要语词的本义和语源”。

“羊人为美”和“羊大为美”，就其来源先后不论，其含义确有共同之处，都含有功利价值。“羊大为美”表明美是一种感性存在，“主给膳”，可以满足感性需要，与感性功利有关；“羊人为美”表明美是一种舞人外观，却也含有理性功利内容，如原始歌舞中含有的生产、宗教、伦理的社会内容。鲁迅先生曾经把“美”解释成“戴帽子的太太”，说明美的本意是外观形式的美丽、美观的意思。

美的本质为什么这样难解呢？其实，“美是什么”不同于“什么是美”。这就像生活中有许多现象，我们大家都习以为常，不以为意。可是追问一下，却又不知怎么回答。例如“光”，灯光、星光、太阳光等，谁不知道呢？可是我们问一下“光是什么？”这就很少人能够回答了。美也是这样。我们在生活中，到处可以看到美、感觉到美，但是，究竟美是什么呢？我们认为美是客观的，不是主观的；美的事物之所以美，是在于事物本身，不在于我们的意识作用。但客观的美可以为我们的意识所反映，进而引起我们的美感。

（一）美是人的本质力量的对象化

马克思在他早期的著作《1844年经济学哲学手稿》中对美的本质作出了极其深刻的论述，其中他提出“美是人的本质力量的对象化”。

所谓人的本质，可以从两个方面理解：一是人与动物的区别。人与动物的最大区别在于人的行为是自由的、自觉的，是有意识的、有创造性的。二是人的社会性。人的自由的、有意识的活动在人的社会关系中才能进行。因此，人的本质是人的自然本质和社会本质的有机统一。当人的智慧和创造通过社会实践在某一事物中得以体现时，这一事物就具备了美的素质。

所谓对象化，就是把人的意志、品格、力量借助于某一事物（对象）体现出来。人在对象化的过程中能够发现自己的影子，打上自己智慧、品格的烙印，体现出自己的理想愿望，即所谓使人类“直观自身”。如我们读关于西湖的图书，可能会懂得许多关于西湖风景构成的概念，但可能不会感受到美。但是，当我们往西湖边上一站，那湖光山影的形象就会扑面而来，我们不禁心醉神驰，感到“欲把西湖比西子，淡妆浓抹总相宜”。

（二）美是人类的社会现象

美究竟是自然现象还是社会现象，这是美学研究中首先碰到的一个复杂问题。有人认为，阳光、月光、星光、鸟语、花香、春雨、夏草、秋风、红叶、江河湖泊、雪原雾凇等自然美在人类社会出现以前就早已存在，怎么能说美是人类的社会现象呢？

首先，在人类社会出现以前，自然界不存在美。因为没有人类存在便没有把自然物当作观赏对象的主体存在；美是客观事物对人的一种特殊价值，它就像“有用”“无用”一样，没有人便无从谈起。比如今天的人类一般都以山为美，而山的美是人类的社会实践发展到一定历史阶段之后才产生的。人类对山的感情经历了恐惧、敬畏，企图凭借想象力去征服它、支配它到赞美它的不同阶段，只有人类的物质生产力达到能充分认识它的规律并有效地利用它时，山才成为自然美的对象。如陶渊明的“悠然见南山”，杜甫的“造化钟神秀，阴阳割昏晓”，李白的“相看两不厌，只有敬亭山”，辛弃疾的“我见青山多妩媚，料青山见我应如是”等诗句中的山，在人类出现以后才成为人类的审美对象。

其次，美是和人联系在一起的。美是相对人而存在的，离开了人，无所谓美不美。要探讨美的本质，首先应当探讨人的本质。人的本质不同于动物的本质，人不满足于本能的吃吃喝喝的生活，要在改造客观世界的过程中实现自己的目的和愿望，他要在一个由他来创造的世界中欣赏自己的本质力量。一个木匠做桌子，不是像蜜蜂造窝一样凭着自己的本能来做，而是在学习了木匠的技术之后，按照木头的性质和对桌子规律的掌握，根据自己预先设想的目的来创造某种桌子。这说明，人的活动是有目的、有意识的活动，即是一种自觉的活动。人正是通过这种活动，不断地使“自在之物”转化为“为我之物”。

二、美学是一门独立的学科

（一）美学的出现

美的现象十分普遍，可谓“爱美之心，人皆有之”。日月星辰、山川草木、日落晚霞，都可以唤醒我们内心深处的诗意；一段诗歌，一首乐曲，也可以唤起我们对往事的回忆和对未来的憧憬。“空山新雨后，天气晚来秋”，“此中有真意，欲辨已忘言”，“若乃春风春鸟，秋月秋蝉，夏云暑雨，冬月祁寒，斯四候之感诸诗者也”，这些诗句里寄托着人类内心深处难以言说的情感。杜夫海纳说：“审美经验揭示了人类与世界的最深刻和最亲密的关系，他需要美，是因为他需要感到他自己存在于世界。”

可以说，审美活动作为人的一种深层次的需要，潜移默化地影响着人类的生活。而对这种审美活动进行反思，便成为“美学”。美学学科的名称“Aesthetica”，是1750年由德国哲学家鲍姆嘉通（Baumgarten，1714—1762）首次提出来的，意思是“关于感性认识的科学”。“Aesthetica”希腊词根的原义为“感觉学”“感性学”。按照德国理性主义哲学的“三分法”，可以把人类心理功能分为“知”（即理性）、“意”（即意志）、“情”（即感性）三部分。它们分别研究人类社会中的真、善、美这三种最基本的现象。“知”（理性）的对象是客观现实之“真”，“意”（意志）的对象是人类之“善”，而“情”（感性）的对象则是使人产生愉悦之“美”。当时，认识“真”的学科，已有逻辑学；研究“意”怎样符合“善”的学科，已有伦理学；而研究如何观照“美”从而产生愉悦之“情”的学科，则还没有。鲍姆嘉通感到这是人类知识体系中一个很大的缺陷，因此他把“感性认识的完善”和“美”联系起来，认为美学研究的对象就是人类感觉和情感的领域。感觉与情感的丰富、伟大、真实、清晰、可信、生动构成了“美”，“诗意”的感觉和情感构成了“感性认识的完善”。

鲍姆嘉通是美学史上第一个以“美学”作为专著名称并为“美学”这个学科命名的人。此后，一大批学者沿用“美学”这一术语，出版了大量美学专著，鲍姆嘉通也被冠以“美学之父”的称号。至此，美学作为一个独立的学科正式出现。

（二）美学的学科性质

美学属于社会科学范畴，与社会科学和自然科学的许多学科既密切联系，又相互区别。

1. 美学的人文学科性质

人文学科作为与自然科学和社会科学相对立的独立的知识领域，出现在 19 世纪。尽管学界存在着对于人文学科的内容、对象的不同看法，但还是有基本的共识：自然科学从多样性和特殊性走向统一性、一致性和必然性，而人文学科则突出独特性、意外性、复杂性和独创性。科学是理性的产物，使用事实、规律、原因等概念，并通过客观语言沟通信息；人文学科是想象的产物，使用现象与实在、命运与自由意志等概念，并用感情性和目的性的语言来表达。

人文学科所聚焦和关注的是人性的自由而全面的发展，它研究与人生意义和价值相关联的所有现象和领域。人文学科所研究的对象与人生体验、人生境界以及人的生命情怀有着紧密的联系。人不只生活在一个单一的物理世界和实用世界，而且生活在一个充满意义与价值的世界；人不是一个追求物欲和本能的存在物，而是一个追求存在的意义与价值的存在物。

美学属于人文学科，美学的目的就是人性的完善。美学体现出鲜明的学科个性和旨趣，主要表现在：第一，始终以作为主体的人为研究对象，关注人的需要、人的目的、人的理想、人的愿望等，把人当作活泼的、灿烂的感性，注重从人的“内宇宙”诞生思辨的起点，具有鲜明的人文学内涵。第二，评价性而非事实判断。美学作为人文学科，其理论话语是人对对象世界的建构，是情感的选择，是想象的创造。由于其评价性的特点，美学话语从来都是人文化的、返回内心经验的、具有高度理想性的。第三，体验性。体验性，意味着主体知、意、情全身心的投入。人文学科学习的成效，以学习者的人生经验的丰富和对人生状况的觉醒为检测标尺。如果说学习自然科学需要智慧，那么，学习人文学科同样也需要智慧。只不过，人文学科的智慧是“别一般的智慧”。具备这样的智慧，是需要一双“慧眼”的。

2. 美学的哲学学科性质

历史上许多对美的研究产生巨大而深远影响的美学家不是艺术家、语言学家、心理学家、艺术史家，而是哲学家。在西方，柏拉图、亚里士多德、康德、黑格尔、叔本华、尼采、克罗齐、胡塞尔、海德格尔、伽达默尔等，他们的“第一称呼”都是哲学家而不是美学家，他们对整个西方美学的发展起着至关重要和不可替代的作用。在中国，老子、孔子、庄子、慧能、王夫之、叶燮的思想与思路，成就了中国古典美学的灵魂与境界。

美学与哲学有着最直接的关系。美学史上的每一次重大的理论突破，都是首先在哲学领域中孕育和生成的。美学的研究对象同哲学一样，带有普遍性和规律性。美学研究的基本问题，往往也是哲学的核心问题。哲学就是“人学”，离开人，没法说哲学，更无法谈美学。比如，人的本质的问题是哲学研究的核心问题，而美的本质与人的本质、人的存在等问题紧密相连，不说清楚人的本质，美的本质虽然可以从其他各种维度（艺术、形式、符号、心理、语言等）进行诠释，但不能从根本上进行概括、总结、解释和阐发。因此，一方面，哲学为美学提供世界观和方法论，是指导美学研究的理论基础；另一方面，美学研究的成果，反过来可以丰富和发展哲学的内容。哲学与美学是整体与局部、一般与特殊的关系。

3. 美学的其他学科性质

由于审美活动的复杂性和多元性，导致了美学研究在视角和方法上的多维性，呈现出多角度、多学科、跨学科和跨文化的研究方法。

（1）美学与心理学

美学与心理学有十分重要的关系，这是由审美心理与一般心理决定的。心理学是研究人类心理活动一般规律的学科，美感作为一种活动是在心理领域中进行的。一方面，审美心理研究是一个极其广泛而深奥的研究领域，审美的生理、心理机制，美感经验的结构、要素和过程往往制约着审美活动，需要借鉴和吸收心理学的研究成果。另一方面，美学对审美这种特殊心理活动的研究，又会丰富和发展心理学的内容。但是审美心理活动不同于一般的心理活动，审美研究也就不仅仅局限于审美心理，因此不能把审美心理学等同于一般心理学，更不能把美学研究范围归结为心理现象。

（2）美学与伦理学

美学与伦理学的关系也十分紧密，这是由美和善的关系决定的。在美学史上，许多思想家是结合善来谈论美的。在西方，苏格拉底认为，美就是善，就是有用的、有益的。任何一种实现其功用目的的东西，都是善的，也就是美的。在中国，儒家也强调美与善的统一，孔子强调“尽美矣，又尽善也”，提出“里仁为美”“尊五美”，孟子提出“充实之谓美”，荀子提出“君子知夫不全不粹之不足以为美也”的“全粹”之美等，都是强调美与德、善的联系，强调审美和艺术要达到形式与内容、美与善的统一。随着社会生活的发展，美学与伦理学的联系也将日益加强。但美学毕竟不同于伦理学，伦理学研究人们的道德关系，帮助人们明辨是非，形成正确的三观；美学研究人与社会的审美关系，帮助人们分清美丑，树立崇高的审美理想。

（3）美学与艺术学

美学与艺术学的联系更为密切。艺术是人类审美意识的集中体现，是审美活动的一个极为重要的领域。美学的研究当然离不开艺术，艺术、艺术创造、艺术活动、艺术欣赏往往是美学中最为常见的话题。但是美学中艺术哲学的研究，应该把艺术从文学的统治地位中解放出来，不能让文学的美学替代关于艺术的美学，应当回到艺术本身，尤其是视觉艺术和听觉艺术（绘画、雕塑、建筑、书法、舞蹈、音乐等），以及其他综合艺术（戏剧、电影等）。

三、辉煌而曲折的中国百年美学①

20世纪的中国美学基本是沿着中西冲突、选择、发展、对话、交融的发展轨迹进行的，中国百年美学是一个由分到合再到新的分化的动态发展过程。这就是，50年代以前是“分”，马克思主义美学还未真正取得主导地位，还处于包括马克思主义美学在内的各种美学思想纷争的时期，尤其是30年代。50年代到80年代中期为“合”的阶段，经过两次美学大讨论，真正确立了马克思主义美学的主导地位，尤其是实践论美学。80年代末至20世纪末，由于实践本体论美学的内在矛盾，引发了人们重新审视美学、马克思主义美学以及实践等基本理论问题，开始了新的分化。这个分化与前一个“分”是有质的区别的，是以马克思主义美学为基础的“分”，是马克思主义美学发展的更高阶段。因此，这个“分——合——分”的发展趋势，昭示着一种更高意义上的整合。

（一）20世纪初至新中国成立初期

第一个“分”的阶段也就是美学作为一门学科在中国形成的阶段，这是以各种文化因素为基础相互冲突、相互交融及时代选择的结果。从时间上看大体在20世纪50年代以前，历经近半个世纪，是三个阶段中最长的一个。这个大的阶段又可分为几个小的时期：

1. 1917年前

旧的传统美学逐渐退位，西方思潮被大量引入。以王国维、梁启超等为代表，他

① 此部分参考邹其昌《中国美学百年回顾》，发表于《学术研究》，2000年第6期。

们都体现出中国传统与西方理论的某些对号入座即贴标签的方式。

2. 1918—1937 年

这一时期，我国学者大量译介西方理论，按各自所理解的进行美学建构。这种建构实际上为移植，如吕荧的《美学概论》（我国最早的一本美学原理教材）就是以西方的移情理论来建构的，还有朱光潜的《文艺心理学》中表现出的直觉主义美学等。同时，马克思主义美学也随政治思潮而被大量译介。这个时期可谓中国 20 世纪第一次“美学热”，开始出现了像宗白华、朱光潜、邓以蛰等美学大家。

3. 1938—1949 年

各种思潮和观点继续论争，但马克思主义表现出强大优势，以毛泽东的美学观、蔡仪的美学观、胡风的美学思想为代表。其中，蔡仪的《新美学》是我国较早的一部力图用唯物主义观点探讨美学问题的专著，书中较完整地阐述了其基本观点，即美是典型。这是中国真正运用马克思主义观点创立学派的开端。这一学派为后来中国美学两次大讨论及推动马克思主义美学的发展起了十分积极的作用。它是科学主义在美学上的大胆运用，很有特色，有待拓展。总体来看，这一阶段总的特点是多元并存，但有了合的倾向。

（二）20 世纪 50—80 年代中期

第二阶段是 50—80 年代中期，这是“合”的阶段，也就是通过论争逐渐“合”到马克思主义美学上。马克思主义美学本质上是实践美学，因此，“合”主要是合到实践美学上。这一阶段又可分为两个时期：

1. 20 世纪 50 年代至 1978 年

1964 年的“美学大讨论”是中国 20 世纪乃至整个中国美学史上极为重大的事件。这次大讨论普及了美学，使美学在中国成了一门显学，已深入人心，为推动中国美学的现代化进程作出了极大贡献。在这一大讨论中，出现了一些美学巨子，如朱光潜、宗白华、蔡仪、李泽厚、王朝闻等，产生了以朱光潜为代表的主客观统一论美学，以蔡仪为代表的绝对客观论美学，以李泽厚为代表的实践本体论美学等学派，以及以王朝闻为代表的主客统一论的审美学。这次大讨论的主要论题是围绕“美的本质”即“美的根源”展开的，论争的焦点是从哲学观点出发来思考美学问题，出现了或认为美是主观的，或认为美是客观的，或认为美是主客观的统一等观点。这一讨论过分囿于哲学命题，而忽视了美学自身的品格，过多地强调政治意识形态，制约了真正学术性的发挥。不过，参加这次大讨论的人数之多，发表美学论文的数量之大，讨论的时间之长，都是罕见的。

2. 1978 年至 80 年代中期

这一时期可谓中国美学重见天日之时，大开国门，饱览新事物的时期，是再次大规模地洗礼于“欧风美雨”的时期。由于社会经济、生活水平的提高，大量国际性学术交流的开展、外国美学名著的系统译介，加上对“人”的问题的论争，美学再次成为街头巷尾文化人议论的中心。这一时期，50 年代的不同学派之间继续论争。

同时，美学的各种问题的讨论也已全方位展开。尤其是从美的本源开始转向美的本体等基本理论问题，人们开始怀疑已经认定的实践美学，并出现了积淀与突破的矛盾冲突。另外，实践美学由于自身的理论问题，随着学术研究的深入，话语权的转移，日益暴露出其致命的矛盾，即理性与感性、社会与个体的对抗。于是，这个“合”也预示着走向新的分化。

（三）20 世纪 80 年代末至 20 世纪末

第三阶段是从 80 年代末至世纪末，即“新的分化”的阶段，这一阶段至今还在延续。随着经济、社会、文化改革的不断深入以及美学自身研究的矛盾，实践美学已不能适应社会的发展需要。如何解决现实中人的生存的问题，必须重新思考。再加上美学由 80 年代的意识形态功能而走向 90 年代的非意识形态的边缘，使美学更有必要重新定位。为此，美学领域大规模出现反实践美学、超越实践美学的浪潮。整个美学的转型开始了。由原来的过多地关注美的根源而转向更为根本的涉及美学存在的合理化的美的本体问题，导引出了生命美学、生存美学、虚无美学、否定美学、体验美学、和合美学等。这一阶段总的特点是平等对话，多元并存，为更高意义上的整合作准备。

总之，中国美学百年就是中国美学走出古典、走向现代、走向成熟辩证发展的一百年。

| 拓展阅读 |

中国服饰百年审美变化

（一）民国故事

19 世纪末 20 世纪初，随着资产阶级政治运动的高涨与妇女解放运动的兴起，人们从许多新的角度，提出了变革服饰的要求。把变革女子服饰同妇女解放联系起来，是当时一些新知识分子普遍的做法。他们把传统的女子服饰看作是妇女处于被支配地位的重要标志，是束缚妇女的一大绳索。

一些有见识的女性提出，衣服应与职业、身份相称，并批评道："近年来大家都不肯往这点上讲究，也有女扮男装的，也有仿妓女戏子的装饰的，也有学生仿流氓打扮的，闹得糊里糊涂。"她们主张学习文明国家，先生、学生、医生、护士各有职业服装。

20 世纪 30 年代始，旗袍已成为中国都市女性的重要服装。名媛明星、女学生、工厂女工悉数接受，仅面料、做工和搭配略见差异，形成具有海派文化特点的民国典型服饰形象，造就了中国现代服装史上的一页辉煌。

（二）"同志"，你好！

中华人民共和国从未制定过明确的服饰制度，却成功地推行了新的服饰和审美标准，中国的服饰审美从此出现了极大的转折。新中国成立初期，人们的服饰是新旧并存，中西皆有。20 世纪 50 年代的时髦当然与革命相连，列宁装、人民装、中山装成为当时最时髦的三种服装。20 世纪 50 年代中后期，一度流行裙装，不过最终让位于裤装，劳动工作的妇女更多地选择裤装。旗袍渐从新社会生活中淡出，直至完全消失。来自解放区的男干部穿灰色中山装，被老百姓称作"干部服""人民装"。"文革"时期的女装十分单调，均为直线造型，尽量弱化女性性征。

（三）萌芽的"时髦"

中国改革开放的明显服饰标志，当属"西装热"。从党政领导到播音员、平民百姓都选择西装。西服热也带动了其他西式服装的流行，有夹克衫、风衣等。女性们也穿上了西装套裙，流行于欧美半个多世纪的职业女性套装，亦受到中国女性们的青睐。另外，体现女性曲线的裙装复为女性的主要装束之一。连衣裙是年轻女子常备而时髦的服饰，通常配穿长筒袜和高跟鞋。此时流行的连衣裙，大多是无领式，造型简单明快，也有直身裙、衬衫裙、春秋裙、背心裙等。20 世纪 80 年代后期，中国的服装市场开始猛追世界潮流，时逢西方女装流行宽肩，于是中国都市女性的长短大衣、西式套装、毛线衣，甚至夏季女衬衫、连衫裙都添加海绵垫肩来迎合这种时髦。有趣的是，一种裤口加有蹬条的黑色弹力针织裤迅速普及全国城乡，这种俗称“脚蹬裤”或“健美裤”的裤子深得广大女性的喜爱，从转呼啦圈的年幼女童到打太极拳的老太太，无一例外。

（四）与时尚同行

随着社会的发展、贸易的频繁，国际时尚登陆中国的脚步越来越迅捷。男人们的西装外形逐渐跟上了国际潮流，由宽松过渡到合体，垫肩变薄、袖笼变小；西裤的臀围变小，立裆变短，裤腿变窄，讲究轻、薄、挺。时髦的休闲服概念传入，成为男装的一大流行形式。随着生活水平的提高，双休日制度的实行，保龄球、高尔夫球、旅游、卡拉 OK、溜冰等现代休闲活动的流行，使都市中忙碌的国人愈加接受休闲生活方式，更视休闲类服饰为身份地位的物化象征。

20 世纪 90 年代初的女装很快发展为一步裙、超短裙、松糕鞋，层出不穷的休闲和青春意味的时装样式出现在大街小巷、商场摊档。性感风格更是以风驰电掣般的速度流行开来，女性的衣服越穿越少，越穿越紧。十年以前，“内衣外穿”是西方设计师在时装展演台上的创意，而今，露脐、吊带衫、短裆裤等暴露、性感的装束是中国大街上的风景。

20 世纪 90 年代出生的青少年浸润在电视文化和快餐文化中，与父辈相比，他们熟知哪些是高级成衣，哪些是大众名牌，从而迅速成为前卫时尚的领头群体。“雅皮”“波普”“嘻哈”“波西米亚”，种种来自国际的时尚成为青少年们具体的服饰形式。在时尚流行的潮流与国际接轨的同时，中国服装界出现了寻找和恢复本民族服饰文化和形式的意识，加之后现代思潮的兴起，在新旧世纪交替的门槛上，悄然兴起“唐装”热，立领、盘扣、斜门襟掀起了中国传统服饰时尚的盖头。新时期的服装越来越多元化、个性化。

整整一个百年，中国人的穿衣着装发生了太大的变化，可以自由做主，不再听命和盲从于服饰制度和他国时尚。

（节选自王丹阳著《三分》，深圳报业集团出版社，2013 年，有改动）

第二节　马克思主义美学

美育是一种人的教育，马克思以唯物史观为指导，对美育作为人的教育的基础、实质与内涵进行了深刻的论述。马克思主义的人学理论是马克思有关美育的人的教育理论的基础。中国现代美学的主流是马克思主义美学。

一、马克思主义美学

马克思主义美学是一种艺术理论，特别是艺术社会学的理论。马克思主义美学艺术论的基本特色是以艺术的社会效应为核心或主题，社会效应与无产阶级的革命事业和批判精神密切相关；强调艺术为上层建筑，其对社会生活的反映，又反作用于社会，艺术为人民、为社会主义服务。

| 美学之窗 |

马克思主义美学

马克思主义美学是用马克思主义的观点、方法阐述人类审美意识、美与艺术的本质及其历史发展的科学；是马克思、恩格斯关于美和艺术的本质、艺术生产与物质生产的关系、艺术与资本主义、艺术与共产主义等一系列美学理论的统称；是目前人类美学思想史上最先进、最深刻的美学理论之一。主要包括以下内容：

1. 美的本质和起源理论

马克思在《1844年经济学哲学手稿》等著作中明确提出，劳动创造了美，并揭示了美与人的本质力量具有密切关系。

2. 美的规律的理论

在审美创造基础上，马克思明确提出人类创造美的活动并不是任意的，而是有规律可循的，人类是按照美学的规律来创造美的事物。马克思主义美学关于美的规律的理论充分肯定了审美主体的主体性，又不忽视作为审美创造材料的客观事物的规律性，从而对于人类审美创造作出了深刻的理论概括。

3. 异化劳动与审美活动相互关系的理论

马克思和恩格斯对资本主义社会中的异化劳动作过详细的研究，他们通过对异化劳动的分析，一方面尖锐批判了资本主义私有制的罪行，另一方面又具体分析了异化劳动对于审美活动的两种意义：既制造丑，又创造美。

4. 艺术本质理论

马克思主义美学在探讨艺术的本质问题时，首先强调艺术作为上层建筑对于经济基础的依赖关系："人们首先必须吃、喝、住、穿，然后才能从事政治、科学、艺术、宗教等等。"

此外，马克思主义美学还对文艺的社会功能问题、文艺的真实性问题等等作了论述。

艺术、艺术创作和艺术欣赏都不仅是审美的，而且作为文化的一个部分，是有社会的效应和作用的。艺术要为现实服务，要求用批判的眼光来观赏和对待过去的艺术和创造新的人民和无产阶级的艺术。这与西方近现代美学从心理上讲艺术，强调艺术的非社会功利性的审美特征有着明显的区别。毛泽东提出艺术有政治标准和艺术标准两个标准，并强调政治标准第一，这是对马克思、恩格斯强调艺术反映现实、服务于现实，和列宁提出的艺术的党性原则的进一步的发展。毛泽东《在延安文艺座谈会上的讲话》系统化了这些思想，而且还加上了中国自己的传统。除了"文以载道"这一古老的传统意识外，中国的新文艺，从五四时期起，经常与社会斗争、革命要求以及革命战争密切联系在一起。可以说，马克思主义美学是马克思主义本身的批判性、革命性和实践性在艺术—美学领域中的体现。马克思主义美学不仅仅是一种理论，不能仅仅从无产阶级革命事业的角度，更应该从人类总体的物质文明和精神文明的成长建设角度，来对待和研究美与艺术。

二、中国特色社会主义美学

党的十八大以来，以习近平同志为核心的党中央高度重视文艺事业，围绕做好新时代文艺工作作出一系列重要论述，深刻回答了新的历史条件下文艺工作方向性、全局性、战略性的重大问题，丰富和发展了马克思主义文艺理论，为社会主义文艺在新时代的繁荣发展指明了前进方向。

美学是以艺术为中心、研究人对现实的审美关系的科学。所谓人对现实的审美关系，就是在长期社会实践中，对象能满足人的审美需求、人也要求对象满足自身审美需求的人与现实的关系。这种关系主要表现为两个特性：一是形象性，即人与对象的形象发生关系；二是感染性，即审美关系是一种阐明人类情感、超越直接功利目的的关系。美学之所以以艺术为中心进行研究，是因为艺术集中表现了人对现实的审美关系，是人对现实的审美关系的理论化形态。因此，美和审美及艺术在美学中是一个整体。繁荣发展中国特色社会主义文艺，需要我们根据中国特色社会主义美学的基本原理和原则，科学分析和研究当前的文艺现象、文艺创作、文艺作品、文艺批评。要做到这一点，首先应把握中国特色社会主义美学的显著特征，即追求真、善、美的融合价值。

1. 坚持合规律性与合目的性辩证统一

马克思、恩格斯在建构马克思主义思想体系过程中，建构了马克思主义美学理论，其主要标志是《1844 年经济学哲学手稿》中的美学思想和美学体系。20 世纪以来，在马克思主义美学理论指导下，中国化马克思主义美学思想逐步形成并不断发展，其基本特征是在实践基础上实现合规律性与合目的性辩证统一。

马克思主义经典作家运用辩证唯物主义和历史唯物主义基本原理，建构了以实践观为基础的美学理论。这一美学理论，体现了真、善、美的有机融合。马克思主义美学理论认为，真是事物的合规律性，善是事物的合目的性，美则是事物合规律性与合目的性的辩证统一；真和善是美的基础，美是真和善的形象显现。马克思、恩格斯指出“劳动生产了美”，审美是“人在他所创造的对象世界中直观到自身”，“人也按照美的规律来构造”，美是“人的本质力量的对象化”，人类的社会实践造就了“有音乐感的耳朵、能感受形式美的眼睛”。马克思、恩格斯还把艺术规定为“社会意识形态的形式”，是一种特殊的精神生产，也是一种“实践—精神”的掌握世界的方式。他们揭示了艺术生产与物质生产不平衡发展的客观规律，并对当时欧洲一些文学艺术作品进行了“美学的批评”和“史学的批评”。

马克思主义美学理论经十月革命传入中国后，通过李大钊、瞿秋白、鲁迅等人的研究和阐发，初步形成了有中国特色的马克思主义美学思想。此后，经过几代中国共产党人及中国学术界的不懈努力，以实践观为基础的中国化马克思主义美学思想不断发展、逐渐成熟。在中国化马克思主义美学思想指导下，中国美学界在20世纪50—60年代的“美学大讨论”中形成“四大派”，即主观派、客观派、主客观统一派、实践派。在20世纪80—90年代的“美学热”中，蒋孔阳、刘纲纪、周来祥等人发展的“实践美学”，成为中国当代美学的主导流派，但也受到一些质疑和反思。在20—21世纪之交实践美学与后实践美学的论争中，实践美学发展到新的阶段，出现了实践存在论美学、新实践论美学等。中国特色社会主义美学以马克思主义美学及其中国化为指导，融通中西传统美学思想的优秀成果，成为中国特色社会主义学术理论的一个重要组成部分。

2. 坚持发挥社会主义核心价值观的凝魂聚气功能

中国特色社会主义美学，揭示了美和审美及艺术的关系在社会主义初级阶段的中国特色，在“文艺为人民服务，为社会主义服务”的大方向下，强调发挥社会主义核心价值观的凝魂聚气功能。

根据社会主义核心价值观要求发现、创造和传递美。中国特色社会主义美学认为，我国正处于并将长期处于社会主义初级阶段，文艺家应根据社会主义核心价值观去发现和创造人民生活中的美，并以鲜明、生动、感人的审美对象和艺术形象来传递美。从一定意义上说，真和善是文艺作品的内容，而美就是文艺作品的形式。社会主义的内容和尽可能完美的形式辩证统一，是中国特色社会主义美学的鲜明特征。从社会主义核心价值观的内涵看，它规定了国家、社会、个人层面真和善的价值取向和发展方向。文艺作品作为一种社会的审美意识形态，一种“按照美的规律来构造”的精神生产和话语生产，一种“实践—精神”的掌握世界的方式，应是真和善的形象显现，是一种美的发现、创造和传递。因此，文艺家要宣传和传播社会主义核心价值观，就必须在人民大众生活中发现美、创造美、传递美，把真和善的价值观念和理想追求融合为美的形象显现。

以真善美统一的审美教育鼓舞人、激励人。中国特色社会主义美学主张，文艺作为一种宣传方式，不应是标语口号式的呼喊，也不应是教科书式的概念演绎，更不应是文告式的陈述；而是真和善的形象显现，是一种真善美统一的审美教育。这种审美教育应以美的形象和艺术形象感染人，让人们在审美愉悦中得到真和善统一的知识教育和道德教育。坚持和发展中国特色社会主义，是人类历史上空前的伟大事业，更需要以真善美统一的审美教育来激发人们的理想和希望，以社会主义核心价值观来凝聚人民群众的无穷力量。中国特色社会主义美学要担当起这样的历史使命，无愧于伟大的时代，无愧于伟大的人民，无愧于伟大的事业。

3. 坚持向内求善与向外求真的有机结合

中国特色社会主义美学，坚持以马克思主义美学理论为指导，以社会主义核心价值观为引领，实现向内求善与向外求真的有机结合。

继承和弘扬中国传统向内求善的伦理型美学精神。中国传统美学是一种向内求善的伦理型美学思想，注重把美与善联系起来。老子倡导“道法自然”，因此认为“信言不美，美言不信”。孔子主张“里仁为美”，即接近仁就是美。荀子认为，“不全不粹之不足以为美”。孟子说“充实之谓美”，把美与事物或观念的合目的性联系在一起，形成了中国传统美学的“比德说”。它将自然事物的美比附人类的道德，如玉之美，在于其温润圆通的素质；竹之美，在于它“千磨万击还坚劲，任尔东西南北风”的坚定品格和节操；梅花之美，在于其不畏苦寒和耐得住寂寞的高风亮节；菊花之美，在于它淡泊宁静和悠闲自得的品位；等等。这些思想观点对中国特色社会主义美学有重要启示意义。

合理吸收借鉴西方向外求真的科学型美学精神。西方传统美学是一种向外求真的科学型美学思想，强调美和审美及艺术的真实性，即合规律性或科学性。从古希腊时代起，毕达哥拉斯提出“美是数的和谐”，到柏拉图提出“美是理念”，再到亚里士多德提出“美是依靠大小、比例、秩序安排的有机整体”，基本上是以事物或观念的合规律性作为美的本质。文艺复兴晚期，西方美学在笛卡尔“我思故我在”的启发下发生了认识论转向。被誉为西方美学之父的鲍姆加登说“美是感性认识的完善”，康德认为“美是形式的主观合目的性”，席勒认为“美是现象中的自由”和“美是活的形象”，黑格尔也认为“美是理念的感性显现”。大多数西方美学家均把美与合规律性联系起来。就是20世纪的海德格尔，也把美规定为“置入艺术之中的真”。这些思想观点为中国特色社会主义美学提供了有益的参考系。

中西传统美学思想的价值取向和发展方向，产生于不同的历史时间和空间，有各自的文化传统依据和合理之处，但也有一些偏颇之处。只有把二者融通起来，才是完整的美学思想和理论。中国特色社会主义美学的真善美统一论，正是融合中西方传统美学的优秀遗产、克服其偏颇之处而提出的，是合乎历史发展规律和人类审美目的的完整的美学思想和理论。

习近平新时代中国特色社会主义思想的美学内涵

习近平新时代中国特色社会主义思想，是全党全国人民为实现中华民族伟大复兴而奋斗的行动指南。在新时代，必须深刻领会习近平新时代中国特色社会主义思想的真理之美，凝聚起为实现中华民族伟大复兴的中国梦不懈奋斗的磅礴力量。

习近平总书记在参观《复兴之路》大型展览时，曾意味深长地讲过“真理味道”的故事：陈望道在翻译《共产党宣言》时，忘我之际，把墨汁当红糖，由此说了一句“真理的味道非常甜”。真理是甜的，也是美的。时代孕育真理，真理领航时代。习近平新时代中国特色社会主义思想就是挺立时代潮头、扎根中国大地、承托民族梦想、契合人民意愿的当代马克思主义真理。它释放的美的光芒，照亮时代又穿越时代，与中华民族伟大复兴的历史进程美美与共，与中华儿女共享的幸福和荣光交相辉映，成为光灿历史长河领航中华巨轮的思想灯塔。它喷薄的美的伟力，源自人民又为了人民，熔铸在中华民族伟大精神的旗帜之上，磅礴在为人民美好生活的向往而奋斗的洪流之中，高擎起党带领全国各族人民勠力同心逐梦前行的精神火炬。

（一）从政治品格中追寻信仰的光明之美

习近平总书记在纪念马克思诞辰200周年大会上指出，“推动马克思主义不断发展是中国共产党人的神圣职责”。马克思主义的无限美妙，在于它以与时俱进的品质开辟了通向“无尽真理”的道路。在《共产党宣言》发表170年后的今天，马克思主义的崇高之美、光明之美、青春之美、未来之美在习近平新时代中国特色社会主义思想中得到了新的升华，在与中国实践的结合中焕发出“磅礴于全世界，而葆其美妙之青春”的强大生命力。习近平新时代中国特色社会主义思想是马克思主义中国化的最新成果，它焕发的真理之美因根植中国道路而更加勃发，因融入中国智慧而更为丰厚，因贡献中国方案而更具光芒。

“一切向前走，都不能忘记走过的路。”党的十九大刚刚闭幕，习近平总书记就带领新一届中央政治局常委来到我们党逐梦起航的地方，以激越百年而更加响彻寰宇的誓言，彰显出新时代共产党人的红色初心、红色气质和红色力量。“中国共产党立志于中华民族千秋伟业，百年恰是风华正茂。”屹立于东方的世界第一大执政党正高扬信仰之帆，奋楫时代之潮，向全世界印证着马克思、恩格斯设想的人类社会美好前景，印证着共产主义事业穿越世纪、历久弥新的蓬勃生命和光明未来。

（二）从治国方略中展现高超的经略之美

党的十八大以来，以习近平同志为核心的党中央，以伟大斗争激发披荆斩棘的前行勇气，以伟大工程永葆共产党人的初心底色，以伟大事业坚定中国特色社会主义道路自信，以伟大梦想凝聚前所未有的民族力量，将治国理政的布局之美、运筹之美、经略之美和逻辑之美提升到全新的境界。

从“中国梦”的重要阐述到党的十八届三中、四中、五中、六中全会的重大议题，再到党的十九大报告中对中国特色社会主义进入新时代的庄严宣示，如同一部气势磅礴的中华交响曲，奏响向中华民族伟大复兴坚定前行的时代强音。

从“两个一百年”奋斗目标的蓝图描绘，到“五位一体”总体布局、“四个全面”战略布局、新发展理念的顶层设计，再到“十四个坚持”“七大发展战略”“三大攻坚战”的重要部署，如同一座气魄雄伟的中华建筑，格局闳阔深美，设计严谨精巧，四梁坚如磐石，八柱固若泰山，建构出习近平新时代中国特色社会主义思想的宏美格局。

从习近平新时代中国特色社会主义经济思想到引领中华民族永续发展的习近平生态文明思想，再到开创中国特色大国外交新境界的习近平外交思想、凝结马克思主义军事创新理论的习近平强军思想，如同一幅气度恢宏的中华画卷，挥就出马克思主义基本原理与中国实践相结合的真理伟力。

从“一带一路”倡议的远见卓识，到亚洲基础设施投资银行、金砖国家新开发银行的落子开局，从京津冀协同发展、长江经济带建设的两翼齐飞到雄安新区、海南自由贸易港的横空出世，再到长江三角洲区域一体化上升为国家战略，如同一卷流光溢彩的中华织锦，裁度经纬流畅，质地坚实厚重，色泽丰富瑰丽，丝绣精致细腻，织就出新时代改革开放再出发的锦绣春天。

（三）从复兴梦想中体味奋斗的幸福之美

“幸福都是奋斗出来的，奋斗本身就是一种幸福”，“奋斗也是艰辛的、长期的、曲折的”。习近平总书记的奋斗观，赋予了奋斗玉汝于成的深度、刚毅坚卓的气质、淬火成钢的坚守、化茧成蝶的美丽。从南湖的一叶红船到新时代的红色巨轮，中国共产党和中华民族冲破惊涛骇浪、战胜冰山暗礁，从苦难走向光明的历程，就是一部无数奋斗者用信仰、热血乃至生命铸就的壮美史诗。

梦想之光不灭，奋斗之路不止，每一代人都有自己的长征路。2018 年 8 月，在“温比亚”台风过境时，中国船舶重工集团有限公司黄群同志用生命保护了国家重点试验平台的安全。他留下的笔记本扉页上写着：“只有奋斗的一生才能称为幸福的一生”；著名地球物理学家黄大年生命不息、奋斗不止，把对祖国最深沉的爱延续到生命的最后一刻；港珠澳大桥岛隧工程总工程师林鸣“十年磨一剑”，带领自主攻关团队创造世界工程史上的中国奇迹……习近平总书记说，“中国梦不是镜中花、水中月”，这个梦想，触摸着 960 多万平方公里广袤大地的温度，传承着 5000 多年中华民族自强不息的精神，守望着 13 亿多中华儿女人生出彩的机会。这是激荡起时代奋斗力量的伟大梦想，也是深植于所有中国人民心中的美丽梦想。

（四）从民生情怀中闪耀厚朴的赤子之美

“一个政党，如一个人一样，最宝贵的是历尽沧桑，还怀有一颗赤子之心。”党的十八大以来，习近平总书记用披星戴月的脚步丈量祖国大地，用夙夜在公的勤勉践行对人民的深情承诺。严冬酷暑，风雨无阻，万里路遥，赤子丹心，中国大地的一山一水、一草一木都见证着一个朴素的真理：党和国家最高领导人的心离百姓有多近，爱得有多深沉，脚下这片土地就能焕发出多大的生命力和创造力。习近平总书记在大凉山火塘边与彝族群众促膝长谈脱贫攻坚，三江源移民村与藏族群众牵手共话美好生活，彩云之南对独龙族群众深情叮嘱少数民族发展，草原那达慕上用蒙古族传统祝福人民幸福安康，新疆小院里用维吾尔族乐曲寄语美丽家园建设……这片赤子之心如水晶般透明，心系着 56 个民族大家庭的每一个成员，凝聚起各族人民紧紧抱在一起的强大向心力；芦山地震灾区住临时板房，河北调研吃大盆菜，阿尔山哨所与哨兵一起执勤，井冈山与老乡一同打糍粑，梁家河为父老乡亲采办年货，在老支书家吃农家饭交伙食费……这片赤子之心如璞玉般质朴，俯身躬行人民至上的执政理念，烙印着我们党与人民水乳交融的初心本色；湘西十八洞村提出“精准扶贫”，凤阳小岗村强调“改革要常讲常新”，重访兰考要求“为民服务不能一阵风”，甘肃定西指出“民生为上，治水为要”，洱海之滨“立此存照”嘱托当地干部群众保护好洱海，鲁甸龙头山关心灾区群众“住有所居、住有所安、温暖过冬”……这片赤子之心如金子般珍贵，情牵着百姓民生的一枝一叶，闪耀着“民为根、民为本、民为天”的思想光辉。

（五）从人类视野中辉映浩瀚的星空之美

习近平总书记指出：“人类生活在同一个地球村里，生活在历史和现实交汇的同一个时空里，越来越成为你中有我、我中有你的命运共同体。”这一理念以东方智慧之光照亮了人类文明的历史长河，启迪着全人类对世界前途和未来发展的探寻。多彩、平等、包容的文明观，共商、共建、共享的全球治理观，共同、综合、合作、可持续的安全观，义利并举、以义为先的正确义利观，对话而不对抗、结伴而不结盟的国与国交往新路，政策沟通、设施联通、贸易畅通、资金融通、民心相通的国际合作新平台，亲诚惠容、睦邻友好、守望相助的周边外交理念，和平合作、开放包容、互学互鉴、互利共赢的丝路精神，共谋全球生态文明、建设清洁美丽世界的中国方案……美人之美的全球胸怀，七色交辉，相得益彰，标识出人类共同价值的高度；美美与共的大道之行，八音合奏，音清且和，印证着共产党人“为人类进步事业而奋斗”的誓言。

2018 年 11 月 5 日，在首届中国国际进口博览会的主旨演讲中，习近平主席阐述了经济全球化“相通则共进，相闭则各退”的深刻规律，“大海论”更是道出了中国经济无惧逆流浩荡前行的坚心韧志。无论世界风云如何变幻，中国开放的大门只会越开越大，中国推动构建人类命运共同体的脚步不会停滞。历史和现实必将证明：从沧桑中走出的人间正道更加珍贵，于波折中积蓄的能量更加喷薄，在寒冬中守护的人类光明必将焕发出更加恒远的星空之美。

（六）从历史底蕴中透射文化的隽永之美

诗者，天地之心，传递着中华民族精神与情感的审美基因，记录着中华文明意蕴和价值的审美智慧，承载着传统文化风骨与气象的审美观照，也闪耀在党的十八大以来习近平总书记的一系列重要讲话和著述之中。在参观《复兴之路》大型展览时，习近平总书记引用“雄关漫道真如铁”“人间正道是沧桑”“长风破浪会有时”

概括中华民族的昨天、今天和明天，观古今于须臾，透射出寄思于境、寓意于情、蕴哲于美的隽永语言风格。论治国之道，“治国犹如栽树，本根不摇则枝叶茂荣”；议为政之要，“为政以德，譬如北辰，居其所而众星共之”；明定力笃志，“不要人夸颜色好，只留清气满乾坤”；道担当襟怀，“地位清高，日月每从肩上过；门庭开豁，江山常在掌中看”；树正气清风，“善除害者察其本，善理疾者绝其源”；虑民生冷暖，“利民之事，丝发必兴；厉民之事，毫末必去”；谈文化振兴，“落其实者思其树，饮其流者怀其源”；倡国之交往，“同心而共济，始终如一，此君子之朋也”……诗词歌赋，经史子集，自在撷采，自由徜徉，自然流淌，润物无声地向全世界传播着中华文化特有的清芬。

诗境通达心境，辞意直抒胸臆，文脉融于血脉。习近平总书记用典，思接千载，意骋万里，让散落在古籍里的文字活了起来，映照出历代杰出政治家的精神世界。范仲淹、文天祥、岳飞、于谦、郑板桥、林则徐……古今互见光彩中，共通着心怀天下、精忠报国的志向追求。正如习近平总书记在《念奴娇·追思焦裕禄》中所言，“生也沙丘，死也沙丘，父老生死系。暮雪朝霜，毋改英雄意气……为官一任，造福一方，遂了平生意。绿我涓滴，会它千顷澄碧”，月夜思贤，清气贯盈，肝胆如洗；焦桐化雨，筚路蓝缕，襟怀如壁，托寄于深远诗境的，正是当代共产党人“正气参天地、丹青照古今”的高远情怀。

（七）从党的建设中坚守初心的清朗之美

一个政党的发展就像奔涌不息的河流，源洁才能河清，疏浚才能流长；也像参天树木的生长，本固才能枝荣，根正才能叶茂。党的十八大以来，以习近平同志为核心的党中央以高度的战略清醒和深沉的忧患意识，在具有许多新的历史特点的伟大斗争中迈越雄关漫道，在全面推进党的建设新的伟大工程中擘起朗朗乾坤，在坚守马克思主义政党的初心使命中散发出如皎月当空万里清辉。

“不忘初心，继续前进”，从传承西柏坡精神，重提党的“赶考”，到践行延安精神，全面从严治党，到弘扬长征精神，走好今天的长征路，再到续写红船精神，走在时代前列……始终不变的，是百折不挠、永不停步，从胜利走向胜利的奋斗足迹；“不移坚心，淬火成钢”，从驰而不息反对“四风”，到党的群众路线教育实践活动，“三严三实”专题教育，再到“两学一做”学习教育……一脉相承的，是不断自我净化、自我完善、自我革新、自我提高的先锋品格；“不染冰心，激浊扬清”，从整治“舌尖上的浪费”“会所中的歪风”“车轮上的铺张”，到重拳“打虎”“拍蝇”“猎狐”，反腐败无禁区、全覆盖、零容忍，再到巡视利剑高悬锋芒愈显……环环相扣的是净化党内政治生态的勇气担当；“不失本心，守正出新”，从思想建党和制度治党同向发力，依规治党与以德治党紧密结合，到扎牢制度之笼，深化国家监察体制改革，再到从严治吏，打造忠诚干净担当的干部队伍……久久为功的，是为全面从严治党立规明矩固本培元。走过近百年壮阔征程的中国共产党，正在与人民同在、与时代齐进的步伐中践行初心使命，永葆一往无前、久而弥坚的旺盛生命力和强大战斗力。

“朝饮木兰之坠露兮，夕餐秋菊之落英”，每读习近平总书记的讲话著述，就如同浸润在一条蕴藏着无尽能量的长河之中，源清涵养天地，流长揽纳百川，光华明澈的美，含映着天光云影的气象万千，绵延着中华民族生生不息的智慧与文明之光。习近平新时代中国特色社会主义思想灿烂的真理之美，必将在中华民族伟大复兴的前进道路上，焕发出初心和使命的耀目光芒，焕发出时代和未来的强烈昭示，焕发出信仰和梦想的伟大力量。

（选自李茜《习近平新时代中国特色社会主义思想的美学内涵》，《学习时报》，2018 年 12 月 10 日，有改动）

第三节　以美育人

美育是以人对事物的审美判断与情感体验为基础，借助各种事物之美对人进行积极的影响，从而实现人格塑造的一种教育。

一、大学美育的目标

美育的首要任务是塑造健全的人格。人格是一个复杂的概念，代表着人的个性、气质、道德品质等。健全的人格是真、善、美的合理统一，是由先天遗传因素及后天养成等因素相互影响、相互作用而形成的，是教育活动与社会实践的产物，是理性与感性的有机结合。美育在健全人格的塑造过程中起着重要作用。孔子曾指出“乐教”“诗教”在人格养成中占有重要地位。根据马克思主义人学理论，人格养成是受教育者在各类教育方式引导下，发挥主观能动性，按照美的规律进行自我建构，塑造真善美和谐统一的理想人格的过程，最终目标是达到美的状态，即人的全面自由发展。

为更好地发挥美育对大学生人格养成的促进作用，美育应该坚持如下原则：

1. 坚持指向性与无功利性的辩证统一

美育从来都是指向人格养成的，是一种终极指向，不能急于眼前，带有很强的非功利性。这也是美育与德育、智育等人格养成途径的根本区别所在。指向人格养成的美育，意在让大学生认识到，他们生活在一个充满诗意的美的世界之中。人活着，不是为了简单地奔向某一具体目的，而是为了美好的生活而拼搏，拼搏的过程也就是美的过程。人的所作所为不能是纯功利的，在某种意义也是超越功利的。但并不排斥符合人类社会现代化进程的长远的功利，并不排斥使人得到自由全面发展。

2. 坚持独立性与渗透性的辩证统一

指向人格养成的美育，具备一定的独立性。但人格的培养主要依赖于实践，还要依赖于渗透在各科知识传授过程中的审美视点的培育。因此，美育不应是一门纯粹的、完全独立的学科。一方面，要坚持美育的独立性，遵循美育的规律性，体现美育的独特特点，强调美育的主渠道。另一方面，要将美育具体落实到学校教育全过程，渗透到学校教育各个方面。

3. 坚持共性与个性的辩证统一

大学生人格是共性与个性的结合，是民族性与个体性的结合。这就要求美育也要体现共性与个性的辩证统一。美育的内容、方法和目标都要体现普适性，更要尊重个性。一方面，我们要积极宣扬普适美，引导大学生关注、热爱、创造具有普适价值的美，引导大学生树立崇高的审美理想。另一方面，更要注重个性美的弘扬、引导，不违背美育的愉悦、自由、个性化的本性。

二、大学美育的任务

（一）审美力的培养

由于美无处不在，人们的审美活动随时随地都会发生。其中，有的是在无意识的状态下自然而然发生的，有的是在有意识的情形下发生的。由于主观作用不同，对美的体验深度不同，获得的审美享受也各不相同。一般情况下，在审美活动中，主观能动性越强，对美的体验越深刻，获得的美感享受就越充分。

美育对大学生审美力的培养具体体现在以下三个方面：

1. 提升大学生的审美感受力

一个人先感受到事物的美，后来才逐步能够鉴赏事物的美，进而具备和掌握创造美的事物的能力。因此，审美感受力是审美能力的基础和初级阶段。一个人如果缺乏基本的审美感受能力，就无法感受到美丽的图画、优美的音乐、引人奋发图强的故事中的奥妙。因此，应该首先重点提升人的审美感受力。大学生审美感受力的提升主要通过两种教育方式实现。第一，在美育活动中，要注重引导大学生树立正确的审美态度。大学生在审美活动中首先需要调动自己的主观能动性去感受审美对象的美，然后还需要将审美的情感从审美对象中抽离，用客观全面的态度分析研究审美对象。第二，开展丰富的美育实践活动，提高大学生的审美观察力。对不同事物的不同特点进行观察分析，不断提高欣赏事物美的能力。这两种教育方式相辅相成，缺一不可。

2. 提升大学生的审美鉴赏力

审美鉴赏力是审美能力最重要、最关键的组成部分。判断一个人审美能力的高低、审美素养的强弱，首先看他的审美鉴赏力。大学生的审美鉴赏力是在感受事物美的基础上，对审美对象进行全面细致的剖析和判断，因此大学生必须具备去伪存真的素质和能力。

3. 提升大学生的审美创造力

审美创造力是人类特有的能力。马克思说："社会的进步，就是人类对美的追求的结晶。"对美的憧憬促使人类不断探索未知的世界，坚持对真理、自由、幸福的追求，客观地促进人类社会的发展和进步。美育活动都是以美好的事物形象或情境为基础展开的。美育所利用的事物形象或意境一般都能触发欣赏者的联想，引发欣赏者的想象，使欣赏者的思维能力得到发展，创造能力得到提升。在美育活动中，人的心情是轻松愉快的，在这种状态下，思维是十分活跃的，因此，美育有利于发展学生的思维。提升大学生的审美创造力，就是让他们在具备了一定的美育知识和审美鉴赏力后，通过适当的审美实践活动，鼓励他们尝试创造新的审美对象、审美内容。

（二）生活艺术家的造就

生活中的事物之美，很多是直接作用于人的感官的，人单凭知觉就能完成整个审美过程。例如，享受各种美食，不论是观其色、闻其香，还是品其味，都是知觉审美，其审美感受一般表现为直觉反应。在这里，需要注意的是，人的休闲性审美活动常常是综合性的，获得的美感直觉有时也是比较丰富的。例如，我们到咖啡馆里喝咖啡，本来是去品味生活之美的，但咖啡馆里清雅的音乐使我们感受了艺术美，桌上一束鲜花又使我们感受了自然美。“生活的艺术家”应该具有审美的人生态度，那就是以审美的态度，也就是以亲和的态度去对待自然、社会、他人与自身。

1. 以审美的态度对待自然

21 世纪以来，人类逐渐认识到人与自然应该是一种和谐发展的亲和的审美关系。人类应该以审美的态度去对待自然，热爱自然，保护自然，因为自然是孕育人类之母，是人类生存发展之本。同时，应该学会欣赏无比绮丽美妙的自然。自然美是人类拥有的宝贵财富，我们应该树立正确的自然美观。

从大自然是人类生存发展之本的角度来看，整个大自然对于人类来说都处于一种和谐协调状态，都是美的，这是前提。从具体的审美对象来说，如果特定的人与对象关系处于一种和谐协调的状态中，那么自然对象就是美的。在此前提下，我们应学会对自然美的欣赏，不仅要学会欣赏风花雪月等自然美景，而且要学会欣赏其中包含的理性精神，如，以崇高美形态出现的大河悬瀑、高山峻岭、狂风暴雨等壮观的景象，从中领悟人性的真谛。

2. 以审美的态度对待社会

社会性是人的根本属性，社会美包含更多理性内容，人与社会之间应该建立一种和谐发展的审美关系。每个人都应把建立和谐发展的美好社会当作自己美好的社会理想并为之奋斗，竭尽全力弘扬美好，摒弃丑恶，甚至为理想献身。这样的人生才是有意义的人生、美的人生。一切社会只有建立一种和谐协调的关系，才能维持社会的长久发展。

社会的和谐协调依靠三种途径：第一是法律，这是一种外在的强制性；第二是道德，这是一种内在的强制性，即所谓良心的谴责；第三是美育，美育使人们以审美的态度对待社会。

3. 以审美的态度对待自身

人类在长期的发展中更多地关注社会，较少地关注自然，同时更少地关注自身，特别是很少关注自身的心理与人格发展，因而导致精神危机。如果人类再不关注自身，特别是关注自身心理与人格的健康发展，人类精神危机的危害将远远超过癌症与艾滋病的危害。因此，人类必须以审美的态度对待自身，使自身特别是心理与人格得到和谐的发展。而心理与人格和谐发展的核心是培养提升人的内在情感力，使每个人都充满美好高尚的情感。这是健全的心理和健全人格的基础，也是新世纪使人类生活更加美好的基础。只要我们坚持审美教育，使更多的人或者说使绝大多数人都成为“生活的艺术家”，人类与人类社会在新的世纪就会变得更加美好。

三、大学美育的意义

因为美育是一种乐在其中的教育，不仅能够使人心情愉快，唤起人的生活热情，而且能够净化人的心灵，培养人的情志。与此同时，各种审美对象都具有唤起人想象与联想的作用，因此，美育可以活跃人的思想，培养和提高人的创造力。总的来讲，美育对于学生的发展具有以下几个作用：

1. 激发热情

美育一般都是把事物美好的一面展示给人看，使人在获得审美享受的同时，感到生活是美好的，因而极易唤起人的生活热情，使人热爱生活，充满激情。通过积极的审美活动，人们不仅能够看到生活的美好，而且可以感受到人生的精彩，从而更加热爱生活、热爱生命，更好地生存和生活。因为热爱生活，便会懂得生活，就会生活得更好。例如，观看舞蹈表演，看舞者无忧无虑、欢快、忘我地舞蹈时，我们不仅会倍觉轻松，而且精神会受到鼓舞。

2. 陶冶情操

美育活动通过唤起人们的美感体验而改变人的心境，纯洁人的灵魂，陶冶人的性情，使人以更加积极的心态生活。与此同时，美育可以提高人们对美和丑的判断能力（即审美能力），增强人们的生活趣味等。以音乐欣赏为例，音乐对人有极大的陶冶作用。工作之暇，茶余饭后，静下心来听一首曲子，不仅能陶冶我们的性情，而且能释放工作和生活压力，使我们身心清爽，感受到生活的美好。

3. 增强信心

当人们在审美实践中获得强烈的情感体验，生活热情被唤起之后，会自然而然地产生对美好生活的向往之情。有了对美好生活的向往之情，人的自信会随之产生或增强，从而更加热爱生活。

4. 丰富和提升修养

美育所含有的各种审美元素中，绝大多数具有文化内涵。例如，我们欣赏的各种花卉，大多都有花语；借以观照人格的各种事物形象，都有寓意或象征义等。因此，美育不仅可以丰富文化知识，而且可以丰富和提升修养。

第一章 审美领域

第一节 自然美

自然美是指各种自然事物的美的属性和非自然事物原本就有的美的特质。自然美具有广泛的认同性，它既是人们审美思想形成的基础，也是各种审美标准产生的基础，同时是生活美、艺术美和技术美的参照和范本。因此，人们不论是欣赏美，还是创造美，一般是从认识自然美开始的。

自然美有两个含义：一是指自然界中各种事物美的属性，二是指事物与生俱来的美。自然美的最大特点是单纯、本真，能够给人以清雅、和美与素朴的印象，使人从中感受到自然的意趣。

自然美的内容十分丰富，表现形式多样，其中，既有各种事物形象，也有各类情境，还有丰富的文化意象。

一、自然美的特征

自然美具有自然性、多变性、形式性和象征性等特征。

（一）自然性

自然美贵在其自然性，即自然美出于自然造化之工，是天然的本色之美，是任何人为艺术无法代替的。

自然美不同于自然，但自然美与自然有着直接的依赖关系，自然界中各种事物独特的美，均以自然事物的自然属性或其色、形、声规律组合所形成的感性形式特征为物质基础和必要条件。比如，山水的形象美可以归纳为“雄”“奇”“险”“秀”“幽”“奥”“旷”“野”等多种特征。名山各有风姿，所谓泰山天下雄，华山天下险，黄山天下奇，峨眉天下秀，青城天下幽……水的形象美亦很突出。正如车尔尼雪夫斯基所说：“水由于它的形状而显现出美。辽阔的、一平如镜的、宁静的水在我们心里产生宏伟的形象。奔腾的瀑布的气势是令人震惊的，它的奇怪特殊的形象也是令人神往的。”佳境各有妙处，独特的美均与其独特的自然特征相关。

自然美就是大地、天空、植物、动物以及天气等物质的形态自然地符合人们理想的样子，或者经过加工改造成人的理想的样子，并因此而令人赏心悦目。如被誉为“失落的明珠”的张家界，那些几乎是原始形态的山川，符合人们追求的理想的样子，而那些按照人的审美要求改造的崇山峻岭，同样让人赏心悦目。

（二）多变性

自然事物具有多变性或变易性。大自然在不停息地运动变化着，在不同时空条件下，它们的自然风貌大相径庭，因此形成了自然美的多变性或变易性，产生出姿态万千、奇幻无穷的自然美。

正所谓“四时之景不同，而乐亦无穷也”。一年四季的景色不同，多种多样，自然美处于时时变化之中。春看桃李，夏赏荷花，秋拾金桂，冬观雪松，这些因季节转换而呈现的景象带给人们不同的审美体验，人在四时景物的转换中也获得了感性立体的刺激，产生了对生命的深度体验和对生活意义的思考。

即便是同一自然景观，由于季节、天气、时间、观赏角度不同，也会产生不一样的美感。天空在不同时间、不同天气呈现着不一样的美，如同样在岳阳楼上观洞庭湖，有时阴风怒号、浊浪排空，有时却春和景明、波澜不惊。

北宋诗人王安石在《登飞来峰》一诗中写下：“飞来山上千寻塔，闻说鸡鸣见日升。不畏浮云遮望眼，只缘身在最高层。”人们想要感受重峦叠嶂的雄伟壮丽，就得身居高处、登高眺远，只有这样才能望遍山河景象。又如，在漓江的象鼻山、麻城的龟峰山、峨眉山的一线天等，视野范围不同就会看到不同景色，取得移步换景的效果。

由此可见，自然环境美的多变性使景物充满生命活力，呈现出千姿百态的美感，为万物增添了无穷无尽的魅力。

（三）形式性

一切美都要求内容与形式的统一，但这种统一程度在不同形态的美的事物中不尽相同。一般而言，艺术美要求内容与形式的高度统一，社会美偏重于内容，而自然美偏重于形式。自然事物虽然也能在一定程度上反映、暗示人类社会生活的内容，但是这种反映、暗示带有很大的不确定性，因此，自然美的内容往往被人们忽视，人们更注重自然事物的形式。

我们欣赏自然美时，往往是被自然事物的形式吸引，从而较多地把注意力集中在形式方面的色彩、声音、线条、形状、质料，形式结构上的均衡、对称、和谐、多样统一等特点，以及形式风格上的雄伟、秀丽、险峻、奇特、幽深等特色上。比如说我们更关注摇尾的小狗、毛茸茸的小鸡、成对飞翔的天鹅等。

正是因为自然美偏重于形式这一特性，人们在判断自然事物美不美时，常常只注意其形式而不在乎其内容，大多也以自然形式的美丑来判定自然物的审美价值。

（四）象征性

自然美侧重形式并不等于只重形式。由于自然物与人及社会生活有着广泛的联系，人们在欣赏自然美时常常由自然物的形体、色彩等感性形式特点直观联想到人的某种精神、品格、个性、情感、理想，这就使得自然美具有象征性。

生活中常常有这种现象：自然物的某些属性（色彩、形状、生命力、对环境的适应性等）与社会生活中某些现象、人生的某种经历、情感的某些模式在形式上有类似之处，它能够契合人的某些心境，引起灵魂的同情共鸣，把人带入象征的天地之中，使人体验、感受、领悟到某种生活的韵味，直观自己美好的情感、品格、理想、愿望，从而获得美的享受。如梅花，它不畏严寒，雪中更具风味，是坚强的象征；它不与百花争春，在寒冬静静开放，既是高尚和贞洁的表现，也是与世无争、不事张扬的象征。因此，王冕在《墨梅》一诗中赞颂："不要人夸好颜色，只留清气满乾坤。"

在自然物中，无论是山川河流、花木鸟兽，还是云雾雨雪、日月星辰，都普遍存在着可以象征人的某种品格或生活的东西。如黄河波涛滚滚、一往无前的气势就像中华民族勤劳勇敢、自强不息的性格，历来被人们热爱、歌颂。《黄河大合唱》就是这种审美情感的艺术表现。

二、自然美的分类

自然美可以分为事物美、景象美、情境美和意象美。

（一）事物美

自然界中有很多事物都具有美的特质。这里所说的事物，特指各种自然事物。事物美既是自然美的主体部分，也是一切美创造的基础。不仅人们对美的认识是从自然事物开始的，而且人类各种美的创造活动也是从对自然事物美的利用、改造和模仿开始的。

当自然事物的美通过悦目、悦耳等引起了人们的兴趣时，人们对美的认识活动就开始了。在认识美和欣赏美的过程中，人的审美意识不断被强化，美的创造欲也随之产生。例如，远古时代，人们在不断地聆听天籁之音以后，逐渐具备了欣赏音乐的能力，音乐的创造意识不断被强化，于是，陶埙、骨笛等相对简单的乐器就被制造出来。

从考古出土的实物来看，远古最早出现的是吹奏类乐器，其中以 1985 年在河南舞阳出土的 16 支竖吹骨笛的年代最为久远，已有 8000 余年历史；浙江河姆渡出土的 160 支骨哨距今也有 7000 余年。

而目前发现最多、最普遍的远古时期乐器当数埙，那时的埙多是陶埙。埙是一种吹奏乐器，形状类似于鸡蛋，上面开孔，由土捏成，于火里烧制而成。埙的声音凄婉、深邃、空洞，人们听到后，心底不免会涌起一丝淡淡的怅惘，仿佛置身于空旷的原野或忆起了尘封的往事，其意境是众多现代乐器都难以表达的，有很强的震撼力。

人们对自然美的发现和利用在上古时期的装饰品上体现得非常明显。人们从自然物中挑选一些物品（如兽骨、贝壳和砾石等）进行简单的加工，挂在脖颈上，制成了最原始的项链。

（二）景象美

景象美是指事物的群像美。一种景象不论是由一组同类的事物构成，还是由一组不同的事物组成，其基本特征都是以群像的形式出现的。相对于事物的个体形象之美，景象美的内涵更加丰富，给人的美感体验更为强烈。

1. 美感景象

美感景象是指具有充分的视觉美，能够直接引起人的审美感受的景象。美感景象一般为单纯的自然景色，例如，春天的繁花盛开，夏天的大树苍劲，秋天的金桂飘香，冬天的寒梅傲雪。

不论是由一组相同的事物组成，还是由一组不同的事物组成，美感景象的美感都要比任何一个组成元素原有的美感强烈。这不仅是因为组成景象的事物美的互相叠加，而且是因为景象的视觉冲击力比单个事物形象要强得多。

美感景象能够直接唤起人的美感体验，使人获得充分的审美享受，但一般没有启示性，不能将人的思维活动引向深入。

2. 精神景象

在自然界中，有一些景象使人一看就能将其与人的精神联系起来，这类景象称为精神景象。精神景象是一种以物观人的景象，虽然很多景象都有自然美的属性，但是这种美主要还在于它所表现出来的人格精神之美。我们欣赏这类景象，也要以其所表现的精神美为关注点。

例如，石缝间生长的小草表现出生命的力量，能够使人联想到坚毅、顽强和努力拼搏等人格力量，具有精神美的内涵。又如，寒梅傲雪这一景象之美，虽然直接表现为梅花的艳丽，但其大美却在于梅花傲雪斗寒的精神。

3. 情感景象

情感景象是指那些具有一定的感情特征，能够使人联想到亲情、友情或者爱情的景象。情感景象之美主要在于它所表现出的感情美。通过情感景象，人们不仅能够获得积极的情感体验，而且在一定程度上能够受到灵魂的洗礼。

（三）情境美

情境美实际上就是环境美。不论是事物的形象美，还是景象美，只能让人置身物外去欣赏，只有情境美可以让人置身其中去体验。因此，情境美给人的美感享受是充分的，使人获得的美感体验是直接而强烈的。

根据情境能够使人获得的主要美感体验来分，自然情境大致可以分为视觉情境、听觉情境、触觉情境和心理情境四种类型。但这种分类是相对的，实际上，自然界的各种情境常常不是单一的。

1. 视觉情境

视觉情境是自然情境中出现最多、内涵最丰富的一类情境，是指具有充分的视觉美感，能够唤起人的情感体验，使人获得审美享受的情境。南朝民歌《子夜四时歌》中就为我们展现出四季美好的画卷：春有"春园花就黄，阳池水方渌"，夏观"芙蓉始结叶，花艳未成莲"，秋见"白露朝夕生，秋风凄长夜"，冬观"渊冰厚三尺，素雪覆千里”。

视觉情境之美有的表现为旷远的空间感，有的表现为视觉的清新感，有的表现为鲜明的色彩美，有的表现为景物的丰富性和层次感等。

2. 听觉情境

自然界中存在着各种美妙的声音，人们称之为天籁。天籁以其自然纯净和清雅等美的特质，带给人以美的听觉享受。在自然界的各种情境中，以天籁为主要审美元素的情境，人们称之为听觉情境。

在听觉情境中，闭上眼睛，仔细聆听，常常会使人在不知不觉中进入一种美妙的境界，获得充分的美感享受。自然界中的听觉情境十分丰富，只要具有善听的耳朵，就能从各种天籁中获得充分的美感体验和享受。

3. 触觉情境

触觉情境是指依赖触觉获得的美感体验和享受的自然情境。在自然界中，很多情境之美是依赖触觉感受和体验的。春天的早晨，田野中拂过脸颊的清风；夏日的正午，树荫下的凉爽；冬日的窗前，阳光照射的温暖等，其存在的情境就是触觉情境。

唐代白居易的《观刈麦》诗中有“足蒸暑土气，背灼炎天光。力尽不知热，但惜夏日长”，描写的是农夫在炎热的夏季冒着酷暑辛勤劳作的情景，诗中“热”的感觉是触觉感受到的。因此，这首诗所描绘的情境实际上是一种触觉情境。

4. 心理情境

心理情境是指那些人们凭借以往经验主观上认为美的情境。在心理情境中，人们获得的美感体验与享受，主要源自心理感受。例如，有的人喜欢不打伞走在细雨中，即使被打湿鞋袜，依然十分欢欣；有的人喜欢冬日看海，即使海风吹打得很冷也感觉畅快。

人们常讲：“境由心造。”在很多情境下，人的美感体验与享受实际上是一种心理感受。例如，人们喜欢坐在高处，喜欢坐在河边、湖边，喜欢站在窗前沐浴在风中等，实际都是一种心理倾向。

（四）意象美

意象，是指被赋予了特定的人文内涵的客观物象。简单地说，意象就是具有寓意或象征意义的事物形象。意象是自然美与思想美结合的产物，它们一般以自然美的形象出现，寄托人们的情感和精神，表达一定的思想。例如，卢照邻的《长安古意》“得成比目何辞死，愿作鸳鸯不羡仙”中的“鸳鸯”就是一种意象，是美好爱情的象征。

崇尚自然是中国文化的基本理念，在这一思想的影响下，中国人向来对自然情有所钟，并且善于将自然物和人联系起来，以物喻人，由物的情态和精神等关照人格，因而在中国文化中，以自然物形象为基础的意象十分丰富。

比如，花草树木是距离人们生活最近、人们获得审美体验最多的一类自然物。在长期的审美活动中，当人们将花草树木的本质属性与人的品格联系起来后，就赋予了它们人的道德精神，使其成为文化意象。在中国传统文化中，以花草树木作为形象基础的文化意象特别多。

1. 梅花

梅花不畏严寒，雪中更具神采，是坚强的象征；它不与百花争春，躲过蜂飞蝶舞的春、夏、秋三季，在寒冬静静地开放，既是高尚和贞洁的表现，也是与世无争的象征。与此同时，梅花又有“五福花”之称，五个花瓣分别代表着快乐、幸福、健康、和顺和平安五种祝福。此外，梅花还象征着不屈不挠、顽强奋斗、不畏艰难等高贵品质。

2. 兰花

兰花也叫兰草，以花开香远、花姿清雅而著称。兰花的叶和花清新淡雅，不事张扬，其形态、颜色、气韵和精神都给人以清雅之美，所以有“气清、色清、神清、韵清”的“四清君子”美誉。兰花象征着淡泊名利、行为高雅的君子形象。人们常用“兰章”形容诗文之美，用“兰交”形容友谊的纯真。

3. 竹子

在中国文化中，竹子是一个文化内涵十分丰富的意象。英国学者李约瑟在《中国科学技术史》中称中国为“竹子文明的国度”，知竹，知足，中国人赋予了竹子独特的精神内涵，未出土便有节、及凌云处尚虚心、宁折不弯……在众多植物中，竹对中国人的物质和精神生活均产生了深远的影响。

4. 菊花

菊花因为气清神静，并且花期较长，经霜而不凋，给人的美好印象是高雅脱俗、清净无染。菊花总的象征意义是清净、高洁、长寿和吉祥。因颜色不同，菊花的花语也各不相同。其中，黄菊象征着飞黄腾达，红菊象征着爱情，翠菊象征着忠诚。需要特别注意的是，白菊有哀悼之意，金盏菊代表着悲伤。

5. 葫芦

作为一种意象，葫芦是“福禄”的象征。在中国画中，画两个葫芦，寓意“福禄双至”；画五个葫芦，则寓意“五福临门”。

三、生态美学

（一）生态、生态学、生态美和生态美学

“生态”一词，当下通常是指生物的生活状态，具体是指生物在一定的自然环境下生存和发展的状态，也指生物的生理特性和生活习性。“生态”一词源于古希腊，意思是指家或者环境。简单地说，生态就是指一切生物的生存状态，以及生物之间和生物与环境之间环环相扣的关系。在最早期，生态的产生是从研究生物个体开始的，随后“生态”涉及的范畴越来越广，人们常常用“生态”一词来定义许多美好的事物，如健康的、美的、和谐的事物等均可冠以“生态”。

生态的概念起源于生物学的一个分支即生态学，生态学是一门相互关联、生动有趣的学问研究。“生态学”在1866年由恩斯特·海克尔提出。他指出：“我们把生态学理解为关于有机体与周围环境关系的全部科学，进一步把全部生存条件考虑在内。”生态学确立的基本观念就是任何生物的生存都不是孤立的，同种生物之间既互相依存又互相竞争，处于不同进化序列上的生物之间也存在相生相克的关系。一句话，生物学意义上的生态学注重考察生物与环境的关系。

生态学发展之初，研究对象主要是自然界，所研究的课题还局限在自然界，基本上采取的也是自然科学的研究方法。生态规律具有普适性，它不仅适用于自然生态，也适用于在自然生态中进化生成的社会文化生态。

现代意义上的生态学是指研究人与生物、自然环境、人造自然环境以及社会环境关系的科学。到了20世纪下半叶，随着生态危机的日益加深及人类对环境保护意识的觉醒，人类在全世界范围内开启了环境保护运动，生态学也因此得到了突飞猛进的发展。

生态美是指人类生态世界中一切事物、对象、形式及存在表现出的有序与和谐。它不仅包括事物自身生命形态的有序、和谐，也包括事物与事物内在秩序与结构间的生态协同。生态美最根本的性质在于它的生命性。美在于生命，是由于生命的生机盎然与生机勃勃。生态美的第二性质是宜人性。生态既有宜人的，也有不宜人的，因为生态并非为人存在。然而，生态美必然是宜人的。

生态美学就是以生态为本体的美学，以人与自然、人与环境之间的生态审美关系为研究对象。作为一种绿色的、健康的世界观、伦理观、价值观，生态美学强调人与

自然的生态关联与整体性存在，以人与自然的共生共荣、和谐相处为最高的生存智慧与理想境界；生态美学主张建立人与世界的亲和关系，重建对自然的亲和态度，强调生态关爱与人文关怀；强调热爱自然、亲近自然、尊重自然，进而顺应自然。生态美学体现了人类的生态关爱和终极关怀，是当今时代所迫切需要的美学观，用这样的生态美学观去塑造和培养人，可以把生态审美观念和生态意识内化为人的情感与信念，从而改变人们的行为模式与生活方式，最终实现自然生态、社会生态、精神生态的平衡，解决人与自然、人与社会、人与自身的矛盾与冲突。

（二）生态美学的具体形态

生态美学具有生态气象美、生态秩序美、生态功能美等具体形态。

1. 生态气象美

一定生态系统在感性外观上所显示的生气、生机之美，就是生态气象美。生态是世界的物质、能量和信息运动的感性存在和动态展开，必然在外观上通过色彩、声音、形体及其运动感性地显示出它的生气和生成动势。这种蓬勃向上、欣欣向荣、生生不息的生态气象，是美的最生动、最直观的显现。“百花齐放，百家争鸣”，生必动，动则生，“生动”是生态气象美的基本特征。

2. 生态秩序美

生态是呈网络状的关联性存在，是不同因素和物种的一种有利于革命生成的结构状态。生态系统及其运行所显示出的结构和规律之美，就是生态秩序美。

生态学家和生物学家对各种生物群落及整个人类生物圈生态关系的考察，揭示了类似于“预定和谐”的秩序，即使同一种群在性别、职能、长幼的区别里也存在着微妙的协同共生关系。

生态秩序的美是多种多样的，其中最重要的有生态对称美、生态平衡美、生态和谐美、生态协同美等。

（1）生态对称美

生态对称美是生态秩序中最常见也是最初级的一种形态。相辅相成、相反相成、互补共生的生态结构，都是对称的不同水平的表现。中国古代道家的“阴阳相生”之说，就是对生态、对秩序的深刻感悟。放眼世界，无处不在的对立统一、互补共生，都表明生态对称美的普遍存在。

（2）生态平衡美

对称当然是一种平衡，但只是一种最简单的平衡，生态平衡要比对称复杂、高级。它参与的因素更多，彼此差异更大，结构也复杂多变。在生态平衡中，生态系统的诸因素各安其位，各司其事，各尽所能，既相互依存又相互创生，使生态系统得以维持，生命水平得以提高。

3. 生态功能美

所谓功能，就是功用、用处、作用、效能等，它同一定的结构相联系。在这种联系中，一定的结构作为形式，表现出为了某种功能而美。

生态功能美包含两层意思：一是，生态系统本身的创生功能之美；二是，构成系统诸因素对系统生态优化所具有的功能之美。前者着眼于生态系统整体，后者着眼生态系统的构成因素。就一个生态系统的整体而言，如果它不仅使诸因素共存共荣，形成旺盛的生机和繁荣的气象，而且在相对的稳定中实现向更高的水平跃迁，它就具有整体性的生态功能美。而就生态系统中的某一因素而言，倘能在生态平衡中发挥积极的作用，以自己的存在和活动激发整体生机，推动整体生成，也就具有独自的生态功能美，无论哪个层次上的生态功能美，归根结底都是以其生态生成的作用为内涵，都是以向前、向上的生态趋向为根本坐标而转化为美的。

就水来说，它不仅是生命之源，具有特殊的生态优势，而且因为其流动性与亲和性成为阻力最小、机遇最多、条件最稳定的场所，启迪人的智慧，促成人的自鉴和反思。正是水的这些生态功能，使它成为人类永恒的审美对象。

探讨自然美充分体现了人的认知模式和生存样态的不断变迁与丰富发展，是对自然的回归与人的完整性维护的统一。自然美的价值意蕴指向了人与世界之意义的共建共在问题。

第二节　社会美

社会是人的生活世界的主要领域。生活世界是有生命的世界，是人生活于其中的世界，是人与万物一体的世界，是充满了意味和情趣的世界。这是存在的本来面貌。美是“应当如此生活”和使人“想起生活”的生活，根源于社会实践。

社会美指社会生活、社会存在、社会现象的美，是社会实践的直接体现。社会美首先体现在人类改造自然和社会的历史过程中，同时也体现在人类社会实践的成果中。在美的诸多形态当中，社会美是美的最直接、最深广、最常见的一种形态。

人类社会是丰富多彩的，因此社会美也是多种多样的。在人类社会中，核心是人的活动。所以，我们可以从人的活动出发，把社会美粗略划分成人物美、民俗风情美和休闲美几种不同的类型。

一、社会美的特征

自然美往往是以形式取胜，虽然自然美也与人类社会生活发生这样或者那样的联系，存在着社会生活的内容，但它的形式总是重于内容。社会美则不同，它虽然也有形式特征，但内容重于形式，以内容取胜。

1. 社会美侧重于内容的美。社会美侧重于内容美，是由社会事物与自然物不同的性质决定的。社会美要通过人的各类实践活动去创造，它的美存在于社会活动的过程和结果中，人们对社会美的美丑判断总是着眼于它的社会实践价值。例如，优秀共产党员黄文秀的美在于她的崇高精神和优秀品质，她那坚韧不拔的精神力量和高尚的道德品质足以引发人们内心情感的激荡，给人以充分的美感和深深的教益。

2. 社会美具有直接实践性，显示时代、民族特征。一切美都与社会实践相联系，人类是通过各种各样的实践活动才创造了物质文明的美和精神文明的美，离开了社会实践也就无美可言了。但是，各种形态的美与社会实践的关系并不一样，它们有着直接与间接的区别。自然美与社会实践的关系就比较间接，自然美只是由于人类通过实践活动，改变了自然与人原先对立或无关的关系，产生了审美主体与审美客体的审美关系之后，才显示出来。而社会美与社会实践的关系是非常直接、非常明显的，生产劳动和劳动产品的美直接来源于生产劳动，社会活动是按照美的规律来建造的活动。社会美的发展变化往往会受到社会诸因素的影响，必然具有它那个时代的经济、政治、文化和民族、阶级的特色。

认识社会美主要是借助某些社会现象或社会事物去感受其中的社会意义。概括地说，只要是反映了历史发展的必然规律，体现了事物本质的社会事物或社会现象就是美的。

二、人物美

人是社会生活中的主体，是社会生活领域美的创造者和欣赏者，同时其自身也是被欣赏的对象。人类在漫长的审美创造实践中，创造出了自身的美：灵巧的双手，健美的形体，流畅的曲线，顾盼的眼神，飘逸的柔发，高超的智慧，幽默的语言，优雅的举止……可以说，人物美是美中的精华，是社会美的核心。

（一）人体美

人物美的第一个层面是人体美。

人的身体是大自然的杰作，人类的每一寸肌肤和每一块骨骼都体现出大自然的无穷创造力。法国雕塑艺术家罗丹曾说："在自然中，再没有比人体能表达许多含义的事物了。人体或以其力或以其妩媚，幻出多变的形象。有时，像一朵花，曲折的脊背，好比花梗……恰似盛开的花瓣。有时，令人想到的是婀娜的蔓藤，如一枝细长的蔷薇……微向后弯的人体好似一个美丽的弹弓……有时，它还像一座瓷瓶。"可以说，人的身体是一部最深奥、最动人的"美之书"。

人的身体美首先要符合形式美的规律，它主要由人的自然比例，如形体、比例、曲线、色彩等因素构成一个充满生命力的意象世界。人的面部、头身、上下身、身高、体重、体围等要比例协调，体现造型之美；人体线条要轮廓鲜明，体现节奏韵律之美；肤色和发色需健康清洁、光泽润弹，体现活力之美。

人的身体美是人的美当中最自然、最直观的部分，人体美充分展示了人的自然属性。对人体美的创造和欣赏，中西方呈现出不同的审美趣味，这与各自的自然和人文状况有关。古希腊作为西方文明的源头之一，其温暖和煦的海洋气候，尚武的精神、松散的伦理观念奠基了关于身体美的基本观念。身体在希腊人眼中，意味着价值观、伦理观、美学观，其对身体的自信和崇尚与此相应，表达了希腊人对数学的激情和对于人的完整性的意识。古希腊医生噶伦说："身体美确实在于各部分之间的比例对称。"正是对身体的自豪以及对其完美性的追求，使古希腊艺术成为西方身体美发展的高峰，尤其是雕塑和绘画中身体美的范本，成为西方艺术、文学表现的永恒主题。

相对而言，华夏文明的中心在中原地区，黄河流域夏热冬冷的气候条件、自给自足的农业经济模式、"尚文"的文化传统和以"礼"为宗的伦理制度形成了遮蔽人体的审美观念，身体美呈被包裹状态。我国古典文学作品中对人体美的正面描写不多。如在《世说新语》中的人物品藻，主要内容之一是肤色、容貌，包括五官（尤其是眼睛）、举手投足的姿态等纯粹外在的形式美。例如，称赞手的白皙："王夷甫容貌整丽，妙于谈玄，恒捉白玉柄麈尾，与手都无分别。"夸奖脸的白净："何平叔美姿仪，面至白，魏明帝疑其傅粉，正夏月，与热汤饼。既啖，大汗出，以朱衣自拭，色转皎然。"再如，大将军王敦称赞太尉王衍"处众人中，似珠玉在瓦石间"，裴楷称王戎

“双目闪闪如岩下电”。

人的身体美由于民族、时代、阶级、个体等因素的影响，呈现出巨大的差异性。但不可否认的是，与人造的艺术品相比，人体是自然的产物，是自然的一部分，自古就被认为是凌越于艺术之上的完美作品。

（二）活力美

活力是生命最直接的表征，反映着整体的生命美。肯定人的活力就是在肯定人的生命价值和自我意识。罗素总结了现代人最重要的四种品质，居于首位的就是活力：“活力可以使人对周围出现的一切事物发生兴趣，由此而增进认识的客观性，而客观地认知事物是心智健全的本质因素……活力可以增进人们对于外在世界的兴趣，还能够提高人们从事艰苦工作的能力。”罗素强调：“活力是一种所有人都应当具备的重要品质。”柏拉图也借苏格拉底之口谈到身体的活力：“如果它（指身体）适宜于赛跑和角斗，我们就认为它美。”

（三）风神美

人物美的第三个层面是人的风神美。

人体美是人的感性生命的美。而当一个人的言行举止、声音笑貌表现出这个人的内在的灵魂美、精神美时，就形成了一种风神之美。

孔子曾感慨：“吾未见有好德如好色者也。”西方智者也提醒人们：“身体的美，若不与聪明才智结合，则是某种动物性的东西。”风神美，就是一种综合形体、服饰、容貌、行为、风度、语言和心灵、气质、品格、学识、修养等因素而形成的生命意向。它是人类自然和社会属性的完美融合，是短暂易逝的“形于外”和恒久绵长的“充于内”（神）的统一，是人类之美的最高诠释。

形神兼备是风神美的本质属性。《淮南子·原道训》云：“夫形者，生之舍也；气者，生之充也；神者，生之制也。”形体是生命的寓所，正气灌之以生命，精神则为最终的判断标准。所谓“气韵生动”“文质彬彬”即为此。

中国古典风神美以魏晋风度为典范。对自然的一往情深，对生命的自由解放的追求，雅致超拔、清峻通脱、任情放达的气象，共同塑造了人的觉醒时代的精神风貌。宗白华认为，这两方面的美——自然美和人格美同时被晋人发现，并在山水画、书法等艺术形式中得以彰显，使魏晋六朝成为“中国历史上最有生气，活泼爱美，美的成就极高的一个时代”。晋人之美，是人格的唯美主义，“尤沉醉于人物的容貌、器识、肉体与精神的美”，“晋人的美学是‘人物的品藻’”。这在《世说新语》中得到了鲜明的表征。“风格秀整”“清风朗月”（《言语第二》），“谡谡如劲松下风”“如瑶林琼树”“岩岩清峙，壁立千仞”（《赏誉第八》），“朗如日月之入怀”“濯濯如春月柳”“轩轩如朝霞举”“飘若游云，矫若惊龙”（《容止第十四》），无不体现出魏晋风度既“妙姿容”又“好神情”（《容止第十四》）的双重指向，即漂亮的外在风貌美和高超的内在人格的完美统一。

人格美亦有各种表现形式。圣贤孔子在门人眼中“温而厉，威而不猛，恭而安”，呈现出温和有威仪、貌恭神静的哲人形象。亚里士多德对柏拉图的态度是“吾爱吾师，吾更爱真理”，显示了“为真理”的非凡勇气。他那求真的精神无疑是美的。杜甫“安得广厦千万间，大庇天下寒士俱欢颜”的仁爱之心，同样是人格之美的表现。

人格精神美也分层次。有圣贤先哲的天地境界，也有普通人的道德境界、功利境界等。圣贤稀少，凡人常见。强调多数人平凡普通的一面，当然不是否认更高远的人生境界，而是正视人性和人的现实情况。高山需仰望，但并非人人都是高山，千千万万平凡的人如大地一样默默支撑着一切。因此，我们谈到人格精神美，需要看到人们“远近高低各不同”的一面，尤其需要看到最低的层面，那里往往才是人性之美的起点。

三、民俗风情美

在中国文化语境里，美从来不是一个虚无缥缈的概念。美是和人的世俗生活联系在一起的，象形文字“美”字的原始含义完美印证了这一点。世俗生活蕴含着丰富的美的内容，衣、食、住、行和民俗风情等，都有美的体现。

（一）饮食中的美

生存是人生的第一要义，俗话说“民以食为天”，饮食是人们最基本的生理需求。因此，饮食美在世俗生活美中具有非常重要的地位。《礼记·礼运篇》云：“饮食男女，人之欲大存焉。”《孟子·告子（上）》说：“食、色，性也。”人在满足了“谋生”的需要后，才追求“乐生”：“故食必常饱，然后求美；衣必常暖，然后求丽；居必常安，然后求乐。”（《墨子》）

中国是一个饮食文化十分丰富的国家，鲁菜、川菜、粤菜、湘菜、苏菜、闽菜、徽菜、浙菜八大菜系交相辉映，共同书写着中华饮食之美。在中国，饮食就是美学。《说文解字》中这样解释“美”字：“美，甘也。从羊从大，羊在六畜主给膳也。”可见，“美”字产生之初，本义就和饮食相关。中国饮食美学的哲学基础是“天人合一”的观念，是天、地、人相合，天道、地道、人道三位一体，其中，人为本。由此，饮食主“和”，“和”是中国饮食文化的灵魂、烹调艺术的最高境界；从美感的集中体现来说，强调“味”，“味”是核心；再就是强调饮食的伦理化，并和人格修养及人生境界关联起来，其终极关怀是生命哲学。

我们能够从唐代张志和的“西塞山前白鹭飞，桃花流水鳜鱼肥”中，体味时令的食之哲学；从《礼记》的“夫礼之初，始诸饮食”中，理解饮食的礼仪之道；从老子的“为无为，事无事，味无味”的至美境界中，理解老子的道德智慧在饮食美学上的应用。饮食不只是果腹的需要，更多的是给人以精神和物质的享受。它不仅是我们的情感体现，更折射出我们的生活智慧、人生态度和价值观念。

中华饮食文化就其深层内涵来说，可以概括成四个字：精、美、情、礼。这四个字，反映了饮食活动中饮食品质、审美体验、情感活动、社会功能等所包含的独特文化意蕴，也反映了饮食文化与中华优秀传统文化的密切联系。

1. 精

精是对中华饮食文化内在品质的概括。孔子说过：“食不厌精，脍不厌细。”这反映了先民对于饮食的精品意识。当然，在当时而言，这可能仅仅局限于某些贵族阶层。但是，这种精品意识作为一种文化精神，越来越广泛、越来越深入地渗透、贯彻到整个饮食活动过程中。选料、烹调、配伍乃至饮食环境，都体现着一个“精”字。

2. 美

美体现了饮食文化的审美特征。中华饮食之所以能够征服世界，重要原因之一，就是“美”。这种美，是指中国饮食活动形式与内容的完美统一，是指它给人们所带来的审美愉悦和精神享受。中国饮食美学追求意境，具体表现为“四美”：美食、美味、美器、美境。美食要求色泽搭配协调，原料考究，名称响亮；美味要求色、香、味俱全，和五味以调口；美器要求食器造型美观，因食施器；美境要求时空、人事协调，情趣盎然。

3. 情

这是对中华饮食文化社会心理功能的概括。吃吃喝喝，不能简单视之，实际上是人与人之间情感交流的媒介，是一种别开生面的社交活动。一边吃饭，一边聊天，可以交流信息。朋友离合，送往迎来，人们都习惯于在饭桌上表达惜别或欢迎的心情，感情上的风波，人们也往往借酒菜平息。这是饮食活动对于社会心理的调节功能。过去的茶馆，大家坐下来喝茶、听书、摆龙门阵，实在是一种极好的心理按摩。中华饮食之所以具有“抒情”功能，是因为“饮德食和、万邦同乐”的哲学思想和由此而出现的具有民族特点的饮食方式。

4. 礼

礼是指饮食活动的礼仪性。中国饮食讲究礼，这与我们的传统文化有很大关系。生老病死、送往迎来、祭神敬祖都是礼。《礼记·礼运》中说：“夫礼之初，始诸饮食。”礼指一种秩序和规范。座席的方向、箸匙的排列、上菜的次序等，都体现着“礼”。这种“礼”的精神，贯穿在饮食活动过程中，从而构成中国饮食文明的逻辑起点。

（二）民俗之美

在一定的历史时期，一个地区的人民群众都有自己相对固定的生活方式，我们称之为民俗。俗话说“千里不同风，百里不同俗”，又说“相沿成风，相染成俗”。民俗之所以被称为“民俗”，是因为它反映着一个时代民众最基本的理想、情趣与生活习惯，对社会的影响极大。当这种相对固定的生活方式显示出审美价值的时候，就称为风情。

中华文化博大精深、气势恢宏。源远流长的华夏文明高雅、深奥，它深深植根于民俗文化中，并通过民俗文化展现出来。民俗文化，是中华文化的根基。它滋养了文明，为文明的发展提供了最肥沃的土壤，用最朴实的方式将我们的民族之美、文化之美、历史之美酣畅淋漓地表现了出来。先民们留下了丰富多彩的节日民俗，不仅给我们的生活增添了无数的乐趣，而且让我们各个民族独具特色。节日民俗是一种社会文化，也是一种历史文化。每一种节日民俗都承载着千年的历史，每一个节日传统都集聚了几代人的智慧。

比如，春节是我国最为隆重的节日，其隆重程度远远超过了任何一个节日，也象征着团结、兴旺，是对未来寄托新的希望的佳节。关于春节的起源有很多说法，但其中为公众普遍所接受的说法是，春节由虞舜兴起。公元前2000多年的一天，舜继天子位，带领着部下人员祭拜天地。从此，人们就把这天当作岁首。据说这就是农历新年的由来，后来叫春节。春节过去也叫元日，春节所在的这一月叫元月。

春节在不同时代有不同的名称。先秦时，被称为“上日”“元日”“改岁”“献岁”等；到了两汉时期，又被称为“三朝”“发日”“正旦”“正日”；魏晋南北朝时，被称为“元辰”“元日”“元首”“岁朝”等；唐宋元明时，则被称为“元日”“元”“发日”“新正”“新元”等；而清代，一直被叫为“元旦”或“元日”。

春节也是联络人际关系的一个重要节日，春节期间的重要仪式之一便是拜年。拜年又叫“探春”或“走春”。春节拜年时，晚辈要先给长辈拜年，祝长辈长寿安康，长辈可将事先准备好的压岁钱分给晚辈，据说压岁钱可以压住邪祟，因为“岁”与“祟”谐音，晚辈得到压岁钱就可以平平安安度过一岁。压岁钱有两种，一种是以彩绳穿线编作龙形，缠于床脚；另一种是最常见的，即由家长用红纸包裹分给孩子的钱。压岁钱可在晚辈拜年后当众赏给，亦可在除夕夜孩子睡着时，由家长偷偷地放在孩子的枕头底下。现在长辈为晚辈分送压岁钱的习俗仍然盛行。

初二既是继续拜年的日子，也是出嫁的女儿回娘家、女婿看望老丈人的日子，反映了中国传统社会对于姻亲关系的重视。

初五也叫“破五”。这天家家户户吃“破五饺子”。破五之后，年节活动告一段落，人们这才可以将这几天积攒下来的垃圾倒掉。此外，初五也是五路财神的生日，商家这一天在幌子上挂红布，准备开张营业。

四、休闲美

人类生活中很早就出现了休闲文化。一般认为，休闲对于人类生活的意义表现在两方面。一是，工作、劳动之余获得身体上的休息，《说文解字》云：“休，息止也，从人依木。”意即人倚木而息。“一张一弛，文武之道也。”（《礼记·杂记下》）休闲正是人类适配的生命节律的体现。二是，在闲暇中获得精神上的慰藉。“休闲是从文化环境和物质环境的外在压力中解脱出来的一种相对自由的生活，它使个体能够以自己喜爱的、本能地感到有价值的方式，在内心之爱的驱动下行动，并为信仰提供一个基础。”可见，休闲提供了人类身体和心灵栖息的驿站，使人精力充沛、神采奕奕，进而把人生装扮得更加多姿多彩。

对于休闲的解读，可以从哲学、社会学、经济学、心理学、美学等多种视角介入。在美学视野里，休闲可以帮助人从日常生活的直接实用功利活动中暂时摆脱出来，以相对自由的心态观察社会，体验生活，思考未来，享受人生。

首先，休闲使人获得了对自身及自身之外的世界打量的冲动。“闲暇是金”，拥有了闲暇，人就能从生活激流中超脱出来，打量周围的风景，体验人生的滋味。因此，休闲体现的实际上是人的一种自由。西方学者皮珀把闲暇视为一种“不活动”“不工作”的灵魂状态，这种观念强调“内在的无忧无虑”“平静”“沉默”“随其自然的无为”，它“不干预”“不攫取”，而是“自我开放”和“释放”。闲暇能够摆脱工作世界的束缚，赋予生命以再生的力量，人唯有处于真正的闲暇状态，人性才得以保存，通往“自由的大门”才会敞开，从而脱离现实功利世界“隐藏的焦虑”。

其次，休闲鲜明的游戏特征是人接通生活、审美的重要中介。喜好游戏和玩耍是人类的天性，游戏是一种自愿、自发的娱乐、消遣、享乐行为，在特定的时空范围内进行的无目的的活动。尽管有游戏规则的约束，但游戏主体的想象力、创造力得到自由的彰显。它呈现为对日常繁杂生活的疏离，走出真实、平常的生活，在虚拟的世界中补充现实世界的阙如，确证人的本质。因此，席勒说：“只有当人是完全意义上的人，他才游戏；只有当人游戏时，他才完全是人。”拿中国古代游艺活动来说，种类繁多，击鞠（马球）、角抵、拔河、斗鸡（或鸭、鹅）、放鹞、踏歌、舞蹈、吹奏、听曲、灯事、节俗、骰子、赏花、书法、丹青、变文等，体现出一个热情奔放、充满活力的时代的信心、希望和乐趣。显然，这些休闲活动是超脱衣、食等功利之外进行的特殊创造活动，正是由于游戏的非功利性特征使得游戏成为生活和审美的桥梁。

再次，休闲中的体验是一种审美体验。在休闲活动中，主体拥有自由，并在想象力和知性的游戏中，参悟天地、生命和世界，获得审美愉悦，从而实现诗意的超越，达于“凝神遐想，妙悟自然，物我两忘，离形去智”的审美境界。

以旅游为例，现代人之所以热衷旅游，目的即是要在生活的别处寻找和体验返璞归真、天人合一的感觉。正如一则广告中说：“人生就像一场旅行，不必在乎目的地，在乎的是沿途的风景以及看风景的心情。”心情强调的就是体验。旅游活动涉及自然美、生活美、艺术美诸多领域，集自然、人文景观于一体，仰观俯察壮美、优美、崇高、绮丽、疏野、沉郁、飘逸等各种审美形态。旅游，从本质上说，就是一种审美活动。

最后，休闲是一种超越的人生境界。人类发展的目标是成为全面发展的人，而休闲活动正是引导人获得精神解放和人格完善的重要途径。对此，古人有所谓“六养”之说，“流水之声可以养耳，青禾绿草可以养目，观书绎理可以养心，弹琴学字可以养指，逍遥杖履可以养足，静坐调息可以养筋骸”。中国古人深得休闲之趣，尤其是文人士大夫，他们在品茗、行酒令、弈棋、观山、游水、养花、戏鸟、赏雪、听雨、吟风、弄月、读书、书法、鉴石、古玩中寄寓闲情逸致，怡情悦性，育身育心，构建审美化人生。可见，休闲实际上富含美育的功能。而孔子主张的修身原则就是“志于道，据于德，依于仁，游于艺”（《论语·述而》），以及“兴于诗，立于礼，成于乐”（《论语·泰伯》），也点明了休闲实为“成己成人”。

总之，“成为人”就是成为自由、快乐，并能追求真善美的人，这是休闲的现代意义。

第三节　科学美

一、什么是“科学美”

科学研究是探索自然、社会和人本身的奥秘，发现新现象，揭露和认识新规律，积累新知识；侧重于理性的抽象、分析、演绎和概括，主要是一种求真活动。科学美同艺术美一样，属于广义的社会文化美，是审美存在的一种高级形式。科学美是理性探索未知活动中及在科研成果中所具有的审美价值形式。

（一）科学家眼中的科学美

早在古希腊时期，毕达哥拉斯学派就已从数学研究中发现了和谐之美，称一切立体图形中最美的是球形，一切平面图形中最美的是圆形，并提出“宇宙和谐”的概念。古希腊人就已知道，一根棍从黄金分割点分割最为美妙，其研究成果被欧几里得编入他的《几何原本》。

科学美存在于人类创造性的科学发明与发现活动中。法国数学家、天文学家、物理学家彭加勒指出，科学美是一种深奥的、理性的美，它来自各部分的和谐秩序，只有纯粹的理智才能把握它。他说：“数学上的雅致感是一种令人满意的快感，它仅仅来自所得的解决与我们精神上的要求相一致。”彭加勒认为，美感在科学研究中有重要的作用。

爱因斯坦对物理学的伟大贡献是人所共知的。很多科学家认为，爱因斯坦的相对论具有非凡的美，是伟大的艺术品。他自己说：“美照亮我的道路，并且不断给我新的勇气。”爱因斯坦在科学研究中追求简单性与和谐性，因为他认为美在本质上具有简单性与和谐性。他说：“渴望看到这种和谐，它是无穷的毅力和耐心的源泉。”

德国物理学家海森堡对量子力学的建立作出了重大贡献。他认为，科学美是科学研究的深层动力，美对于发现科学的重要意义在一切时代都得到承认和重视。海森堡认为科学美就在于统一性和简单性：繁多的现象（多）被简单的数学形式统一（一），由此便产生了科学美，使人获得激动人心的美感。他还认为，科学真理有两个标准，一个是美学标准，一个是价值标准。美学标准衡量的是科学中的美，价值标准衡量的是科学的真。

（二）美学理论中的“科学美”

按照当前的美学理论体系来看，科学美不能作为一种独立的美学形态，它与自然美、艺术美、社会美不属于同一层次的美的形态。科学美应当解释为科学活动中的美的因素，科学美并非本质意义上的美的形态。

科学家在探索自然、宇宙的过程中，由于把握了世界的本质规律而感受到人与自然的和谐，从而获得惊奇与崇高体验，自然会产生一种美的感受，甚至达到一种审美的境界，因此科学活动中存在美的元素。在科学家眼中，科学美表现为物理学理论、定律的简洁、对称、和谐、统一之美，是一种诉诸理智的美。杨振宁把牛顿的运动方程、麦克斯韦方程、爱因斯坦的狭义与广义相对论方程等称为“造物者的诗篇”，但它们并不是自然界直接呈现给观赏者的，它们是人类最高智慧的结晶。科学家对于美的追求，在科学研究中有重要的作用。

二、科学美的作用

（一）追求科学美的原因

美学是科学家灵感的激发剂。德国的科学史学家恩斯特·菲舍尔教授认为，所有伟大的科学家都追求美的感受，他们懂得从美学中获得科学灵感，从而揭示自然界的真理。拉丁格言说“美是真理的光辉”，很多科学家也相信，对美的追求可以把我们引向真理的发现。某位物理学家说：“审美事实上已经成了当代物理学的驱动力。物理学家已经发现了某些奇妙的东西：大自然在最基础的水平上是按美来设计的。”英国科学家麦卡里斯特说：“现代科学最引人注目的特征之一就是许多科学家都相信他们的审美感觉能够引导他们到达真理。”

很多科学家还认为，当美感和科学实验的结果发生矛盾时，应该服从美感。狄拉克曾说：“使一个方程式具有美感比使它去符合实验更重要。”杨振宁认为狄拉克这句话“包含有伟大的真理”。德国科学家魏尔说：“我的工作总是力图把真和美统一起来，但当我必须在两者中挑选一个时，我总是选择美。”

门捷列夫的元素周期表是一个典型的例子。当时测出“铍”的原子量是13.5，应排在元素周期表的第四类。但按“铍”的化学性质应该排在第二类，如排在第四类就会破坏元素周期表的完美性，因此门捷列夫不顾“铍”的原子量而把它放在周期表的第二类。后来经过进一步的测定发现，“铍”的原子量为9.4，理应归入第二类。

这也证实了海森堡的论断：“当大自然把我们引向一个前所未见和异常美丽的数学形式时，我们将不得不相信它们是真的，它们揭示了大自然的奥秘。”

（二）科学发现靠直觉、想象力和洞察力

科学研究中新的发现不是靠逻辑推论，而是靠直接观察或先进仪器帮助下的观察，靠直觉、想象力和洞察力。彭加勒说：“逻辑是证明的工具，直觉是发现的工具。”爱因斯坦说：“我相信直觉和灵感。”“想象力比知识更重要。”1905年，爱因斯坦发表了五篇有深远影响的论文。他的质能关系式（$E=mc^2$）为原子弹的制造和原子能发电产业开辟了道路。

人们把直觉、灵感、洞察力、想象力、审美鉴别力称为非逻辑思维。它比逻辑思维具有更大的创新能力。逻辑思维和非逻辑思维有相互作用：有时想象诱发直觉或灵感，有时直觉和灵感会激发想象。直觉来自广博的基础知识和经验积累；灵感来自对复杂问题的深思熟虑，是在情绪最充沛和最活跃时的突发奇想，或从某事物的突发上联想；善于在事物多样性中寻求高层次的和谐与统一；善于综合运用形象思维和逻辑思维来处理尚未认识的事物；等等。这些都是创新思维所要求的。创新是科学的灵魂，也是科学发展和人类进步的需要。

三、技术美

技术美学已经成为现代美学的一个分支学科。技术美是技术美学中的核心概念，它属于广义的社会美的范围。技术美就是在大工业时代，技术领域中所表现的美的形态，即各种工业产品、日用器物及生产生活环境的美。

（一）技术美学理论的历史发展过程

最早使用“技术美学”这个概念的是20世纪五六十年代的捷克著名艺术家佩特尔·图奇内。他把生产劳动工具的艺术设计理论称为技术美学。不久，这个概念开始在苏联和东欧一些国家流行开来。在英语国家不使用这个概念，而是使用Design一词，音译过来就是“迪扎因”。“迪扎因”原意为设计、筹划的意思，现在它的含义要丰富得多，往往被视为一种实践的形态、一种文化的形态。在工业生产、科学技术、环境建设、美学研究等领域广泛传播。与艺术领域中的审美有明显的不同，技术美是一种带有实用功利的美，讲究实用、经济、美观的原则。艺术领域中的审美往往是一种感性的美，而技术领域则主要是使用中的功能美。

技术美学理论在西方经历了两个时代：手工业时代和工业化时代。

手工业时代的审美设计经历了古风、古典、巴洛克三个不同风格样式阶段。古风时代，实用重于审美。古典时代，追求纯粹的装饰效果，重装饰，轻实用。到 17 世纪的巴洛克风格和 18 世纪的洛可可风格，重装饰、轻实用的风格达到了登峰造极的程度。

工业化时代的理论发展。由于机器大工业生产带来了精细的分工，提高了劳动生产率，因此产品变得千篇一律，失去了审美性。以英国社会思想家、诗人威廉·莫里斯为代表的一批思想家、艺术家认为，机器化大生产降低了产品的设计标准，破坏了千百年的田园牧歌式的情趣，他们主张回到传统手工生产中去。1861 年，莫里斯和他的朋友开设了英国第一家在新的思想指导下的美术装饰，专门承办美术设计、室内装饰等业务，生产染色玻璃、雕刻家具、刺绣产品等。莫里斯无意中为工业化时代审美设计学发展开辟了道路。他既重实用又重审美的思想被后来设计家发扬光大。

1904 年，保尔·苏利约在《理性的美》中最先指出了美和实用应该吻合，实用物品能够拥有一种理性的美，实用物品的外观形式是其功能的明显表现。苏利约的理论大大提高了审美设计的社会地位。他实际创立了功能主义，用“功能”一词把实用与审美的矛盾关系有机地统一起来。

功能主义以德国“包豪斯”最为典型。包豪斯学校成立于 1919 年，是在魏玛市立美术学院与市立工艺美术学校合并的基础上组建起来的。包豪斯德文 Bauhaus，是“国立建筑学院”之意，它的创始人是格罗皮乌斯。包豪斯代表了当时西方设计思想所达到的水平。包豪斯肯定机械化工业生产，主张艺术与技术新的统一，强调产品设计要以功能为主，形式服从功能，丰富了技术美学思想的内容。包豪斯设计的主要目标就是要创造技术性能和审美性能最有效结合的工业产品。由格罗皮乌斯亲自设计的包豪斯学校的校舍，就是实用性与审美性完美结合的典范，后来成为建筑史上不朽的名作。

在 20 世纪强烈的人本主义思潮影响下，审美设计不再局限于工业产品的设计，而是把视野扩展到了整个生活世界。在现代化时代，大机器生产的影响渗透到了生活世界的每个角落，技术美学也随着工业产品对生活世界的全面影响而扩大。环境污染、生态平衡的破坏，把工业布局和城乡建设的审美设计问题提到了人们面前。人类闲暇时间的增加，把景观的审美设计问题提到了人们面前。广大居民生活水平的提高和审美趣味的多元化，把衣食住行的审美设计问题提到了人们面前。一句话，技术美学所面临的不仅是工业产品的设计，而且是整个人类生存环境的设计，这也标志着技术美学一次质的飞跃。

（二）技术美的特征

技术美是一种功能与形式和谐统一的美，因此，技术美最大的特点就是功能美。功能美不等于实用。只求实用功能，不讲形式之美，不是功能美。同时，功能美又离不开实用。从历史上来看，实用是功能美的基础和最主要内容。

这一点可以从石斧的例子中看出。原始人制造一把石斧，最早是用一种简单的打制，后来出现了磨制，磨制得平滑，砸下去就更省力，两侧对称一些，砍砸的方向就容易准确一些。经过无数次改进，石斧的造型渐渐和一种使用上满意的情感联系起来，从而产生某种愉快，这就是一种形式上的美感，也就是石斧具有了功能美。后来，人们又为石斧安上柄，起初是用绳子把石斧绑在柄上，后面又改进为不用绳子也可以安上柄，还在柄上刻上交叉的平行线代替绳子作为装饰。普列汉诺夫说："装饰在这里就是从前首先为了功利目的所使用的东西的形象。"因此，他得出一个结论："人最初是从功利观点来观察事物的现象，只是后来才站到审美观点上来看待它们。"

技术美除了实用外，还必须具有形式美。正如日本美学家竹内敏雄所说，技术美并不在产品的功能本身，而是在于"功能的合目的性的活动所具有的力的充实与紧张，并在与之相适应的感性形式中的呈现"。

我们的祖先在这方面给我们留下了范例。例如，我国新石器时代的彩陶，它们的外观是美的，而这种外观的美正是由它们的功能（装水、装食物、蒸煮）决定的。又如，唐代越窑青瓷所做的茶具，形式极美，而这种美就是功能的体现。这种青瓷胎骨较薄，施釉均匀，釉色青翠莹润，像玉，又像冰，衬托了茶色之绿，增加了人们饮茶时的情趣。当时的诗人为它写下了许多赞美的诗句。如孟郊的"蒙茗玉花尽，越瓯荷叶空"；陆龟蒙的"九秋风露越窑开，夺得千峰翠色来"等。这些诗句抒发了诗人在饮茶时畅快的心情，这不单单是因为茶水的清香带给人的味觉和嗅觉的快感，而且由于青瓷茶具有高雅的色泽、优美的造型、光润的手感，使人感到使用的舒适和审美的陶醉。这说明越窑茶具形式的美是功能的体现。这里的功能，不仅是适应物质需求的功能，而且是适应审美需求的功能。

四、鉴赏技术美

当一种科学的创造与发明获得成功，人的内心就会产生出成就感；如果一件产品的制作工艺精细，产品细节完美，不仅制作者会有成功的喜悦，而且使用者也有获得的满足感；如果一件产品能够降低人的劳动强度，使人在使用时感到轻松，人的内心就会有愉快感……不论是成就感、满足感，还是愉快和喜悦，都是人的美感体验。

（一）设计美

不论是一件器物的制造、一座房子的建造，还是一个设施的建设，设计是首要的。成功的设计不仅能够使人看到智慧之美，鼓舞和激励人的精神，还可以使人感受到科技应用的魅力。

1. 掐丝珐琅凫尊

掐丝珐琅凫尊，清中期乾隆年间扬州制造，通高 30.5 厘米。清宫旧藏。

凫做昂首站立式，身羽向后飘，长尾向前卷。凫背开一圆槽，装连椭圆形尊。凫身以绿色为地，以掐丝为纹，以彩釉饰羽毛。尊以浅蓝色珐琅为地，饰勾莲纹和太极图。凫是一种水鸟，俗称野鸭，因与福字同音，故多用以制作工艺品，在观赏之时先博得口彩，十分吉利，因而是古代宫中颇受欢迎的陈设品。

清乾隆时掐丝珐琅的生产基地除清宫内务府造办处珐琅作坊外，尚有广州、扬州等重要产地，这两地烧制的掐丝珐琅器，一方面受宫廷工艺的影响，按照皇家样款，烧制内廷所需物件；另一方面由于地域差异，带有明显的地方特色。乾隆时期，扬州曾烧制了天球瓶、桌灯、尊等诸多品种珐琅器进贡内廷。扬州的掐丝珐琅器造型别具一格，珐琅釉色偏冷，喜用绿、蓝色，色彩对比强烈。掐丝线条纤细，技法娴熟，器物造型、色彩以及掐丝技法与内廷风格迥异。掐丝珐琅凫尊的美首先在于它的设计之美。

2. 青釉堆塑楼阁人物鸟兽谷仓罐

浙江绍兴出土的西晋时期的青釉堆塑楼阁人物鸟兽谷仓罐的罐身肩腹处贴塑动物、佛像等装饰。青釉泛黄。谷仓罐又称魂瓶、堆塑罐、粮罂、五谷仓等，器型由东汉堆塑五联罐发展演变而来，是用来盛放谷粮的随葬用品，多出土于三国东吴、西晋时期的南方地区墓葬中，西晋谷仓罐风格趋于严肃和程式化。谷仓罐取安魂、招魂之用，慰死者之愿，引导死者灵魂进入极乐世界。该罐雕塑复杂，反映出西晋越窑青瓷和谷仓罐的艺术都发展到了巅峰。

青釉，是一种瓷器釉色名，含铁量在1%—3%左右，经高温在还原气氛中烧成，呈现青绿色泽，是中国最早的颜色釉。商周时期原始瓷器的青黄釉色是青釉的初级形态。汉代已烧制出釉色纯正的青釉瓷器。至唐代技术日臻完美，青釉被誉为“千峰翠色”。宋代的粉青、梅子青如同青玉，色泽与质感之美达到顶峰。明清之际，永乐朝的翠青、冬青（即东青），雍正朝的粉青、豆青等均色调匀净，苍翠欲滴，烧制水平已炉火纯青，出现了很多名贵品种。灵动的设计美使青釉瓷器散发出无与伦比的美。

3. 半坡遗址半地穴式房屋

西安半坡遗址是一处新石器时代的文化遗址，已发掘 45 座房屋的基址。其中，有一部分是半地穴式建筑。房屋的基本设计是：建设时先从地表向下挖出一个方形或圆形的深坑，在坑中埋设立柱，然后沿坑壁用树枝捆绑成围墙，内外抹上草泥，最后架设屋顶。其基本特点是：房屋的内部空间一部分在地面以下，一部分在地面以上。

从科技的角度看，排除掉阴雨季节这一缺陷，对于西北黄土高原上的人们来讲，半地穴式的房屋冬暖夏凉，十分宜居。同时，采用木骨土泥的方法构筑的墙体不仅轻便，而且可以有效地解决防风、保暖等问题。

（二）工艺美

工艺美是指因精湛的技术和精细工艺在产品加工过程中的应用，使产品具有的外在美和使用上的得心应手等美的表现。从形式方面看，主要表现为工艺的精细；从内涵方面看，主要表现为使用的顺手与舒心等。

1. 骨制品

早在距今 30000 年前的旧石器时代，北京山顶洞人就开始磨制骨制品，制造出了骨针等日用品。到了大约距今 6000 年的时候，中国南北方磨制骨制品的手工艺水平就已经很高了，磨制出的骨制品十分精细，有的甚至可以与现今的手工制品相媲美。

2. 玉石器

进入新石器时代之后，我国先民们的审美意识不断增强，产生了大量的各类玉石装饰品。自古以来，玉石被认为是山川的精华、上天的礼赠，具有沟通神灵、礼敬自然的妙用，古时主要为祭祀礼器和贵族配饰。古人敬畏天地万物，生产生活高度依附于自然，视自然恩赐为重，极为重视礼器的打造，礼器有祭祀天的玉璧、玉琮等，佩戴的饰品也有多种样式。

玉璧为我国传统的玉礼器之一，造型简练、古朴厚重，具有美好的象征意义。古人向来有天圆地方的哲学思想，以玉璧为圆，用其象征上天，即所谓的“苍璧礼天”。

玉璧一般为青绿色玉质，玉料斑驳，表面有大量的黄褐色沁斑。玉璧扁平，厚薄不匀，外壁有旋磨痕，也非正圆。器表光素无纹，两面均有多道线切割痕，内孔壁两面对钻，并有台阶痕。

玉琮是良渚文化产物，是新石器时期起一直沿用的重要礼器，常以外为方、内通圆的形态出现。玉琮与玉璧相对，它象征的是“地方”，更有着“天地合一”的美好寓意，常被用以祭祀大地之神，被看作是财富的象征。玉琮遍布鸡骨白沁，已看不出原玉质颜色。经盘玩后表面略带黄褐色。玉琮分三节，每节雕琢人面纹，人眼刻画双重眼圈，两侧出短直线或三角形眼角。冠帽及嘴部浮雕，冠帽阴刻平行直线，嘴部刻画长方形的螺旋纹。整体线条坚挺利落，富有神秘且庄严的美感。

3. 金银器

我国古代的金银器制造水平十分先进，各种生活器物制作工艺精细，观之悦目，用之赏心。如金錾花高足托盖白玉碗，由金托、玉碗、金碗盖三部分组成。托较高，下足圈筒式，下粗上细，其外饰凸起的勾莲纹和数排如意纹，并嵌有松石海棠花、如意云。足上为圆形托盘，边沿饰连球纹并嵌松石边线，盘内壁开光，开光内饰缠枝纹并嵌松石花。盘中部泛起圆形碗座，其壁錾勾莲纹并嵌松石梅花。碗为白玉质，洁白如脂。圆形撇口，外壁素无纹，内壁琢藏文。碗底有“乾隆年制”四字款。碗盖略高，宽沿，中部隆起，饰勾莲纹并嵌松石饰片，上部锤錾莲瓣纹，顶部有花蕾式纽。清代宫廷使用的盖碗种类很多，金、玉组合的作品则较少。这件盖碗的金工精致，玉质绝佳，托、盖、碗浑然一体，既实用又有很好的陈设效果。

4. 青铜器

青铜文化是人类文明发展到一定阶段的产物，我国大件青铜器在夏代晚期开始出现，到商代，出现了大量气势恢宏、纹饰繁缛的组合式青铜器。进入西周、东周，出现了一批具有长篇铭记历史事件文字的青铜器。

三羊尊，是商代的一件大型盛酒器。为大口广肩型，厚唇外折，细颈上有三道凸弦纹。肩部等距离地装饰三只高浮雕形式的卷角羊头，间以回形纹为地的目形纹饰。腹部较肥硕，纹饰更为华丽，在回纹地上有三组兽面纹，用夸张的手法突出了兽面上最能传神的眼睛，增加了肃穆庄严的气氛。圈足较高，上边有两条凸弦纹，中间有三个等距离的较大圆形孔，这是商代青铜器的典型特征之一，圈足的下部在回纹地上饰有六组兽面纹。全器图案布局错综复杂，繁而不乱，是目前我国发现的同类器物中之最大者。

这件尊是经过两次铸造而成的，先铸尊体，并在肩部相应的位置上预留孔道，然后在孔道上再搭陶范，铸制羊头。这反映了三千年前我国先民的智慧与技巧，表现了当时冶铸工艺已达到很高的水平。从大口、广肩、低体、高圈足以及圈足上的三个大孔和繁缛的纹饰、华丽而又庄重的造型等特点来判别，此尊应属于商代晚期器物，其时代相当于公元前13世纪左右。三羊尊造型端庄富丽，制作精美，是我国古代青铜器的佳作之一。

第二章　审美范畴

审美活动是一种社会文化活动，不同的文化背景会孕育出不同的审美文化，形态各异的审美文化在社会文化传统的不断渲染下，将形成独具特色的审美风格，而这种审美风格的结晶便是审美范畴。

第一节　优美与崇高

一、优美

1. 起源

优美起源于古希腊，从古希腊文化中孕育而生。在希腊文明中，美是一个超凡卓越、至高无上的概念。希腊作为一个半岛国家，大海的宁静、海风的宜人使人民充满丰富的情感与清晰的理性。对于希腊人而言，人与自然处于和谐融洽的状态。黑格尔曾说：“希腊人的世界观正处在一种中心，从这个中心上美开始显示出它的真正生活和建立它的明朗王国；这种自由生活的中心不只是直接地、自然地存在着，而是由精神观照产生出来，由艺术显示出来。”① 这种内在的个体和谐与外在的平和环境相辅相成，便诞生出一种纯净的“美”，并通过“完美无瑕”的艺术尽情展现。

在古希腊的雕塑艺术中，我们可以充分感受到美温克尔曼曾评价的“高贵的单纯与静穆的伟大”。

希腊雕像不仅充满着形式的完美，也充分表达着艺术家的思想。希腊人认为，肉体也要展现静态的庄严，面部则保持理性的宁静，如有着“美神”之称的阿芙洛狄忒（维纳斯）。这尊雕像充分体现了希腊人对美的理想的诠释，即单纯、纯净、宁静，是多样的统一，是和谐的一致。维纳斯所体现的种种审美感受，便是我们常说的优美。

2. 优美的美学理论

此后，不同的美学家对于优美也作出了详细的阐释。

18 世纪，英国美学家伯克认为优美限于物体的感性性质，是物体中能引起爱或者类似爱的情感。这份“爱”指的是在观照任何一个美的事物时心里所感觉到的那种喜悦，而不同于将其占有的欲念之情，继而伯克总结美的事物有一些共同的性质，如小、柔滑、娇弱、明亮、秀美等。

18 世纪，德国哲学家康德在《判断力批判》中指出，美是一种单纯的快感，并将美划分为自由的美与依存的美，并对二者下了定义：“有两种美，自由的美和只是依存的美。前者不以对象究竟是什么的概念为前提，后者却要以这种概念以及相应的对象的完善为前提；前者是事物本身固有的美，后者却依存于一个概念（有条件的美），就属于受某一特殊目的的概念制约的那些对象。”② 具体而言，康德认为，自由的美只有“花卉，自由的图案，以及没有目的交织在一起的线条”，而绝大多数的自然美与艺术作品康德都将其归为了依存美。

3. 优美作品欣赏

优美的审美特点，表现在绘画、音乐、诗歌、雕塑、建筑等各类艺术形式中。

法国画家柯罗的风景画便能够让我们体会到诗意的田园优美感。柯罗是 19 世纪法国风景画家，他一生迷恋大自然，以描绘转瞬即逝且富有诗意氛围的自然景色而闻名。柯罗的作品充满色彩的微妙变化和浮动的细腻光泽，如柯罗 1866 年的风景画作《冈多菲堡》，冈多菲堡是一座梦想中的田园，画面宁静致远，树影婆娑，左侧坡上的小镇依山傍水，与右侧的湖水交相呼应，中部树干细长、枝叶蓬松，充满勃勃生机，

① 黑格尔:《美学》第二卷，朱光潜译，商务印书馆 2020 年版，第 169—170 页。

② 朱光潜:《西方美学史》，人民文学出版社 1979 年版，第 357 页。

画面呈现出静谧的美好，生命与自然和谐共处，将诗意凝结于整幅画作中，让欣赏者获得了极大的优美体验。

佛罗伦萨画派画家拉斐尔的作品也充满了明媚、和谐的美感。拉斐尔的《美丽的女园丁》便是绝佳的展现。画面中，坐着的圣母看护着身旁嬉戏的孩子耶稣和圣约翰，孩子脸上的表情是宁静的、温柔的，整个画面充满着宁静的温暖感，以至于线条的勾勒也充满着圆滑，没有过于尖锐的角度，都是优美的曲线。

二、崇高

1. 起源

崇高这种审美范畴，源头在于西方的希伯来文化。希伯来人，他们在漫长的历史中，逐渐形成了一种独特的文化。历史上，希伯来人饱受战争之苦，先后受到了非力士人、亚述人、迦勒底人、波斯人、罗马人和埃及人的奴役。希伯来人面对无边无际的磨难、无法逃避的死亡，陷入深深的绝望之中，因此，他们把命运与幸福寄托于信仰。这种宗教信仰使希伯来人把对现实世界的关注转向对精神的追求，进而从有限世界到达精神的无限世界，使得希伯来文化产生出一个不同于希腊的审美范畴：崇高。

然而在古希腊和古罗马时期，人们对于崇高的运用与理解重点集中于修辞学——一种公开演讲的艺术，而不是我们现在所理解的审美范畴中的崇高。在西方美学史上，最早将“崇高”引入人们视野的是朗吉弩斯的《论崇高》。

朗吉弩斯认为“崇高的风格是一颗伟大心灵的回响”，他提倡文艺应该具有伟大的思想、慷慨激昂的热情和崇高的风格。《论崇高》总结了崇高现象的共有特点，即力量感、热情感与迅猛感。

朗吉弩斯认为自然事物和艺术作品中都充盈着激昂而热烈的崇高。首先，崇高存在于自然界：“你试环视你的四周的生活，看见万物的丰富、雄伟、美丽是多么惊人，你便立刻明白人生的目的究竟何在。所以，在本能的指导下，我们绝不会赞叹小小的溪流，哪怕它们是多么清澈而且有用，我们要赞叹尼罗河、多瑙河、莱茵河，甚至海洋。我们自己点燃的爝火虽然永远保持它那明亮的光辉，我们都不会惊叹它甚于惊叹天上的星光，尽管天上的星光常常是黯然无光的；我们也不会认为它比埃特内火山口更值得赞叹，火山在爆发时从地底抛出巨石和整个山丘，有时候还流下大地所产生的净火的河流。关于这一切，我只须说，有用的和必须的东西在人看来并非难得，唯有非常的事物才往往引起我们惊叹。”朗吉弩斯列举的种种自然界崇高的对象，皆具有如下特点：力量的强大，威严的可怕，数量的庞大，值得赞叹，人尚且未能征服。

朗吉弩斯将崇高在社会中的体现集中于人格的伟大，其对慷慨磊落、意志远大的人格和精神充满赞赏。在《崇高论》中他指出："雄伟的风格乃是重大思想之自然结果，崇高谈吐往往出自胸襟旷达、志气远大的人。"崇高的人格是一种旷达宏伟之表现，以力量慑人的气势展现出独有的精神魅力。

2. 崇高的美学理论

18 世纪，英国美学家伯克认为，崇高的对象都有一个共同的特性——可怖性。"自然界的伟大和崇高……所引起的情绪是惊惧。在惊惧这种心情中，心的一切活动都由某种程度的恐怖而停顿。这时心完全被对象占领住，不能同时注意到其他对象，因此不能就占领它的那个对象进行推理。所以崇高具有那样巨大的力量，不但不是由推理产生的，而且还使人来不及推理，就用它的不可抗拒的力量把人卷着走。惊惧是崇高的最高度效果，次要的效果是欣羡和崇敬。"崇高对象的性质主要是体积巨大（例如海洋），其次是晦暗（例如某些宗教神庙）、力量（例如不受人束缚的动物）、无限（例如无边无垠的天空）、空无、壮丽、突然性等。

18 世纪，德国哲学家康德在《判断力批判》一书中把崇高划分为两类，分别为数量的崇高与力量的崇高。数量的崇高一般是指体积无限大的物体，如科隆大教堂、埃及金字塔等。力量的崇高则是从威力入手，指具有巨大震慑力的事物，如山崩地裂、电闪雷鸣、狂风暴雨。与此同时，要求人类在精神层面上有足够的力量与之抗衡。"好像要压倒人的陡峭的悬崖，密布在天空中迸射出迅雷疾电的黑云，带着毁灭威力的火山，势如扫空一切的狂风暴雨，惊涛骇浪中的汪洋大海以及从巨大河流投下来的悬瀑之类景物，使我们的抵抗力在它们的威力之下相形见绌，显得微不足道。但是只要我们自觉安全，它们的形状愈可怕，也就愈有吸引力；我们就欣然把这些对象看作是崇高的，因为它们把我们心灵的力量提高到超出惯常的凡庸，使我们显示出另一种抵抗力，有勇气去和自然的这种表面的万能进行较量。"这里所指出的"另一种抵抗力量"便指的是人类无尽的勇气，一种精神品格的崇高。

3. 崇高作品欣赏

崇高以其强烈的情感激荡引起了浪漫主义艺术的关注，浪漫主义艺术是对人的情感的极度释放。艺术是充满精神的自由，充满人性的光辉，充满美的力量，而人在此时也成为崇高的主体表达。

崇高的典型显现之一当属哥特式教堂，中世纪的哥特式教堂与庄重静穆的希腊神庙不同，呈现出的是一种神秘崇高的氛围，如巴黎圣母院。巴黎圣母院是欧洲早期哥特式建筑的杰出代表，世界上第一座完全意义上的哥特式教堂。教堂好像直抵云霄的尖顶，给人以向上升腾的飞跃感。宏伟高耸的拱门，仰天巍峨的钟楼，使人通过仰望的方式，引其不断奔向无限的云层中。教堂彩色玻璃窗细碎繁杂的拼接方式，与幽暗的烛光交织呼应，为教堂覆上一层神秘的面纱，加之风琴的震动、钟声的低鸣，使整个教堂成为崇高的绝妙映照。

在音乐方面，伯克提到音乐上的崇高，他认为狂风暴雨、惊雷巨浪的喧噪、动物猛兽的怒吼，以及强烈的声音会使人的情感陡然而生。“单单一声，虽然简短，若气势壮阔，间歇而作，则效果宏伟”，这使我们想到贝多芬的《第五交响曲》。贝多芬的《第五交响曲》是贝多芬音乐中英雄性、斗争性展现的代表。音乐超越了个体局限性，将思绪引到外在的人类命运斗争当中。人不能听从命运的安排，应该掌握自己的命运，并且随时与厄运抗争、战胜它，这就是贝多芬《第五交响曲》的中心意蕴。

除这些外，雨果的《悲惨世界》、歌德的《浮士德》、雪莱的《西风颂》，都记录着人不断追求超越崇高的精神勇气，是人类精神史可歌可泣的艺术赞歌。

三、优美与崇高的对比

优美与崇高两大审美范畴，将其放于同处进行对比，更能窥探到其中的奥秘，如古希腊艺术中最具代表性的《断臂的维纳斯》与《掷铁饼者》，维纳斯是宁静安详的，而掷铁饼者则强烈富于动感；维纳斯体态优美，线条舒展柔和，而掷铁饼者弯腰屈腿，线条紧张充满力量；维纳斯代表了女性的妩媚与优美，而掷铁饼者则代表着男性的刚健与雄厚；维纳斯造型完整，讲求变化中的统一，而掷铁饼者造型倾向于强烈的对比，构成一种紧张感。

最后，我们可以对优美和崇高进行总结。

优美是对象的完美、和谐统一，带有静态特征，宁静是最典型的特征；优美的对象具有特征性的形式和外观，诸如小巧、柔顺、完善、圆润等，凸显为一种令人喜爱的感性形式。优美的对象是令人愉悦的，会使主体产生向往、留恋和被吸引的心理状态。优美的对象吸引主体，因此在欣赏过程中主体与客体逐渐统一，最终达到主客交融。

崇高的对象往往充满了内在冲突和张力，具有不断运动的特征。崇高的对象常常体现出巨大、无限、晦暗、粗犷等。崇高的对象由于内在矛盾和冲突，由于存在反形式，往往造成一种先排斥主体、之后升华主体的转变过程，即痛感向快感转化。崇高的对象首先对主体造成恐惧，使主体产生排斥，进而唤起主体自身的理性观念和勇气后，使主体超越对象达到新的境界。这个过程使得主客关系由拒斥疏远到最终统一。

第二节　阴柔与阳刚

在中国美学中，有一对与优美与崇高相似的审美范畴——阴柔与阳刚。庐山的秀丽与黄山的险峻，江南水乡的秀美与塞北戈壁的荒凉带给我们截然不同的审美体验。在中国传统语境下，逐渐衍生出独具中国韵味的阴柔之美与阳刚之美。

清代桐城派姚鼐曾如此阐释过阴柔与阳刚："其得于阳与刚之美者，则其文如霆，如电，如长风之出谷，如崇山峻崖，如决大川，如奔骐骥；其光也，如杲日，如火，如金镠铁；其于人也，如凭高视远，如君而朝万众，如鼓万勇士而战之。其得于阴与柔之美者，则其文如升初日，如清风，如云，如霞，如烟，如幽林曲涧，如沦如漾，如珠玉之辉，如鸿鹄之鸣而入寥廓；其于人也，漻乎其如叹，邈乎其如有思，暖乎其如喜，愀乎其如悲。观其文，则文者之性情形状举以殊焉。且夫阴阳刚柔，其本二端，造物者糅而气有多寡进绌，则品次亿万，以至于不可穷，万物生焉。故曰：一阴一阳之为道。"① 姚鼐从自然景观的差异到人文气象的表达，总括了以文章风格为代表的两种相异的形式。由自然到人文到艺术，姚鼐为我们构筑了一个中国意蕴的审美世界。

在宋词当中，我们也能体会到阴柔之美与阳刚之美，并品味到其中的差异，宋词中有婉约派与豪放派之分，其中婉约派代表人物李清照便有着代表阴柔之美的《声声慢》：

寻寻觅觅，冷冷清清，凄凄惨惨戚戚。乍暖还寒时候，最难将息。三杯两盏淡酒，怎敌他、晚来风急？雁过也，正伤心，却是旧时相识。

满地黄花堆积。憔悴损，如今有谁堪摘？守着窗儿，独自怎生得黑？梧桐更兼细雨，到黄昏、点点滴滴。这次第，怎一个愁字了得！

① 姚鼐：《中国历代文选论》第三卷，上海古籍出版社 1980 年版，第 510 页。

而豪放派代表人物苏轼则有代表着阳刚之美的《念奴娇·赤壁怀古》：

大江东去，浪淘尽，千古风流人物。故垒西边，人道是，三国周郎赤壁。乱石穿空，惊涛拍岸，卷起千堆雪。江山如画，一时多少豪杰。

遥想公瑾当年，小乔初嫁了，雄姿英发。羽扇纶巾，谈笑间、樯橹灰飞烟灭。故国神游，多情应笑我，早生华发。人生如梦，一樽还酹江月。

阴柔之美可以用几个关键词来表述：首先，偏向于宁静或静态，恰如西方美学上把优美视为宁静一样。其次，柔美宜人，含蓄委婉。最后，格局小巧。阳刚之美似乎有一些相反的特征：首先，富有动感和张力，体现出急剧的变动。其次，大都粗犷有力，富有震撼力。最后，所选意象大多宏大开阔，非同凡俗。

在中国古代诗歌美学中，有大量关于风格的范畴，这些范畴有不少可以用来描述阴柔与阳刚之美的特征。唐代司空图在《诗品》中，以“纤秾”“典雅”来说明阴柔之美，而以“雄浑”“劲健”来比拟阳刚之美。司空图描绘“纤秾”的特征是“采采流水，蓬蓬远春。窈窕深谷，时见美人。碧桃满树，风日水滨。柳阴路曲，流莺比邻”。“典雅”的风格特征是“白云初晴，幽鸟相逐。眠琴绿荫，上有飞瀑。落花无言，人如淡菊”。这些形态接近阴柔之美。司空图描绘“雄浑”的特征是“返虚入浑，积健为雄。具备万物，横绝太空。荒荒油云，寥寥长风”。“劲健”的特性是“行神如空，行气如虹。巫峡千寻，走云连风”。

朱光潜先生在《文艺心理学》中举了两句六言诗象征阴柔与阳刚这两种美：“骏马秋风冀北，杏花春雨江南。”这两句诗每句都只举出三个殊相，然而它们可以象征一切美。你遇到任何美的事物，都可以拿它们做标准来分类。比如说峻崖，悬瀑，狂风，暴雨，沉寂的夜或是无垠的沙漠，垓下哀歌的项羽，或是横槊赋诗的曹操，你可以说这都是“骏马秋风冀北”式的美；比如说清风，皓月，暗香，疏影，青螺似的山光，媚眼似的湖水，葬花的林黛玉，或是侧帽饮水的纳兰成德，你可以说这都是“杏花春雨江南”式的美。

但是，严格来说，中国美学中的优美与壮美，和西方美学中的崇高与优美，还是有区别的。区别主要有两点：

第一，文化背景不同。我们前面说，在西方美学中，优美的源头是希腊文化，崇高的源头是希伯来文化和基督教文化，这形成了它们独特的文化内涵。而在中国美学中，壮美和优美这种美的分类则源于《易传》的《系辞传》，宇宙万物生存与变化的根本原因，是事物内部两种对立因素的相互作用。这两种对立的因素，就是阴和阳，也就是柔和刚。在《易传》的这个思想的影响下，中国美学把美分成两大基本类型：阳刚之美与阴柔之美，或者叫壮美与优美。前面提到的姚鼐就谈到这一点。他说："吾尝以谓文章之原，本乎天地。天地之道，阴阳刚柔而已。苟有得乎阴阳刚柔之精，皆可以为文章之美。阴阳刚柔并行而不容偏废，有其一端而绝亡其一，刚者至于偾强而拂戾，柔者至于颓废而阉幽，则必无与于文者矣。"又说："鼐闻天地之道，阴阳刚柔而已。文者，天地之精英，而阴阳刚柔之发也。惟圣人之言，统二气之会而弗偏，然而《易》《诗》《书》《论语》所载，亦间有可以刚柔分矣。值其时其人，告语之体各有宜也。"就是说，文章之美是从天地之道来的，天地之道是阴阳、刚柔的统一，文章也就分别有阴阳、刚柔之美。所以，在中国美学中的优美，具有西方美学的优美中那种"高贵的单纯"和"静穆的伟大"的文化内涵。

第二，由于中国美学的壮美与优美源于《易传》，而按照《易传》"一阴一阳之为道"，天地之道是阴阳（刚柔）的统一，就是说，阳和阴、刚和柔，不但是对立的，而且是统一的，都是道不可缺少的。在这种思想影响下，中国古典美学中的壮美和优美的关系，不是互相排斥的，不是相互分裂的，不是互相隔绝的。所以姚鼐说，阳刚之美和阴柔之美可以"偏胜"，但不可以"偏废"。不仅如此，中国美学还要求阳刚之美和阴柔之美互相连接、互相渗透，融合成统一的意象世界。在中国古典美学的系统中，壮美的意象不仅要雄伟、劲健，而且要表现出内在的韵味；优美的意象不仅要秀丽、柔婉，而且要表现出内在的骨力。中国古典美学论书法时讲究"书要兼备阴阳二气"，讲究"力"和"韵"的互相渗透；论画时讲究"寓刚健于婀娜之中，行遒劲于婉媚之内"；论词时讲究"壮语要有韵，秀语要有骨"，讲究豪放和妩媚的互相渗透；论小说时讲究"疾雷之余，忽观好月"，讲究"山摇地撼之后，忽又柳丝花朵"，讲究"龙争虎斗"之后，"忽写燕语莺声，温柔旖旎"，讲究要有"笙箫夹鼓，琴瑟间钟"之妙等。中国美学中壮美与优美之间的这种互相渗透和互相融合，在西方美学的崇高与优美的关系中是没有的。

从比较的意义上说，中国美学的阴柔与阳刚之美，与西方美学的优美与崇高有类似或共通之处，但我们必须强调，这些范畴是基于不同的文化背景下产生的，有着根本的区别。

大、严肃、强壮的东西突然化为乌有，原来是渺小、丑陋、孱弱的东西，这时人才发出笑声，而且那个东西装得越大、越强、越一本正经，就越可笑。这两类理论虽有不同，但有一点是共同的，即认为“在一切引起活泼的撼动人的大笑里必须有某种荒谬背理的东西存在”。正是这种东西引起了“优越感”或使“紧张的期待突然转化为虚无”。

第四节　丑与荒诞

一、丑

（一）作为审美范畴的丑

作为审美范畴的丑和优美与崇高、悲剧与喜剧一样，都属于广义的美的范畴，不是单纯的客观物理存在，而是情景交融的意象世界，在艺术的审美活动中更容易显现与体会。作为审美意象的丑与伦理范畴的恶不同，在美学范畴意义上我们一般不将它们联系在一起，比如许多艺术作品中的人物形象，单纯地显现出“丑”的意象，但我们并不能将其与“恶”相连。

作为审美范畴的丑主要是一种近代的精神产物，李斯托威尔提出：“在文艺复兴以后，比在文艺复兴以前，我们更经常地发现丑。而在浪漫的现实主义的气氛中，比在和谐的古典的古代气氛中，它更得其所。”施莱格尔反对古典主义的理想化的、刻板的、单一的美的表达，主张美应该有特色，以此提出“丑的美学”。特别是伴随西方现代派艺术的涌现，丑的作品更是大量涌入人们的视野中，逐渐占据了艺术领域的多数阵地。

（二）丑的审美价值

丑的审美价值体现在现代社会对于审美观念产生的变化中，许多美学家也对丑这一美学范畴给予了极大的关注，并深入发掘了其独特的审美价值。

1. 西方的丑

在以古典主义为代表的审美范畴中，长期以来都是以优美与崇高为主流审美倾向，但自浪漫主义开始，狂热与激情使人们关注到传统静穆美之外的世界。19 世纪 50 年代法国诗人波德莱尔的《恶之花》便是丑的审美范畴出现的早期代表。雨果

第三节　悲剧与喜剧

悲剧有广义的悲剧和狭义的悲剧之分，广义的悲剧是作为审美范畴的悲剧，又称为“悲”，或“悲剧性”；狭义的悲剧是戏剧样式之一的悲剧，本章节所探讨的悲剧，为广义的悲剧。

一、悲剧理论：亚里士多德、黑格尔、尼采

1. 亚里士多德

在西方美学史上，最早进行悲剧研究的是亚里士多德，亚里士多德为悲剧下了一个定义，悲剧是对于一个严肃、完整、有一定长度的行动的模仿；它的媒介是语言，具有各种悦耳之音，分别在剧的各部分使用；模仿方式是借人物的动作来表达，而不是采用叙述法，借引起怜悯和恐惧来使这种情绪得到陶冶；悲剧的目的不在于模仿人的品质，而在于模仿某个行动。从亚里士多德这些话中，可以得到两个结论，第一，亚里士多德指出悲剧是人的行为造成的；第二，悲剧引起人怜悯和恐惧的情绪而使这些情绪得到净化。

亚里士多德认为，悲剧的主角并不是坏人，他之所以陷入厄运，并不是因为他做了坏事，而是因为他犯了过失，他的行为产生了他自己意想不到的结果。亚里士多德以古希腊悲剧家索福克勒斯的作品《俄狄浦斯王》来引证自己的观点。

《俄狄浦斯王》的故事情节是这样的：俄狄浦斯是忒拜国王拉伊奥斯和王后伊奥卡斯忒所生的儿子。拉伊奥斯从神那里得知，由于他以前的罪恶，他的儿子命中注定要弑父娶母。因此，儿子一出生，他就叫一个牧人把孩子抛弃。这婴儿被无嗣的科林斯国王收为儿子。俄狄浦斯长大成人后，也从神那里得知自己的命运，他为反抗命运，就逃往忒拜。在途中的一个三岔路口，他一时动怒杀死了一个老人。这个老人正巧是他的生父忒拜国王拉伊奥斯。狮身人面女妖斯芬克斯危害忒拜，俄狄浦斯说破了她的谜底，为忒拜人解除了灾难。他被忒拜人拥戴为王，并娶了前王的寡后，也就是自己的生母伊奥卡斯忒。这部戏开场时，忒拜发生了瘟疫，神说要找出杀害前王的凶手，瘟疫才能停止。俄狄浦斯诚心为忒拜谋福，经过多方查访，结果发现凶手就是他自己。那位牧人也承认，婴儿时的俄狄浦斯是国王交给他的。于是真相大白。俄狄浦

斯娶母的预言也实现了。在极度悲痛中，王后伊奥卡斯忒悬梁自尽，俄狄浦斯也刺瞎了自己的双眼，请求放逐。

这个悲剧说明了命运的不可抗拒性。俄狄浦斯和他的父亲为了逃脱命运的安排而做出一系列选择，而这一系列选择却环环相扣，使他们掉进了命运的漩涡。所以，亚里士多德认为，悲剧主角并不是坏人，他们因为自己的过失而遭到不幸。这是命运的捉弄。

2. 黑格尔

德国美学家黑格尔认为，悲剧所表现的是两种对立的理想或普遍力量的冲突和调解。朱光潜在《西方美学史》中对黑格尔的悲剧思想作了如下的概括："就各自的立场来看，互相冲突的理想既是理想，就都带有理性或伦理上的普遍性，都是正确的，代表这些理想的人物都有理由把它们实现于行动。但是就当时世界情况整体来看，某一理想的实现就要和它的对立理想发生冲突，破坏它或损害它，那个对立理想的实现也会产生同样的效果，所以它们又都是片面的，抽象的，不完全符合理性的。这是一种成全某一方面就必牺牲其对立面的两难之境。悲剧的解决就是使代表片面理想的人物遭受痛苦或毁灭。就他个人来看，他的牺牲好像是无辜的；但是就整个世界秩序来看，他的牺牲却是罪有应得的，足以伸张'永恒正义'的。他个人虽遭到毁灭，他所代表的理想却不因此而毁灭。所以悲剧的结局虽是一种灾难和苦痛，却仍是一种'调和'或'永恒正义'的胜利。因为这个缘故，悲剧所产生的心理效果不只是亚里士多德所说的'恐惧和怜悯'，而是愉快和振奋。"

黑格尔以索福克勒斯的《安提戈涅》为例。这部悲剧的女主角安提戈涅的二哥波吕涅克斯因争王位，借外国军队攻打自己的国家忒拜，兵败身亡。忒拜国王克瑞翁下令禁止埋葬波吕涅克斯的尸体，违令者要处死，因为波吕涅克斯焚烧祖先的神殿，吸吮族人的血。安提戈涅不顾禁令，埋葬了哥哥。国王下令处死她，她自杀身亡。她的未婚夫是国王克瑞翁的儿子，也跟着自杀了。

黑格尔认为，这个悲剧揭示的就是两种理想的冲突，国王克瑞翁代表国家的安全和法律，安提戈涅代表亲属的爱，从他们各自的立场看，都是合理的、正义的，但从当时的整体情境来看，他们又都是片面的、不正义的，因而互相否定，双方都遭受了痛苦或毁灭。

3. 尼采：日神精神和酒神精神

尼采在《悲剧的诞生》中提出日神精神和酒神精神这两个概念，他用这两个概念来说明悲剧的本质。

日神阿波罗是光明之神，象征一种宁静安详的状态，体现为美的外观。梦是生活中的日神状态。造型艺术是典型的日神艺术。酒神狄俄尼索斯象征情绪的激动、亢奋，是一种痛苦与狂喜交织的迷狂。醉是生活中的酒神状态。音乐是纯粹的酒神艺术。

尼采认为，悲剧是日神和酒神的结合，但本质上是酒神精神，酒神因素比之于日神因素，显示为永恒的本原的艺术力量，归根到底，是它呼唤整个现象世界进入人生。

尼采认为，悲剧给人的美感是一种“形而上的慰藉”。在悲剧中，个体毁灭了，但是它使人们回到了世界生命的本体，因为对于世界生命本体来说，个体的不断产生又不断毁灭正表现出它生生不息的充沛的生命力。所以悲剧给人的美感是痛苦与狂喜交融的迷狂状态。朱光潜将尼采的这个观点概括道：“悲剧的主角只是生命的狂澜中一点一滴，他牺牲了性命也不过一点一滴的水归原到无涯的大海。在个体生命的无常中显出永恒生命的不朽，这是悲剧的最大的使命，也就是悲剧使人快意的原因之一。”

二、悲剧的美感体验

亚里士多德指出，悲剧引起观者的恐惧和怜悯的情绪，那么悲剧作为审美范畴之一，又引发了怎样的美感体验呢？

朱光潜在《悲剧心理学》一书中对亚里士多德所提出的“恐惧”与“怜悯”进行了探讨。

怜悯是由别人痛苦的感觉、情绪或感情唤起的。怜悯当中有主体对于怜悯对象的爱或同情的成分。这种爱或同情，会产生一种愉悦。怜悯还包含有惋惜的感觉，主要是一种痛感。

悲剧中的同情是一种审美的同情，不同于生活场景中常用的道德范畴的同情，而是“由于突然洞见了命运的力量与人生的虚无而唤起的一种‘普遍情感’”。

恐惧是悲剧感中不可缺少的部分。“观赏一部伟大悲剧就好像观看一场大风暴。我们先是感到面对某种压倒一切的力量那种恐惧，然后那令人恐惧的力量却又将我们带到一个新的高度，在那里我们体会到平时在现实生活中很少能体会到的活力。”

在这一点上，悲剧感类似于崇高感。“在崇高感中，这样一种敬畏和惊奇的感觉的根源是崇高事物展示的巨大力量，而在悲剧感中，这种力量呈现为命运。”“悲剧的恐惧不是别的，正是在压倒一切的命运的力量之前，我们那种自觉无力和渺小的感觉。”“这不是在日常现实中某个个人觉得危险迫近时那种恐惧，而是在对一种不可知的力量的审美观照中产生的恐惧，这种不可知的力量以玄妙不可解而又必然不可避免的方式操纵着人类的命运。”这种恐惧可以很强烈，但总是非常模糊，这正是悲剧恐惧的特点。如果恐惧的对象是清晰可辨的，那就不成其为悲剧的恐惧。这种情况和悲剧的怜悯有些相似。

悲剧感中包含的怜悯使其与崇高感产生区分：“无论情节多么可怕的悲剧，其中总隐含着一点柔情，总有一点使我们动心的东西，使我们为结局的灾难感到惋惜的东西。这点东西就构成一般所说悲剧中的‘怜悯’。”

悲剧引起观者的怜悯和恐惧的情绪，但它在最后并不会使人感到沮丧压抑，这是因为悲剧主人公有一种敢于接受命运的挑战，保持自身人格尊严和精神自由的英雄气概。“悲剧的基本成分之一就是能唤起我们的惊奇感和赞美心情的英雄气魄。我们虽然为悲剧人物的不幸遭遇感到惋惜，却又赞美他的力量和坚毅。”正因为这样，所以“悲剧在征服我们和使我们生畏之后，又会使我们振奋鼓舞。在悲剧观赏之中，随着感到人的渺小之后，会突然有一种自我扩张感，在一阵恐惧之后，会有惊奇和赞叹的感情”。

悲剧的英雄气概，并不是一般社会生活中敢于流血、敢于牺牲的英雄气概，而是在神秘的、不可抗拒的命运的重压之下，依然坚持自主、自决的人格尊严和精神自由。

把以上所说简要概括一下，即悲剧的美感主要包含三种因素：一是怜悯，二是恐惧，三是振奋。我们要注意，这三种情绪和感情都区别于日常生活中的情绪和感情。怜悯是在看到命运的不公正带给人的痛苦后而产生的同情和惋惜；恐惧是对于操纵人们命运的不可知的力量的恐惧；振奋则是悲剧人物在命运的巨石压顶时，依然保持自身人格尊严和精神自由的英雄气概所引起的震撼和鼓舞，是灵魂的净化和升华。

总之，悲剧始终渗透着深刻的命运感，然而从不畏缩和颓丧。它赞扬艰苦的努力和英勇的反抗。它恰恰在描绘人的渺小无力的同时，表现出人的伟大和崇高。

三、中国的悲剧

中国古代同西方一样，无论在社会生活中还是在艺术作品中，都存在着悲剧。中国古代悲剧的核心也是命运，是命运的不可抗拒，是人们对命运的恐惧和抗争。当然，与古希腊的悲剧相比较，中国古代悲剧所显示的命运的力量和命运感有着不同的历史的、文化的内涵。

以曹雪芹的《红楼梦》为例。学者们都认为《红楼梦》是一部伟大的悲剧，《红楼梦》的悲剧是“有情之天下”毁灭的悲剧。“有情之天下”是《红楼梦》作者曹雪芹的人生理想。但是这个人生理想在当时的社会条件下必然要被毁灭。在曹雪芹看来，这就是“命运”的力量，“命运”是人无法违抗的。

在《红楼梦》中，有一种深刻的命运感，从一开始，我们就会感到书中的人物被“命运”的乌云笼罩着，十分窒息。书中一次又一次响起命运女神不祥预言的钟声。第五回写贾宝玉梦中游历“太虚幻境”，在“薄命司”中见到“金陵十二钗”“正册”“副册”“又副册”，上面写的大观园中众多女孩的判词，预判了她们悲剧的命运。这相当于古希腊悲剧中的“神谕”。接着，警幻仙姑又请贾宝玉观看十二个舞女演唱《红楼梦》十二支，再一次预言了大观园中女孩的悲剧的命运。其中“枉凝眉”是预言贾宝玉、林黛玉二人的爱情悲剧：“一个是阆苑仙葩，一个是美玉无瑕。若说没奇缘，今生偏又遇着他；若说有奇缘，如何心事终虚化？一个枉自嗟呀，一个空劳牵挂。一个是水中月，一个是镜中花。想眼中能有多少泪珠儿，怎经得秋流到冬尽，春流到夏！”他们的爱情悲剧是命运的悲剧。

《红楼梦》中这些被命运吞噬的少女，体现了一种人生理想，就是肯定“情”的价值，争取“情”的解放。这在当时是一种新的观念。所以《红楼梦》的悲剧是新的观念、新的世界毁灭的悲剧。

《红楼梦》中这些人物都对命运进行抗争。贾宝玉一再砸他的宝玉，并在梦中喊骂说：“什么是金玉姻缘，我偏说是木石姻缘！”

这个压碎一切的“命运”是什么？其实就是当时的社会关系和社会秩序。这种社会关系、社会秩序在当时是普通的、常见的，它决定了每个人的命运，是个人无法抗拒的。在曹雪芹心目中，这就是命运的悲剧。书中林黛玉的《葬花吟》、贾宝玉的《芙蓉女儿诔》，是对命运的悲叹，也是对命运的抗议。《红楼梦》是中国的悲剧，包含了许多深刻的东西，值得我们去研究。

四、喜剧和喜剧的美感

悲剧是命运的观念，而喜剧是时间的观念。

喜剧体现了古人的一种时间感。整个世界是一个新陈代谢、辞旧迎新的过程，是一个不断更新和再生的过程。旧的死亡了，新的又会产生。旧的东西，丧失了生命力的即将死亡的东西，总显得滑稽可笑，于是产生了喜剧。

喜剧作为一个审美形态，包含了多种因素，有滑稽，还有机智、幽默、反讽、诙谐、误会、夸张等。因此，喜剧的笑也不是单一的，还可以细分为各种不同的类型，如嘲笑、理智的笑（机智）、轻松的笑（幽默）、同情的笑（反讽）、戏谑的笑（诙谐）等等。喜剧感不同于悲剧感，悲剧感会使主体始终处在一种心灵摇撼的紧张、激动和亢奋的状态中，而喜剧感则使主体处于一种平静的、轻松的精神状态之中。即使在捧腹大笑时，主体仍然是轻松的，毫无紧张感和压抑感。

喜剧作为一个意象世界，它的意蕴的核心是时间感，它的美感体验的特点是使人产生某种“透明错觉”：在观察者面前某种属于深远内层的东西被虚构成伟大而重要的事物，为的是最后化为某种无意义的东西。

喜剧的类型一般分为两种：一种是讽刺喜剧，另一种是生活喜剧。讽刺戏剧将低下卑劣的东西以高尚堂皇的面貌出现，但刚开始呈现在观察者面前时，这种低下卑劣的东西尚处于深远的内层，而显示在耳目之前的是明显被夸张了的高尚堂皇的感性外层。只是到了一定的时候，深远内层的东西浮现于感性外层的东西之中，这种明显的矛盾与反差便构成观察者的“透明错觉”，即感性外层的表象虽然仍然造成一种“错觉”，但此时观察者已经能够洞察这种错觉，使错觉呈某种透明状。感性外层于是化为无意义的东西，对象越是保留甚至夸张这一感性外层的高尚堂皇，它越是显得毫无意义。由于对象并不构成严重的后果，所以它不像悲剧中的恶那样使人恐惧和愤怒，而只是让人鄙夷。

生活戏剧则将无足轻重的东西以异常严重的面貌出现，但刚开始呈现在观察者面前时，这种无足轻重的本质尚处于深远的内层，而引起观察者焦虑的是明显被夸大了的严重性这一感性外层。只是到了一定的时候，在接连几件事态与观察者的期待相违时，无足轻重、无关紧要这样深远内层的性质就浮现到感性外层上来了。这样，事实上的无关紧要与表面上的异常严重之间形成的矛盾与反差，使感性外层的严重性化为一种滑稽的东西。

喜剧感所产生的轻松愉快的笑，一般认为有两种原因：一类为“优越感”说，即突然发现喜剧人物不如自己高明，因而审美主体在瞬间产生一种“优越感”，由此发出愉快的笑。这种理论的代表人物有霍布斯、贝恩、谷鲁斯等。另一类则是“紧张的期待突然转化为虚无”的理论，以康德为代表。康德指出，那原先觉得庞说："万物中的一切并非都合乎人情的美。""丑就在美的旁边，畸形靠着优美，丑怪藏在崇高的背后，美与恶并存，光明与黑暗相共。"当艺术逐渐从模仿到再现到表现，艺术家对于现实生活的观照不断凸显，因此，无论是美学家还是艺术家们，面对社会生存危机的涌现，他们愈发关注生活中的"阴暗的角落"。生活中不仅有单纯的优美与崇高，更有着阴暗与病态，所以很多艺术家们认为艺术可以反映真实的现实生活，丑在一定程度上可以反映"真实的生活"，以此达到反思批判的现实意义，因此艺术家们开始探索丑的意义，并通过艺术作品得以表达。

如在凡·高的作品《吃土豆的人》中，凡·高带给欣赏者们的是一幅"真正的农民画"。灰土尘蒙的色调，熏黑简陋的后墙，粗陋的吊灯发出幽暗的光，由上而下打在每个人褶皱的脸上，每一位家庭成员都以麻木的神情做着日常的琐事，种种意向带给我们不同于传统优美的艺术体验，显现出典型的丑。甚至当时有评论家指出这幅画是"非凡的丑陋"，而凡·高捕捉到的是消逝事物中的永恒意义，让平凡的农民们获得了不朽的生命。

其次，与千篇一律的典型化英雄式人物相比，19 世纪以来，艺术家们更为关注的是具有个性特征的人物的刻画，而丑在一定程度上恰恰能够表现不同人的不同个性，罗丹指出："自然中认为丑的，往往要比那认为美的更显露出它的性格。"如在雨果《巴黎圣母院》中，敲钟人的设置便体现了角色的独有特征，他不再是静穆的单纯的优美，而是"丑"的善的表达，人物是多面的，是个性化的，是打动人心的。

在"丑"的形式表达上，也呈现出独有的特点。优美主要的特征是和谐，提供令人愉悦的审美体验；而丑的主要特征则恰恰相反，表现为不和谐，会让人产生疼痛感。但这种不和谐，能够表现出生活的多样性，在一定程度上赋予生活的不确定性与鲜活感。李斯托威尔说，丑是"一种混合的感情，一种带有苦味的愉快，一种肯定染上了痛苦色彩的快乐"。

2. 中国的丑

丑在中国传统文化中的表现要早于西方。在西方，丑基本上是近代艺术美学的产物，而在中国，通过对古典艺术的探索，我们就可以寻找到丑的踪迹。

中国古典美学中对于丑的诠释集中于庄子的美学观。在《庄子》中，描绘了一些外貌丑陋残缺、四肢畸形、丑态百出的人，但正是这些相貌奇丑的人，受到当时人的尊敬。

庄子通过描绘这些外表丑陋的人，来衬托内在德性的重要性。人的外在和谐美较之于内在的德是微不足道的，所谓“德有所长而形有所忘”，且正是外貌不佳的丑态，更能表现人性内在的崇高与力量。

其次，庄子认为美与丑本质都为气。在《庄子·知北游》中记载：“人之生，气之聚也。聚则为生，散则为死。若死生为徒，吾又何患！故万物一也，是其所美者为神奇，其所恶者为臭腐。臭腐复化为神奇，神奇复化为臭腐。故曰：通天下一气耳。圣人故贵一。”在这里，庄子隐喻美与丑并不是完全对立的，其实质同为“气”，且可以在一定时空下互相转化。也就是说，世间万物都为“气”，美与神奇，丑与臭腐都为“气”，且它们可以互相转化，臭腐可以转化为神奇，神奇也可以转化为臭腐。

在“丑”的范畴中，我们可以理解为，外形的“丑”同样可以与“美”一般，富有充满活力的生命意蕴。因此，在庄子的文化影响下，中国美学观念并不将美与丑置于完全对立的状态下。人们普遍认为，事物外形的美与丑并不重要，排在第一位的，当属德性与生命意蕴。

丑这一审美范畴的出现，表现了人类个体审美感受能力的不断发展与对多元化审美体验的追求。在艺术的渲染下，丑通过艺术的表现化为美，也就是说，丑带给我们的审美愉悦体验，实际上是通过艺术形式美而得到展现，并不属于丑本身带来的愉悦感。因此，通过丑我们可以丰富生活体验度，完善艺术鉴赏力，领悟人生深层意蕴。

二、荒诞

（一）荒诞的背景及概念

荒诞这一审美范畴出现在西方现代艺术中，集中表现于西方存在主义理论。在西方的价值观中，由柏拉图提出的“理念”一词深深根植于心。为追求完美的理念世界，他们不断改造世界，资本主义世界发展成为一种极致的理性世界，万物处于秩序与环节之中。自然科学与工业革命的推动使其在物质方面得到极大的繁荣，而繁闹的物化世界却掏空了个体的内心，人类的内在世界变成一座废墟。我们由此可以看出，在繁荣的物质世界下，为保持社会的快速且有序运转，不仅机器中的每一个零件不能出错，人也在物化的世界中逐渐异化成“零件”。

此外，一直占据西方心灵主导地位的宗教也在不断的权威挑战中失去存在意义，科学与理性的传播，让绝大部分人失去精神支柱，丰富的内心世界俨然变成荒漠。由于生活的空虚与无意义，西方现代美学便诞生出一种新的审美形态——荒诞。

德国学者凯塞尔认为，荒诞是一个被疏离了的世界，荒诞感就是在这个世界中体验到的一种不安感和不信任感，从而产生一种生存的恐惧。这种生存的恐惧使荒诞成为一种痛苦而压抑的笑。加缪也对荒诞做过如下的阐释：“一旦失去幻想与光明，人就会觉得自己是陌路人。他就成为无所依托的流放者，因为他被剥夺了对失去的家乡的记忆，而且丧失了对未来世界的希望。这种人与他的生活之间的分离，演员与舞台之间的分离，真正构成荒诞感。”我们由此可以看出，荒诞使人与世界产生疏离，使人的心灵产生苦闷。当人类个体面对虚无时，所产生的失望感、恐惧感构成荒诞的核心。因此，荒诞推动了人们的进一步反叛。

反叛是荒诞最典型的特点，一般有两种形式的反叛：一是主张回归自然，二是主张回归自我。

（二）荒诞的审美特点

荒诞的审美形态，我们通过西方现代派艺术可以获得较为深刻的体会。

首先，现代艺术作品中，我们可以看到大量不遵循传统透视明暗比例作品大量涌现，这是荒诞审美形态的特点之一——平面性。平面化特点的呈现由立体主义绘画挑起开端，无论远近、大小、切面所在何处，都被安置在同一平面上，完整独立的个体被平面部分的物体取代。在西方现代艺术中，艺术元素总是稠密且无序，或者空虚且无质的。

其次，原本的秩序被打乱，艺术作品中突出的主题性、冲突性、高潮性荡然无存，演化为无主题、无冲突、无高潮的平板化形态。在传统艺术形态中，例如绘画、音乐、戏剧，皆以主题为基点展开，且具有一定的情感高潮表达，从而激发人们的美感体验。因为在古典理性看来，空间上的中心与时间上的高潮构成艺术的整体性，而现代派艺术恰要打破这种整体。

最后则是价值等量，荒诞艺术否定一切价值，因此题材在现代派艺术中才显得毫无意义。这样一方面突破了题材的限制，另一方面也消解了相反意义的存在。

（三）荒诞作品赏析

加缪是荒诞派的典型代表。当他完成《局外人》时，他也正式宣布自己的荒诞三部曲《卡利古拉》《西西弗神话》《局外人》正式完结。从不主张给自己贴标签的加缪，却在此向公众明确自己的作品是荒诞的。他在《西西弗神话》中指出：“一旦失去幻想与光明，人就会觉得自己是陌路人。他就成为无所依托的流放者，因为他被剥夺了对失去的家乡的记忆，而且丧失了对未来世界的希望。这种人与他的生活之间的分离，演员与舞台之间的分离，真正构成荒诞感。”加缪的作品反映了他对人与社会、人与世界的深刻洞察。

加缪通过对于荒诞人生的描写进而对荒诞进行反叛。他的作品《局外人》颠覆了传统小说作品中的主题性与情节冲突性，全篇充满了平面化的场景、混乱的秩序，以及冗乏的语言。《局外人》中的叙事情节，似乎没有依循任何古典传统元素，一切都处于混沌之中。小说按照主人公莫尔索的意识思维展开，开篇以这样的文字展开："今天，母亲逝世了。也许是在昨天，我根本不知道。"母亲死亡的具体时间，"我"却不知道，在母亲的葬礼上，莫尔索仿佛置身事外，机械地完成被分配的某项任务。他两次拒绝看妈妈最后一眼，在众人眼中，他没有一丝悲痛，也没有因为母亲的离世而流下一滴眼泪。当别人问起母亲的年龄时，他甚至记不起来。在为母亲料理完后事后，在海滩上却和一个阿拉伯人发生了争执，出于正当防卫的需要，莫尔索失手杀死了这个阿拉伯人，莫尔索也为此被关进了监狱，但在最后的审判中，却因为在母亲的葬礼上没有哭泣被判处了绞刑。

《局外人》简单的情节，充满着许多耐人寻味的意义，它向我们展现了一个因为没有在母亲葬礼上哭泣而被判处绞刑的荒诞的世界，但莫尔索的平淡赴死却令我们看到了他反抗荒诞的勇气。一个强大的精神世界抵御着外在的荒诞，是莫尔索追求精神超越和自我再生的胜利宣言。在文章后面的部分，观者其实可以感受到莫尔索并不是真正的冷漠，其中的转变在于从开始极度冷漠到后期化为对母亲的思念，以抒情的表达方式来表现这种微妙的变化。这种转变不是接受这个荒诞的社会，而是创造一个新的自我。哭不是莫尔索表达悲痛的方式，他坚持着自己的表达方式，来反叛这个荒诞的社会秩序。

第五节　沉郁与飘逸

在中国传统美学中，儒、道二家影响深远，也分别代表了两种中国典型的审美范畴——沉郁与飘逸。

一、沉郁

（一）沉郁的内涵

沉郁代表着儒家的审美特征，其核心为儒家的"仁"。"仁"是人类同情关怀之情，是一种仁爱的情感表达，而这种对人类的极致关怀，放于美学范畴中，体现为一种对人世的体验。在中国古代，民间疾苦的表达与同情，构成仁爱的核心，而沉郁便是人类关怀的审美体现。

对人类疾苦的关怀，杜甫是最典型的代表，我们常以“沉郁顿挫”来形容杜甫的审美风格，宋代严羽说过：“子美不能为太白之飘逸，太白不能为子美之沉郁。太白《梦游天姥吟留别》《远别离》等，子美不能道；子美《北征》《兵车行》《垂老别》等，太白不能作。”杜甫的诗篇如严羽提及的《北征》、《兵车行》、“三吏”（《新安吏》《石壕吏》《潼关吏》）、“三别”（《新婚别》《无家别》《垂老别》）皆是对百姓疾苦的描写与抒发，展现了典型的人类关怀与同情，体现着以儒家为代表的情感哲学——仁。

（二）沉郁的审美特征

从对人类的同情与关怀出发，沉郁的审美特征表现的多为深沉哀怨、郁愤浓郁之情，而这种情感体验在主体的审美积淀下，会逐渐升华为一种平和温厚之美，因此沉郁的第一层审美特征，便是浓郁的醇美。其次，沉郁的审美特征与主体的人生体验紧密关联，因此在反思哲学的推动下，体现出个体的人生悲凉感，显现出历史的沧桑感，这是沉郁范畴的另一审美特征。

杜甫的家国情怀是人生大爱的体现，他的诗处处蕴含浓厚的哀怨愤郁之情，李纲言：“子美之诗凡千四百四十余篇，其忠义气节，羁旅艰难，悲愤无聊，一寓于此。”兵戈乱离、饥寒病老皆可从杜甫诗中寻出，浓重的哀怨愤郁之感均可从杜甫诗篇中品出。然而，这种由爱延伸出的哀怨愤郁的沉郁之情，并不仅仅体现在杜甫的诗中，这种意向是中国古典诗篇的重要风格之一，陈廷焯说：“不根柢于风骚，乌能沉郁？十三国变风，二十五篇楚辞，忠厚之至，亦沉郁之至，词之源也。”如屈原的《离骚》，愤懑而极悲哀，太息流涕不能已，充满对民众疾苦的关怀，饱含哀怨浓郁的情思。

（三）沉郁作品赏析

1. 杜甫的作品

我们还是从杜甫的作品中，来加深对沉郁这一审美范畴的理解。

如果说李白的诗盛满了酒，那么杜甫的诗则浸透了泪；如果说李白是飞上天的一朵云，那么杜甫则是地面上平稳的一座山；如果说李白飞扬，那么杜甫则沉着。由此，我们可以看出截然不同的两位“天才”。

杜甫自小受到的是儒家用世的教育，因此，在儒家思想士文化的熏陶下，形成

"以天下为己任"的责任担当感，关注人民疾苦，直面生活艰辛，这份感情用诗篇表达出来显得尤为醇厚沉郁。

中国古代讲究"修身，齐家，治国，平天下"，杜甫以辅佐天下为己任，因此，杜甫的作品中有一种感发的力量，且在艺术上进行了完美的表达，成为中国审美范畴沉郁的代表之人。

杜甫作品中的关爱人民是其内心最真实的写照。他洞察民情，感受疾苦，在《春望》中，杜甫写下："国破山河在，城春草木深。感时花溅泪，恨别鸟惊心。烽火连三月，家书抵万金。白头搔更短，浑欲不胜簪。"从对家人的怀念过渡到对国、对民的忧心，一切浑然天成，全无刻意雕琢之意，大气磅礴，一气呵成。在《新婚别》中，他写下："仰视百鸟飞，大小必双翔；人事多错迕，与君永相望。"傅庚生评说："倘若不是对天下人民有休戚与共的诚意，怎么可能写得如此的沉至?"

沉郁的美感在深沉之中显露出尖锐的"穿透力"，而这种"穿透力"我们在鲁迅的作品中也有深刻的体现。

2. 鲁迅的作品

鲁迅的文学作品中，除反叛精神外，也充满着人生的悲凉感。

如鲁迅在《明天》写寡居的单四嫂子在埋葬了三岁的宝儿之后：

> 他越想越奇，又感到一件异样的事——这屋子忽然太静了。
>
> 他站起身，点上灯火，屋子越显得静。他昏昏的走去关上门，回来坐在床沿上，纺车静静的立在地上。他定一定神，四面一看，更觉得坐立不得，屋子不但太静，而且也太大了，东西也太空了。太大的屋子四面包围着他，太空的东西四面压着他，叫他喘气不得。
>
> 他现在知道他的宝儿确乎死了；不愿意见这屋子，吹熄了灯，躺着。他一面哭，一面想：想那时候，自己纺着棉纱，宝儿坐在身边吃茴香豆，瞪着一双小黑眼睛想了一刻，便说，"妈——爹卖馄饨，我大了也卖馄饨，卖许多许多钱，——我都给你。"那时候，真是连纺出的棉纱，也仿佛寸寸都有意思，寸寸都活着。

段中以反复提及的"太"字来描写单四嫂的切身之痛，房子是空的、是凉的、是静的，一切的一切归于无尽的寂静之中，这种深沉凝重的氛围碾压读者内心，带来无尽的悲凉与沉郁之感。

沉郁是一种哀怨愤郁的审美情感，深沉厚重，悲凉沧桑，但沉郁却内蕴着无尽的力量，是对国家、对百姓赤诚的爱，是以至深的人生感悟化为艺术力量的崇高境界。

二、飘逸

（一）飘逸的内涵

“飘逸”代表着道家的审美特征，核心是道家思想的“游”。

首先，“游”是精神层面上的超脱自由。在《庄子》的《逍遥游》中言道：“若夫乘天地之正，而御六气之辩，以游无穷者，彼且恶乎待哉！”《在宥》篇则道：“浮游不知所求，猖狂不知所往，游者鞅掌，以观无妄。”也就是说，“游”是人超越物质利害关系，超脱实用功利的视角。其次，“游”表达了人与大自然的生命融为一体的企盼。“道”是万物之所从生者，是“璞”，“璞”为“朴”，而最“朴”便是“德”，“乘道德而浮游”，“夫明白于天地之德者，此之谓大本大宗，与天和者也。所以均调天下，与人和者也。与人和者，谓之人乐；与天和者，谓之天乐”。由此可见，“游”追求“与天和”，人与天地自然的融合。

这种“超脱”的境界，在实际生活中的体现，便是道家的另一个关键词“无为”，而“无为”实际上并不指完全无所作为，而是指不要违反自然而任意妄为，切忌过度而为，这种境界的超脱，与自然的融合，使其化为“逸”的生活状态。“以天下为沉浊”，“上与造物者游，而下与外生死、无终始者为友”。魏晋时代，庄子学说兴盛，魏晋南北朝的风骨气韵，人生境界的飘逸都是对道家“逸”的生活形态的展现，这种“逸”渗透到审美活动中，就出现了“飘逸”的审美意象风格。

（二）飘逸的审美特征

“逸”这一生活状态，在美感中的体现主要有三：其一是一种雄浑阔达之美。李白在《代寿山答孟少府移文书》中将自己称为“逸人”，“将欲倚剑天外，挂弓扶桑。浮四海，横八荒，出宇宙之寥廓，登天云之渺茫”。李白所展现的阔达，不仅仅是在空间上的广阔，更是展现了“道”之超越，是跨越时空、包容天地万物的。庄子在《齐物论》中描绘了这种阔达天籁之美：“夫大块噫气，其名为风。是唯无作，作则万窍怒呺。而独不闻之翏翏乎？山林之畏佳，大木百围之窍穴，似鼻，似口，似耳，似枅，似圈，似臼，似洼者，似污者。激者，謞者，叱者，吸者，叫者，譹者，宎者，咬者。前者唱于而随者唱喁，泠风则小和，飘风则大和，厉风济则众窍为虚。而独不见之调调之刁刁乎？”庄子为我们弹奏了一首雄浑豁达、惊心动魄的交响乐。

其二，在“游”的状态中，延伸的是一种意气风发之美感，是少年般的放荡不羁，是风骨般的逸兴飞扬。李白诗篇中，常有意气风发之言：“别君去兮何时还？且放白鹿青崖间，须行即骑访名山。安能摧眉折腰事权贵，使我不得开心颜。”

其三，庄子的“游”是人与自然相生相融的天人合一境界，“天地与我并生，而万物与我为一”的境界，庄子的自然是“朴”的，“朴素而天下莫能与之争美”。因此，“飘逸”还体现出一种天真朴素、清新自然的美感。“清水出芙蓉，天然去雕饰”是李白诗篇清新自然的表达。

（三）飘逸作品赏析

在李白的诗中，我们可以感受到超脱自由的精神。李白，一位不同凡俗的旷世天才，我们透过杜甫的《赠李白》可以见到这位浪漫不羁的绝世之才。

赠李白

秋来相顾尚飘蓬，未就丹砂愧葛洪。
痛饮狂歌空度日，飞扬跋扈为谁雄。

“飘逸”是李白诗歌的主要风格，《蜀道难》是一场雄浑阔达的交响乐，宏大的空间，恢弘的气势，神幻瑰丽，无所不包。

蜀道难

噫吁嚱，危乎高哉！蜀道之难，难于上青天。
蚕丛及鱼凫，开国何茫然。
尔来四万八千岁，不与秦塞通人烟。
西当太白有鸟道，可以横绝峨眉巅。
地崩山摧壮士死，然后天梯石栈相钩连。
上有六龙回日之高标，下有冲波逆折之回川。
黄鹤之飞尚不得过，猿猱欲度愁攀援。
青泥何盘盘，百步九折萦岩峦。
扪参历井仰胁息，以手抚膺坐长叹。
问君西游何时还？畏途巉岩不可攀。

但见悲鸟号古木，雄飞雌从绕林间。
又闻子规啼夜月，愁空山。
蜀道之难，难于上青天，使人听此凋朱颜。
连峰去天不盈尺，枯松倒挂倚绝壁。
飞湍瀑流争喧豗，砯崖转石万壑雷。
其险也如此，嗟尔远道之人胡为乎来哉！
剑阁峥嵘而崔嵬，一夫当关，万夫莫开；
所守或匪亲，化为狼与豺。
朝避猛虎，夕避长蛇。
磨牙吮血，杀人如麻。
锦城虽云乐，不如早还家。
蜀道之难，难于上青天，侧身西望长咨嗟！

这是“飘逸”的雄浑阔达之美。

在李白的《将进酒》中，长篇诗句任凭才情奔腾驰骋，飞扬跳跃。

将进酒

君不见，黄河之水天上来，奔流到海不复回。
君不见，高堂明镜悲白发，朝如青丝暮成雪。
人生得意须尽欢，莫使金樽空对月。
天生我材必有用，千金散尽还复来。
烹羊宰牛且为乐，会须一饮三百杯。
岑夫子，丹丘生，将进酒，杯莫停。
与君歌一曲，请君为我倾耳听。
钟鼓馔玉不足贵，但愿长醉不复醒。
古来圣贤皆寂寞，惟有饮者留其名。
陈王昔时宴平乐，斗酒十千恣欢谑。
主人何为言少钱，径须沽取对君酌。
五花马，千金裘，呼儿将出换美酒，与尔同销万古愁。

这是“飘逸”的意气风发、放荡不羁的美感显现。

李白的《玉阶怨》中，则给人以清水出芙蓉之美感。

玉阶怨

玉阶生白露，夜久侵罗袜。
却下水晶帘，玲珑望秋月。

这是“飘逸”的天真质朴，清新自然。

在唐代，处处都展现着“飘逸”之美。张旭的狂草放荡不羁，“张旭三杯草圣传，脱帽露顶王公前，挥毫落纸如云烟”是杜甫在《饮中八仙歌》中对张旭的描绘。张旭的草书挥笔如流星，意气风发，惊风飘日，飘逸洒脱。

表达美

各艺术门类的认知

第三章　有意味的形式

艺术是什么？很多艺术家、哲学家、思想家都在探求这个问题，马克思主义理论从多角度、多层面对艺术进行综合的、整体的考察与把握。马克思在《〈政治经济学批判〉序言》中指出，法律、政治、宗教、艺术、哲学都属于上层建筑的社会意识形态，具有社会意识形态共有的本质。其中，艺术活动又具有自身的特殊性：第一，艺术属于上层建筑的范畴，由经济基础决定，同时，艺术还可以反作用于经济基础。当艺术与社会发展的方向一致时，就会促进社会的发展；反之，则会阻碍社会的发展。第二，艺术从社会生活中产生，又反映社会生活。艺术是人类头脑活动的产物，马克思、恩格斯指出："观念的东西不外是移入人的头脑并在人的头脑中改造过的物质的东西而已。"因此，艺术作为人类头脑活动的产物，必然也来源于社会物质生活，是对社会物质生活的反映。第三，艺术是艺术家审美观念的表现形态。艺术反映现实美，艺术也创造艺术美。"艺术作品的美即艺术美，是人对现实审美认识的集中表现，是艺术家根据美的现实而创造出来的第二现实的美。"因此，艺术活动是一种特殊的意识形态，那么，它在与其他意识形态范畴具有一致性的同时，又呈现出明显的差异，在这种差异中，艺术活动的基本特征才能得以凸显。

第一节　艺术的性质

一、艺术活动是形象把握与理性把握的统一

形象，即审美形象，在广义上包含审美的情境和意境。形象把握是艺术活动特有的存在方式，是主体对于客体瞬间领悟式的审美创造，它是感性的而不是推理的，是体验的而不是分析的。正如郑板桥画竹子，他观察、体验竹子的形象开始于“园中之竹”“眼中之竹”，艺术构思孕育了“胸中之竹”，而磨砚展纸绘画最后完成了“手中之竹”，可见竹子的形象伴随了画竹的全过程。

但是形象创造又不能离开理性把握，鲁迅先生就曾说过：画家所画的，雕塑家所雕塑的，表面上是一张画、一个雕像，其实是他的思想和人格的表现。理性在分析时代氛围、遴选素材和题材、构思主题和情节、选择表现形式等方面均具有举足轻重的作用。

二、艺术活动是情感体验与逻辑认知的统一

艺术中的情感即审美的情感，是一种无功利的具有人类普遍性的情感。情感在艺术活动动机的生成、创造与接受过程中均是重要的因素之一。同时，情感又是艺术创作的基本元素之一。

艺术活动总是伴随着情感，这是欲望、兴趣、个性的具体的心理表现，也是对对象能否满足自身的价值评判标准。俄国作家列夫·托尔斯泰就曾在他的《论艺术》中指出，文艺创作是艺术家“在自己的心里唤起曾一度体验过的感情并且在唤起这种感情之后，用动作、线条、色彩、声音及言词所表达的形象来传达出这种感情，使别人也能体验到同样的感情——这就是艺术活动”。

艺术活动中的理解往往是一种个性化的体会与感悟，个体通过体会和感悟获得对生命与人生意义的深切理解，是一种饱含着情感的活动。但是艺术活动也包含认识因素，认识在艺术活动中意味着客观的、理智的反映。在审美情感的深层往往隐含着理性的认识。

是否突出情感的表现，是艺术活动与其他意识形态活动的重大区别。不同类型的艺术活动，其情感与认识的比重也是不同的。一般来说，在侧重叙事和再现的艺术样式中，其认识性特征较突出，而常常将情感性因素潜沉在叙事的过程之中；在侧重抒情和表现的艺术样式中，则往往更加突出情感的外在表现，而使作品的认识性因素潜隐深处，呈现为模糊的状态。

三、艺术活动是审美活动与意识形态的统一

艺术的审美特性是区别于其他社会实践活动以及意识形态活动的根本标志，但同时艺术又具有意识形态特性。所谓审美特性，是指艺术作品所具有的美学品质和审美价值。艺术作品是艺术家审美理想的结晶，是美的创造的结果。它不仅以情动人，更以美感人，使人得到一种精神上的愉悦享受。艺术作品中的形象由于集中、浓缩了生活中的形象美，因此比生活中实际存在的事物的形象更具有形而上的审美特性。例如，中国传统绘画中的梅花形象，往往老干虬枝、横斜逸出、凌寒傲霜、迎春怒放，体现了一种老树新花、青春勃发的审美内涵，使人产生比观赏生活中的梅花更丰富的美感。

其他意识形态范畴也不排除具有一定的审美因素，但不能使审美过分突出，只有艺术活动可以而且完全将审美置于首要的地位。在艺术活动中，不应也不可能排斥意识形态特性，意识形态因素对艺术的影响和制约是客观的和必然的。但同时，也不应过分强调意识形态因素，而使其压倒审美因素，使艺术成为意识形态的传声筒。深刻认识艺术活动的这一特性，是使艺术活动得到健康发展并走向繁荣的重要条件。

以上的分析可以使我们对艺术活动的基本性质得到明晰的认识。艺术活动是以特有的艺术语言体系为媒介、以创造艺术形象或意境为旨的人类的精神文化活动，它凝结为审美的意识形态。

第二节　艺术的起源

关于艺术的起源问题一直被学术界称为“斯芬克斯之谜”，从公元前18世纪到20世纪初，经历过模仿论、理念论、表现论和形式论，艺术随着时代的发展不断发生着变化，不断拓展着自己的疆域。这些学说从不同的角度揭示了人类艺术发生的某些条

件和根据，对学习艺术和进行艺术教育有着重要的价值。

一、艺术的概念

艺术，是人类在漫长的生产活动和社会活动中形成和创造的成果，是人们为了满足自身的审美需求，以一定的物质形式和情感为中介，表现社会生活或艺术家思想情感的审美形态。而艺术活动是社会审美意识和精神文化创造的凝结，是人类通过与客体世界审美关系的把握，实现掌握世界的特殊形式。艺术活动，是人类社会活动的重要组成部分，是人类生活的特有现象。因此，只有人类才能够创造艺术，只有人类才能够欣赏艺术。

虽然给艺术下定义，依然是个“难题”，因为艺术是创造性的活动，它总是处于变化当中，但我们也许可以沿着历史的长河，向上追溯，寻找一下艺术的起源，或许会让我们对“艺术”这个神秘的词汇有全新的理解。

二、艺术的起源

（一）摹仿说

该学说认为艺术起源于人类对自然和现实的摹仿。这是一种有关艺术起源的最古老的理论，在古希腊的哲学圈中比较流行，德谟克利特、亚里士多德等人均持这种观点。

德谟克利特曾讲：“在许多重要的事情上，我们是摹仿禽兽，是禽兽的小学生：跟着蜘蛛我们学会了织布和缝补，跟着燕子学会了造房子，跟着天鹅和黄莺等歌唱的鸟学会了唱歌。”

亚里士多德则认为：“喜剧总是摹仿比我们今天的人坏的人，悲剧总是摹仿比我们今天的人好的人。”

在古希腊哲学家看来，所有艺术都是摹仿的产物，包括音乐在内。柏拉图在《法律篇》中说过，音乐摹仿“善或恶的灵魂”，这一思想又被亚里士多德加以发挥，认为音乐可以摹仿人的真情实感。

中国古代也有艺术起源于自然的说法，如《吕氏春秋·古乐》认为，黄帝命伶伦制定音律，“听凤凰之鸣，以别十二律”，尧命令大臣质创作音乐，“质乃效山林溪谷之音以歌”。阮籍《乐论》中也说原始乐歌乃“体万物之生”。

摹仿说是一种朴素的唯物主义的观点，它的合理之处在于：首先，它揭示了人类的一种自然属性，即人有一种摹仿的天性，通过对自然和现实事物的准确摹仿，人们可以看到自己的智慧和力量，从而获得满足和快感。其次，摹仿可能是人类最早采用的艺术创作方法。迄今发现的原始艺术作品，无论是岩洞壁画、雕刻，还是从壁画、雕刻上看到的舞蹈形式，均可说明这一点。现存原始部族的一些舞蹈，比如澳洲土著的袋鼠舞、野牛舞，北美洲爱斯基摩人的猎海豹舞，都表现出了对自然和现实生活的摹仿。可见，人们将摹仿作为艺术起源的依据，是不无道理的。

但是，摹仿说也有着明显的局限：一是，它虽然承认艺术来源于生活，但它将摹仿归结为人的本能和天性，却不能解释这种本能和天性从何而来，为什么摹仿此物而不摹仿彼物，显然忽略了人的社会实践的因素和情感因素；二是，摹仿说只强调机械地描摹自然和生活，却将艺术中占很大比重的表现性因素置之一边，很难全面地把握艺术的起源和人们从事艺术活动的基本动机。

由于摹仿说存在着明显的缺陷，近年来坚持这种观点的学者已经不多了，但它在探求艺术发生的漫长过程中所起到的积极作用，应当予以充分肯定。

（二）游戏说

该学说认为艺术活动起源于人类具有的游戏本能。由于人类具有过剩的精力，并将这种过剩的精力运用到没有功利性的活动中，于是体现为一种自由的游戏。德国的席勒、英国的斯宾塞均持这样的观点。

席勒认为摹仿是重要的，但不是产生艺术的真正动机。在摹仿的背后还有着更为原始的动力，那就是游戏。在《美育书简》中，席勒认为艺术的产生是人类脱离动物界的最后的、也是最重要的一个标志。

在席勒看来，游戏是创造力的自由表现，当人类过剩的精力流露出来，过剩的精力会刺激人类的活动，进而形成感性冲动和形式冲动，这是一种只对事物的纯粹外观产生兴趣的冲动，感性冲动和形式冲动企图创造一个自由的形式，这就形成了游戏冲动，也就是审美冲动。于是，艺术就产生了。

在此之前，康德在《判断力批判》中也曾指出，诗是“想象力的自由游戏”，音乐和颜色艺术是“感觉游戏的艺术”。席勒正是在此基点上，将这一理论予以发挥，使之更加完善和明确。

之后，英国哲学家斯宾塞又进一步发挥了席勒的观点，他认为游戏和艺术都是过剩精力的发泄，美感起源于游戏的冲动。

德国学者谷鲁斯一方面承认艺术与游戏是相通的，但同时又反对“过剩精力说”，提出了一种“练习说”。他认为小猫戏纸团是练习捕鼠，小女孩喂木偶是练习长大做母亲，小男孩的打仗游戏是练习作战的本领，都是受一种为以后活动做准备的本能冲动的驱使。艺术的产生，就是基于这样一种“练习”本能冲动的天性。

游戏说试图从生理学、生物学和心理学的角度揭示艺术发生的奥秘，这无疑是十分必要的，它将精神上的“自由”看作是艺术创造的核心，对于人们揭示艺术的本质和艺术创造的基本动因，有着十分重要的启示作用。

但是，过分偏重于从生物学和生理学的意义来看待艺术的起因，显然有失偏颇。游戏说忽略了更为重要的社会原因，把艺术活动仅仅归结为本能冲动或天性，并且不能解释这种本能冲动或天性来自何处，难以从根本上解释艺术起源的真正原因。另外，游戏说过分强调艺术与劳动的对立，艺术与功利的对立，具有很大的局限性。

（三）表现说

该学说认为艺术起源于情感表现和交流的需要。持这一理论的有法国美学家维隆，英国史学家乔治·科林伍德，美国学者苏珊·朗格等人。

这种说法在东西方都有着悠久的历史。如汉代的《毛诗序》中就讲道：“情动于中而形于言，言之不足，故嗟叹之；嗟叹之不足，故咏歌之；咏歌之不足，不知手之舞之，足之蹈之也。”情感在心里激荡，就用诗的语言来表现它，用语言还表达不尽，便用咨嗟叹息的声音来延续它，咨嗟叹息还不尽情，就放开喉咙来歌唱它，歌唱仍感不满足，于是不知不觉就手舞足蹈起来。

19 世纪，系统地以理论方式提出这种说法的应当首推意大利美学家克罗齐。克罗齐的核心思想是“直觉即表现”。从这一思想出发，克罗齐认为艺术的本质是直觉，直觉的来源是情感，直觉即表现，因而，艺术归根结底是表现。克罗齐还认为，表现是在心灵中完成的，真正的艺术活动只能在艺术家的心灵中完成，艺术家没有传达他心灵中作品的必要。他强调，艺术既不是功利的活动，也不是道德的活动，艺术甚至也不能分类。因为在他看来，一切艺术无非情感的表现。

在他之后，英国史学家科林伍德对克罗齐的表现说作了进一步的发挥。科林伍德认为，艺术不是再现和摹仿，更不是单纯的游戏，巫术虽然与艺术关系密切，但巫术实质上是达到预定目的的手段：“巫术的目的总是而且仅仅是激发某种情感。”他举例说，一个部落在打仗之前要先跳战争舞，目的在于逐步激起战士好战的情感。战士们跳着这种舞蹈的时候，就会生发出战斗的情感，并且坚信自己是不可战胜的。因此，科林伍德认为，只有表现情感的艺术才是所谓“真正的艺术”，艺术就是艺术家的主观想象和情感的表现。

应当承认，这种理论在西方美学和艺术界具有一定的渊源和影响。俄国著名作家列夫·托尔斯泰就认为艺术起源于传达感情的需要，他说："一个人为了要把自己体验过的感情传达给别人，于是在自己心里重新唤起这种感情，并用某种外在的标志把它表达出来……这就是艺术的起源。"

表现说无疑是关于艺术起源问题的最重要的理论之一。情感在推动艺术的发生和发展上有着不可忽视的动力作用，它从本质的角度体现出艺术一个方面的基本特征。因此，今天仍有许多学者坚持从情感表现的意义上来分析和认识艺术。但是，表现说也有其不够全面之处。

首先，仅仅局限于表现说，很难将再现性艺术、造型艺术的起源解释得十分清楚。况且，在艺术创作中，表现和再现并不是截然对立的，常常相互渗透与融合。

其次，人类表现情感的方式是多样的，艺术之外的许多语言、动作和表情都可以表现，情感仅仅强调感情的冲动和宣泄还不能完全说明艺术产生的真谛。

（四）巫术说

该学说认为艺术起源于原始民族的巫术仪式活动。这是在近代西方学术界最具影响的一种理论，这个学说最早由英国人类学家爱德华·泰勒提出。他认为，原始人的思维方式与现代人有很大的不同。对原始人来说，周围的世界异常陌生和神秘，令人敬畏。他们思维的最主要特点是万物有灵，并且都可以与人交感。人类学家发现，从现代的原始部落中，确实可以找到大量人与动物交感的现象。在考古中也有发现，许多史前洞穴中的动物遗骨，都被精心堆放。原始人通过这样的礼仪，对野兽之灵表示惋惜和敬意。

另一位英国著名人类学家弗雷泽在他的名著《金枝》一书中，更是认为原始部落的一切风俗、仪式和信仰，都起源于交感巫术。弗雷泽认为，人类最早是想用巫术去控制神秘的自然界，这显然是办不到的。于是，人类又创立了宗教来求得神的恩惠，当宗教在现实中也被证明无效时，人类才逐渐创立了各门科学，以此来揭示自然界的奥秘。从巫术到宗教再到科学，就是人类文化的发展历程。

从现代原始部族的状况来看，巫术信仰的存在是无可置疑的。原始人除了发明建筑来抵御大自然的无情侵袭，同时也发明了企图支配自然力的巫术，想要以一种方式去制约决定着他们命运的各种力量，或者设法与之和解。这种方式就是巫术。各种巫术活动，包括礼仪中的说、唱、舞蹈以及绘画、雕刻都被用来保障巫术的成功。巫术活动所创造的艺术具有双重的意义：既能够增加巫术效果的气氛、情绪与形象的逼真，同时又能够使这种摹仿的外观创造及情绪渲染将人们带入一种幻觉真实，从而导引出一种愉快的感觉，最终又使之转化为审美愉悦。这时，这种源于巫术活动的形象与情绪就脱离了实用的、功利性的目的，获得了独立的意义，不再是巫术，而是艺术了。不过，在人类发展的早期阶段，也存在着一个巫术与艺术难分难解的阶段。如果没有这样一个阶段作为过渡，纯粹审美意义上的艺术是难以发生的。

但是，如果将巫术作为艺术发生的根本原因也是不妥的。一些学者的研究成果表明，并不是所有的原始艺术都与巫术有关。人类学家马林诺夫斯基根据自己在新几内亚对当地原始部族的调查，认为那些由饱餐后的满足而产生的原始歌舞，与巫术无关，他们对所能控制的自然现象或制造工具，也不采取巫术手段。

（五）劳动说

该学说认为艺术产生的根本动力和原因，在于人类的实践活动，尤其是占主导地位的物质生产实践活动。在众多的艺术发生理论中，劳动论为探索、研究艺术发生中的诸多问题作出了独特贡献，从而成为一种拥有众多支持者的学说。德国的米歇尔在《劳动与节奏》中说：“在其发展的最初阶段上，劳动、音乐和诗歌是极其紧密地互相联系着的，然而三位一体的基本的组成部分是劳动，其余的组成部分只具有从属的意义。”芬兰美学家希尔恩以原始部族的各种艺术为素材，在《艺术的起源》一书中论述了艺术与劳动的关系。他说：“劳动的歌和舞蹈最典型的例子，可以在大洋洲的部族那里遇到。”他用了一些例子来说明重要的并不在于在游戏或艺术中对劳动的摹仿，而在于那些伴随着实际的劳动操作而产生的审美活动。俄国早期马克思主义者普列汉诺夫更是主张劳动起源说，他在《没有地址的信》等著作中探讨和分析了艺术起源这一复杂的现象，他认为艺术、美感、美的概念的产生，是由于社会中的人从事劳动的结果。

劳动起源说一直是被中国学术界予以较多肯定的理论，它以唯物主义历史观为基本依据，具有较充分的合理性。一般说来，劳动既为艺术的发生创造了条件，同时又是推动艺术产生的最基本的动力，恩格斯在《劳动在从猿到人转变过程中的作用》一书中，论述了劳动在人类进化中的意义。他认为由于劳动所导致的手的完善，使艺术生产成为可能，“由于这些遗传下来的灵巧性以愈来愈新的方式运用于新的愈来愈复杂的动作，人的手才达到这样高度的完善，在这个基础上它才能仿佛凭着魔力似地产生了拉斐尔的绘画、托尔瓦德森的雕刻以及帕格尼尼的音乐”。正是劳动，为艺术的发生创造了必需的生理条件，与此同时，也创造了必要的心理条件。

人们把劳动看作艺术发生的起源，主要原因还在于，人类的劳动实践活动与原始艺术有着最直接的联系。

首先，劳动是原始艺术最主要的表现对象。史前人类的艺术活动，是和劳动紧紧连在一起的，有时就是劳动生产的一个重要组成部分。劳动过程、劳动工具、劳动成果，均成为史前艺术表现的题材和内容。人们通过对现代残存的原始部族的艺术活动的考察，诸如印第安人挨饿时集体跳的野牛舞，澳洲西部有的部族在种下庄稼后跳的踊跃舞等，表明都与劳动生产活动直接相关。虽然这些活动有着明显的功利目的，在本质上还不能算作艺术，但其间已经渗入了不少审美因素，汉代的《淮南子·道应训》中记载道："今夫举大木者，前呼邪许，后亦应之，此举重劝力之歌也。"这就清晰地表明了艺术在劳动中的重要作用。

其次，史前艺术在内容与形式方面都留下了大量劳动生产活动的印记。在内容方面，史前大量的岩画绝大部分都离不开对野牛、野猪、野马等动物的表现，这些都是原始人狩猎的对象，是他们主要的食物来源，因而他们才能够对这些动物的特征把握得相当准确，描绘得神情备至。在艺术形式方面，很多学者发现，音乐、舞蹈和诗歌所具有的鲜明的节奏感，均与生产劳动联系在一起。有些打击乐器也是由劳动工具演化而成的，如殷墟中出土的石磬，就是由犁演化而来。人们在劳动中有时借助于击打工具表达感情，慢慢地就使该工具发展成乐器。

但是，如果说艺术起源于劳动是唯一正确的解释，也并不科学。过分注意劳动与艺术发生的直接联系，也不免有些简单化。诚然，劳动是人类社会生活最重要的组成部分，但不是社会生活的全部。事实上，劳动以外的其他社会生活的内容，如战争、情爱、休息、衣食住行等，也均与艺术的发生有着密切的联系。

（六）多元说

除上述有关艺术起源的重要理论外，还有一些理论值得重视。精神分析学派的创造人弗洛伊德，他把艺术看作是个人无意识的象征表现，艺术活动是摆脱苦闷的一种"诱惑的奖赏"。

弗洛伊德的学生、瑞士心理学家荣格曾提出了"集体无意识"的概念。他认为呈现于幻觉世界中的人类意识是一种集体的无意识，是由遗传造成的一种心理倾向。原始文化属于一种秘密传授体系，这些经验深不可测，所以经常不得不披上神话的外衣。他认为，凡伟大的诗人和艺术家无不受这种原始的集体无意识的支配，从人类的原始意象（原型）中获得创作的源泉。而在这时，有意识的自我只能处于旁观地位，所以艺术创作总包含着一部分不可解释清楚的秘密。这是一种值得研究的理论。

由此可见，从某种单一的理论去阐释艺术起源是困难的，大量的考察证明，在艺术发生的最初阶段，极有可能是由多种多样的因素促成的。这是因为各类艺术都有自身的特殊性，很难归结于同一种因素。即使有的方面（比如经济）是主导的和决定性的因素，但它也并非唯一决定性的因素，其他方面的因素也不应被忽视，诸如社会学、心理学、生理学、人类学、民族学、伦理学也应得到充分的研究，以求全面地、本质地揭示出艺术发生的真正原因。

第三节　艺术的主要功能

艺术究竟有哪些功能？由于研究视角的差异，不同的理论流派有各自不同的考虑和归纳。如苏联美学家卡冈在他的《美学教程》中，把艺术分为交往功能、启蒙功能、教育功能、享乐功能等。还有人指出，艺术具有情感或情绪的宣泄功能、精神慰藉功能、心理医疗功能等等。显然，这样的功能划分，一方面，看不到艺术功能的核心所在；另一方面，也看不到其中的逻辑联系。

艺术作为人类审美意识的最高表现形式，其多元的功能体现乃是建立在艺术的审美特性基础上的。因而，讨论艺术的功能，离不开审美这一前提。一幅科学的人体示意图，尽管是精确无误、纤毫毕现的，却不能产生什么感人的力量，因为制图者没有任何个人主观化的审美体验的投入，而其意欲引起的反应也是客观与冷静的观察与分析。然而，米开朗琪罗的《大卫》雕像却是一个时代的崭新创造，奉献了一个全新的大写的人——这恰是文艺复兴时期艺术的主旋律。

鉴于任何艺术作品都离不开审美价值，那么，在讨论艺术的主要功能时就需用审美这一核心将这些功能整体地联系起来，即审美认识功能、审美教育功能、审美娱乐功能。这样有助于分析艺术史上的大量艺术现象，阐释或评价特定的艺术作品。

一、审美认识功能

艺术的审美认识功能主要是指艺术往往通过典型的艺术形象反映出一个时代的生活和人们的精神面貌，欣赏者则可以从不同的艺术作品中认识到不同时代、不同国家、不同民族的具体生动的生活情景，以及生活在那个时代中的各种人物形象，了解他们的性格、特点、思想感情和精神面貌，从而扩大自己的生活视野，认识现实、认识历史、认识真理。

马克思主义特别注重艺术的审美认识功能。马克思在《〈政治经济学批判〉导言》中曾经称道，希腊艺术“是一种规范和高不可及的范本”，因为它让人们看到了“历史上的人类童年时代”。恩格斯曾经希望戏剧艺术有“较大的思想深度和自觉的历史内容，同莎士比亚剧作的情节的生动性和丰富性的完美融合”。鲁迅在1913年写的《儗播布美术意见书》中明确指出了艺术的认识功能，“凡有美术，皆足以征表一时及一族之思维，故亦即国魂之现象；若精神递变，美术辄从之以转移。此诸品物，长留人世，故虽武功文教，与时间同其灰灭，而赖有美术为之保存，俾在方来，有所考见。他若盛典侅事，胜地名人，亦往往以美术之力，得以永住”。鲁迅在这里所说的“美术”，是包括文学、戏剧、绘画、雕塑、音乐等在内的广义的“美术”，即艺术。其意思是我们可以通过美术回溯广泛的文化与历史，其中强调的正是艺术的认知意义。

鲁迅先生认为时代变了，艺术也会随之变化。如果一个时代的“武功文教”等都毁灭了，过去的时代将一去而不复返，但只要有艺术作品能够保存留传下来，后人就可以通过这些作品认识当时的时代。例如，我们可以从周口店遗存的石器或阿尔塔米拉的洞窟壁画中认识史前社会的狩猎经济；可以从《诗经》中认识两三千年前我国奴隶社会的生活情景，了解当时人民的劳苦与追求、婚姻和爱情等；也可以从马王堆汉墓帛画中认识我国早期封建社会的文化、信仰和统治阶级的奢侈豪华的生活；更可以从敦煌艺术宝窟中比较全面地认识从十六国到宋、元各个历史时代的社会生活、风土人情以及经济、政治、军事、文化、宗教、民族生活的情况。

事实上，有些艺术图像原本就是历史的一种独特见证。比如，著名的“巴约挂毯”从18世纪开始就成为研究英国历史的独特“文本”，其重要性并不亚于像《盎格鲁-撒克逊编年史》那样的历史文献。依照意大利著名学者莫雷利的说法，人们如果要完整地了解意大利的历史，那么就应该仔细地研究当时的肖像画。因为，在人的脸上，总是可以读到当时的某种时代特征，或者是个人的精神状态，或者是一个时代的风气。

艺术的这种认识功能在我国古代文艺理论中受到了充分的重视。如，孔子在论诗时就说：“小子何莫学夫诗？诗，可以兴，可以观，可以群，可以怨。迩之事父，远之事君。多识于鸟兽草木之名。”（《论语·阳货篇》）西晋文学家陆机说：“宣物莫大于言，存形莫善于画。”他是从文章和绘画中看到了文艺的认识作用的，“宣物”和

"存形"都可以帮助人们认识历史和现实。

当然，艺术的审美认识并不意味着只提供现实中既有的方面。艺术也有可能拉开一种更为广博的认知视野。就如莎士比亚在《仲夏夜之梦》中所描述的那样，艺术家的眼睛"在神奇的狂放的一转中，便能从天上看到地下，从地下看到天上。想象会把不知名的事物用一种形式呈现出来，诗人的笔再使它们具有如实的形象，空虚的无物也会有了居所和名字"。正是艺术赋予了一种来自自然而又高于自然的世界。歌德在《评狄德罗的〈画论〉》一文中详细地论述了艺术作为第二自然的非凡意义："观赏大自然的作品时，人们必须赋予它们以意义、感觉、思想、效果及对心灵的影响……艺术并不追求与大自然较量广度和深度，它将自己局限于自然现象的表面，但是它有自己的深度、自己的力量。它把这些表面现象的最高的因素记录下来，因为它承认其中有必然规律的东西，默认其中有符合目的的完美比例，以及登峰造极的美，高贵的意义，澎湃的激情。"对于艺术敞开一个更为广泛的认知世界的意义，杜威承认道："我们仿佛是被领进了一个现实世界以外的世界，这个世界不过是我们以日常经验生活于其中的现实世界的更深的现实。我们被带到自我以外去发现自我。"确实，艺术一方面引领人们感受现实的方方面面，另一方面也敞开了一个与现实相关联的想象世界，因而有可能比现实本身更为丰富多彩。

伟大的艺术家甚至可以贡献出通常人视而不见的发现。事实上，人对现实的了解未必都是顺理成章的。有时恰恰是敏锐过人的艺术家提供了一种出人意表的提醒。19世纪80年代，伦敦的白色之雾成为公众议论的话题。但是，没有人注意到这种白色之雾已经因为时代的变化尤其是工业革命及新的生活方式（取暖等）的影响而有了微妙的变化。尽管狄更斯（小说《荒凉山庄》和《我们相互的朋友》）、哈代（诗《黑暗时分》）和王尔德（诗《早晨印象》）等都描绘了这种掺杂着污染气体的白雾，但是，它究竟是一种什么颜色的雾却从未有人具体表现过。可是，对光影特别敏感的印象派画家莫奈却注意到，伦敦晨雾中是有黄色调的，不过，他更为细心地发现，弥漫在大气中的其他色调。于是，伦敦变幻莫测的晨雾就成了莫奈加以探索的对象，因为这些并不仅仅只是色彩而已，而是折射了世纪转折时期的城市现代生活。莫奈用心地以一系列的画作进行记载。研究者指出莫奈对冬天的伦敦情有独钟，认为伦敦的冬天如果不再有雾，就不美了。伦敦空中的色彩千变万化，令人着迷。莫奈对自己的发现兴奋异常。他在给自己的妻子的信中由衷地感慨：没有哪个国家会像英国那样如此适合画家的眼睛。从1898年到1901年间，莫奈多次访问伦敦，他笔下的伦敦之雾涌现出迷人的光谱："伦敦的雾呈现出各种各样的颜色，其中有黑色、棕色、黄色、绿色、紫色。"于是，莫奈笔下的那些数以百计、色彩纷呈而又迷迷蒙蒙的画作便成了对伦敦空中轮廓的一种极为精准的视觉阐释。

当然，艺术作品趋向写实，绝非最终的旨归。据说顾恺之在面对《北风诗》这样的画作时有过"玄赏则不待喻"的神奇体会。也就是说，最高（"玄"）意义上的欣赏是无法用语言来表述的。

艺术品追求的正是超越性的无限意味的呈现。歌德认定："优秀的作品无论你怎样去探测它，都是探不到底的。"同样，黑格尔在《美学》中也有类似的表述："艺术美高于自然。因为艺术美是由心灵产生和再生的美，心灵和它的产品比自然和它的现象高多少，艺术美也就比自然美高多少。"这同样也是为什么苏珊·朗格（1895—1982）要强调艺术品的超越性的原因所在：

> 每一件真正的艺术作品都有脱离尘寰的倾向。它所创造的最直接的效果，是一种离开现实的"他性"（otherness），这是包罗作品因素入事物、动作陈述、旋律等的幻象所造成的效果。即使在诉诸表现的因素缺乏的地方。没有什么被模仿、被虚构的地方，如在一块可爱的织物上、一只奖杯上、一幢楼房上或一段奏鸣曲里，这种虚幻的即充当纯意象的神韵，也依然如在逼肖的绘画……那里强烈地存在着……关于这个"他性"，已经出现了种种的描述语，如"奇异性""逼似""虚幻""透明""超然独立""自我丰足"（self-sufficiency）。

英国画家康斯坦布尔善于将英格兰的乡村风光变成诗意十足的对象，法国画家柯罗擅长把目光中的风光化为如梦似幻的胜景，而毕沙罗可以把自己生活的法国乡村的普通景色变成田园诗意的美……毫无疑问，他们都为后世奉献了高于自然的美。显然，当艺术品提供的认知内容是审美的、不可替代的和可以反复品味的时候，那么，它的价值就无可置疑了。张彦远在《历代名画记》中所谓的"穷神变、测幽微，与六籍同功"，也就不是什么过分夸张的表述了。在这里，哲学家卡西尔的剖析和概括显得十分到位："我们的审美知觉比起我们的普通感官知觉更为多样化，并且属于一个更为复杂的层次……它孕育着在普通感觉经验中永远不可能实现的无限的可能性。"

二、审美教育功能

审美教育功能，主要是指接受者通过艺术作品的欣赏，领略其中展示的真善美，从而潜移默化地接近、认同甚至欣赏这种真善美所汇成的价值与力量，进而得到人生观、世界观和人文精神的提升和跃迁。我国古代文论、诗论和画论中都非常重视这一点。例如，孔子曾经用绘画比喻礼，用雕刻比喻教育，用诗和音乐来比喻他的政治理想，希望以艺术为手段，通过诗教和乐教达到“克己复礼”的政治目的。荀子也说：“《诗》言是其志也，《书》言是其事也，礼言是其行也，乐言是其和也。”（《荀子·儒效》）在荀子看来，《诗》要求人们在思想志向上，礼要求人们在行动上，音乐要求人们在性情方面符合社会的道德规范。又如东汉王延寿就认为绘画的作用就是“恶以诫世，善以示后”，魏曹植说“存乎鉴戒者图画也”，谢赫在其著名画论《画品》中一开头就提出了“图绘者，莫不明劝戒，著升沉，千载寂寥，披图可鉴”的艺术功能论。文论、画论作家都非常强调艺术的政教和德教功能，主张艺术作品要有思想性，要能教育人们遵从本阶级的道德规范。

和过去各个时代的各个阶级一样，无产阶级也非常重视艺术的思想教育作用和道德教育作用。鲁迅先生说，美术可以辅翼道德。美术之目的，虽与道德不尽符，然其力足以渊邃人之性情，崇高人之好尚，亦可辅道德以为治。物质文明，日益曼衍，人情因亦日趋于肤浅；今以此优美而崇大之，则高洁之情独存，邪秽之念不作，不待惩劝，而国乂安。① 周恩来也曾多次强调指出，艺术家作为人类“灵魂的工程师”，应当使自己的作品起到教育人民、教育后代的作用，要使人民从艺术中“得到鼓舞，受到激励，奋发起来”。

优秀的艺术作品，总是在帮助人们认识生活的同时，也教育人们对生活采取正确的态度和看法，培养人们美好的道德情操，促进人们奋发向上。艺术之所以能产生教育作用，是因为艺术家们在创作过程中，不仅反映现实，而且还会对现实生活做出评价，由此提出自己的理想和愿望，表达自己对人生与世界的体验和感受。因此，艺术家往往也是思想家，他总是要用自己的思想去影响欣赏者的思想，用自己的道德观念去改造欣赏者的道德观念。无论他是否自觉地这样去做，他作品所具有的这种思想教育或道德教育功能却是客观存在着的。

当然，艺术的教育功能并不是通过概念化、公式化的说教方式来实现的，因为艺术作为一种语言形式，不是用逻辑推理的方式来证明一种观念、一种道德的正确性和有效性，艺术作品中的形象也不是披在某种道德观念和真理上的一件外衣。这意味

① 鲁迅：《鲁迅全集》第 8 卷，人民文学出版社 1981 年版，第 47 页。

着，在艺术作品中形象与观念，包括道德观念应水乳交融地结合在一起才能真正起到教育人们的作用。

艺术的教育功能在不同的艺术种类和形态中会有不同的侧重和表现。在有些作品和种类中，比较容易注入思想、道德方面的内容，如长篇小说、戏剧、电影、电视剧、历史画、纪念碑雕刻等；而有一些，比如说中国山水画、花鸟画以及轻音乐等，则较少有这一方面的内容。所以，我们应从比较宽泛的意义上来理解艺术的教育功能。我们认为，从整体和最根本的意义上来说，艺术作品的教育功能体现在它能使人们对自然、社会、人生他人与自我采取一种正确的伦理态度。这种态度首先是对人类社会中美好的事物与正义的事业的热爱，对进步的信仰，对真理的追求，就像我们能从德拉克洛瓦的《自由引导人民》、达·芬奇的《最后的晚餐》、米开朗琪罗的《最后的审判》、董希文的《开国大典》等类似的作品中所感受到的那样。其次，这种态度包括对生命的崇敬、对苦难的同情、对罪恶的愤慨。如古希腊的雕塑《米洛斯的维纳斯》、米开朗琪罗的人体艺术、罗中立的《父亲》、王式廓的《血衣》、毕加索的《格尔尼卡》等，就能唤起人们的这些感情。而像李可染的山水画、齐白石的花鸟画的教育功能则体现在作品能使人们更热爱自然、生命和生活。至于那些充满幽默的漫画，也可以使人们在对待人生的各个方面有一种宽厚豁达的胸怀。

三、审美娱乐功能

艺术与娱乐的联系是非常重要的联系。古希腊人就认为，巨大的乐趣就来自对美的艺术品的观照。譬如，亚里士多德在谈及学习音乐的作用时就说过：“音乐应该学习，并不只是为着某一个目的，而是同时为着几个目的，那就是（1）教育；（2）净化……；（3）精神享受，也就是紧张劳动后的安静和休息………某些人特别容易受某种情绪的影响，受到净化，因而心里感到一种轻松舒畅的快感。”亚里士多德注重让人在娱乐的情境下得到艺术的享受，是根源于他的一种基本思想，即“人的本性谋求的不仅是能够胜任劳作，而且是能够安然享有闲暇……闲暇是全部人生的唯一本原”。同时，他将这种愉悦上升到人生的幸福高度予以肯定：

> 消遣是为着休息，休息当然是愉快的，因为它可以消除劳苦工作所产生的困倦。精神方面的享受是大家公认为不仅含有美的因素，而且含有愉快的因素，幸福正在于这两个因素的结合，人们都承认音乐是一种最愉快的东西，无论是否伴

着歌词。缪苏斯[①]说得好，“对凡人来说最快乐的事是歌唱”，人们聚会娱乐时，总是要弄音乐，这是很有道理的，它的确使人心畅神怡。[②]

亚里士多德在《诗学》中曾经就悲剧的功能提出卡塔西斯(catharsis)说，研究者对此词的理解，向来看法不同，比较贴切的有罗念生的陶冶说和朱光潜的宣泄说。陶冶说认为，悲剧通过怜悯和恐惧养成人自身控制怜悯和恐惧之情的忍耐力。宣泄的要义在于通过音乐或其他艺术，使某种过分强烈的情绪因宣泄而达到平静，因此，有利于恢复和保持心理的健康。悲剧卡塔西斯之宣泄，从过程看，通过宣泄强烈的情感而获得随之而来的痛快感，因此悲剧是一种真正的痛快。悲剧卡塔西斯之陶冶说，即从结果看，经过多次情感操练，最终控制怜悯与恐惧之情的忍耐力。由此可见，悲剧的功能是宣泄与陶冶的统一，是过程与结果的统一。

古罗马的贺拉斯但凡论艺，就必定会强调“乐”的不可或缺的重要性。他曾经指出：“诗人的愿望应该是给人以益处和乐趣，他写的东西应该给人以快感，同时对生活有帮助……虚构的目的在引人欢喜……”

康德在谈到美的艺术时，对于艺术与快感的关系阐述了极为鲜明的见地：“艺术鉴赏里这个可以普遍传达的快感，就是建基于我们认识诸机能的自由活动中的自由的情绪，而不是建基于概念。”在这里，康德两次用到“自由”一词，可见其对远离概念的快感过程的偏爱程度。对于艺术的娱乐程度，歌德抒发的是切身的体会：“凡是能够感受诗和艺术的人，在古代面前就会感到自己是置身在最愉快的理念的自然境界里。甚至就是在今天，荷马的诗句也还具有——至少是在短暂的时间里——把我们从数千年不断加在我们身上的可怕重负下解放出来的力量。”

艺术给予人的娱乐感常常与人的幸福感水乳交融。生物学家达尔文到了晚年发现自己不再有艺术欣赏的乐趣时，不仅遗憾万分。他说：“丧失这些志趣就等于丧失幸福……因为我们天性中的情感的成分被削弱了。”在达尔文的心目里，由艺术带来的快乐是断不可丧失的。

哲学家卡西尔的感受可能把艺术的娱乐功能强调到了极点：“没有一个人会否认，艺术品给了我们最高的愉悦，或许是人类本性所能有的最持久、最强烈的愉悦。”

---

① 缪苏斯，为传说中最早的一位诗人，其生平已不可考。

② 北京大学哲学系美学教研室编：《西方美学家论美与美感》，商务印书馆1980年版，第45页。

一幅古画从博物馆到舞台——《只此青绿》舞绘千里江山

从2022年2月“青绿”片段在中央电视台虎年春晚“出圈”，到2022年4月在北京保利剧院连演18场，再到写进《新时代的中国青年》白皮书……《只此青绿》已然成为现象级舞台艺术作品。

一幅古画如何从博物馆走到舞台？该剧如何打通传统与现代？对未来舞台创作又有哪些借鉴意义？近日，在中国艺术研究院舞蹈研究所举办的线上研讨会上，《只此青绿》主创与专家围绕相关话题展开交流。

一、一场跨越时空的对话

舞蹈诗剧《只此青绿》由故宫博物院、中国东方演艺集团、人民网共同出品，采用时空交错结构叙事：《千里江山图》即将展出，一位故宫研究员（展卷人）穿越时空，来到千年前即将完稿之时，观众跟随展卷人的步伐，循着“展卷、问篆、唱丝、寻石、习笔、淬墨、入画”的篇章，进入希孟的绘画世界……

藏于故宫博物院的《千里江山图》，一向被视为宋代青绿山水的巨制杰构，2017年曾全卷展出，引发了“故宫跑”的观展热。彼时熙熙攘攘的观展人群中，就有《只此青绿》的两位编导周莉亚、韩真。惊鸿一瞥却令两人终生难忘——千年之后，画中明艳的青绿色彩依旧令人赞叹。可以说，《只此青绿》是两位编导情之所至、由心而发的一次创作。

然而，《千里江山图》几乎没有人物和情节，关于希孟的记载也极少，如何建构起一部舞台剧呢？“《只此青绿》的题材决定了无法以极强的戏剧冲突呈现，我们尝试以情感逻辑进行叙事。”周莉亚说。

“我认为《只此青绿》有一种叙事与抒情相结合的特点。一方面有叙事，比如这幅作品的产生过程，包括各种工艺、步骤都是以叙事性展现；另一方面也有抒情性的场面，包括展卷人面对这件国宝的心情、织绢女优美的舞蹈样态等，有着丰富而超拔的艺术追寻。”中国艺术研究院话剧研究所所长宋宝珍说。

周莉亚表示，《只此青绿》有多重维度，蕴含着古与今、静与动、虚与实。比如，展卷人是一个真实的维度，观众透过展卷人的眼睛和想象回到过去，看到了少年希孟和画作背后的工艺人；“青绿”是将《千里江山图》概念化的一个生命体，是一个虚化的维度，它又带领观众从古走到今，如此完成时空交错的古今对话。

“在舞台上呈现多维需要开辟一种新的叙事模式，我称之为‘新的视觉连续性的叙事系统’。”《只此青绿》舞美设计高广健说。为此，《只此青绿》的舞美设计打破常规，舞台以同心圆结构表现卷轴的概念，也是时间的概念。地面四层转台，空中三层轨道，那转动不息的舞台仿若是镌刻着民族记忆的年轮，引领观者踏入时光的循环。

二、一种内敛温厚的古典美

观看《只此青绿》，一种内敛温厚的古典美扑面而来，令人赏心悦目。错落有致的造型变化，动静结合的节奏转换，清丽雅致的服装色彩，让一幅古画在今天的观众面前鲜活生动了起来。

宋宝珍认为，《只此青绿》让人耳目一新，视觉美的冲击力尤其强。作品重视意象之美、意韵之妙，强调了东方美学的温柔敦厚、含蓄慰藉。

这正是主创们想要表达的意象。例如，舞蹈编排以静为出发点，以内敛、内收为基调，设计了静待、望月、垂思、独步、险峰、卧石等造型动作，呈现出一种静雅之美。

“青绿”片段把这种静雅之美演绎到了极致。“青绿”是全剧中纯写意的一段，青绿的衣衫，高耸的发髻，美而不柔的身姿……宋韵之美随着舞者轻缓的步态走进观众心中。

“我们创作这段的时候，心里想到的是一种山石的状态和一种身处山峦当中的感觉。比如大家熟知的‘青绿腰’，我们设想的是山石在岁月变迁中，形成的一种缓慢而强大的张力。”韩真表示，就像是博览群山时的慢镜头，观者在慢节奏中感受一种连绵不断的气魄。

尽管《只此青绿》基于传统美学，却又并非一卷宋代图画的具象“复刻”或简单“还原”，主创们在一分一毫中寻找守正创新的平衡点。比如舞蹈编排，“我们更多是取其神而轻其形，是从宋代的审美特点出发，以当代视角反观古典美学的一次探索与实践。”韩真说。

服装造型同样如此。“我们要表现的是宋制服饰，但也许剧中并没有一件完全复原的宋制服饰，更多是一种对宋代美学的感受的体现。”《只此青绿》的服装设计阳东霖说，比如“青绿”片段的服装，并不是特别传统的宋制样式，但它传递出的是宋代美学中简约雅致的态度。

中国艺术研究院舞蹈所副所长卿青认为，《只此青绿》呈现了一种沉静、简约、克制又坚韧的美学，剧中使用的大量留白也代表着中华文化的开阔与包容。

三、一次传统文化的回望

“此画，与天地众人共绘，往来者，但见青绿足矣!”希孟的独白体现出《只此青绿》的又一层深意——《千里江山图》千年不褪的色彩，由无数劳动者匠心创造，又经一代代的文物保护工作者们接续守护。正是这样一群人，最终凝成了这独具一格的青绿，共同构成了层峦叠嶂、更具厚重深意的“千里江山”。

除了表现希孟、展卷人和“青绿”，《只此青绿》还以大量篇幅着墨于篆刻人、织绢人、磨石人、制笔人、制墨人……正是“无名无款”手艺人穷其一生、工于一事的精耕细作，希孟才得以自在挥毫，成就千古名画。

“这部剧体现了精神生产和物质生产的互望互敬。我们讲文艺创作，往往局限在精神生产和创作者本身，而忽略了物质生产。事实上，精神生产有赖于物质生产基础，这是《只此青绿》的一个贡献。”中国艺术研究院马克思主义文艺理论研究所所长鲁太光表示，少年希孟富有传奇色彩，容易形成个体叙事，但《只此青绿》反其道而行之，把一个个人创作的故事讲成了一个集体创作的故事，是对传统文化的回望、对工匠精神的致敬。

中国艺术研究院戏剧所所长王馗认为：“《只此青绿》虽然是传统题材作品，却深深地展现着现实主义立场。其创作紧密围绕现实观照，即今天如何理解传统、如何把身边活着的传统再现于舞台。”他表示，对手艺人的表现，实际上是把现实性的物质载体解构到艺术作品里，通过对物质性构成的追溯，来展现一幅画形成时的群体性价值。

全剧结尾处，一轮明月朗照千年，希孟与展卷人在画卷两端四目相对、远隔时空惺惺相惜，这是跨越千年的文脉传承。“只此青绿，又不止青绿；是青绿山水画卷，也是情景交融的人文画卷——见画，见人，见故事，见精神。”周莉亚、韩真表示，《只此青绿》是为《千里江山图》而作，也是为中华五千年的文明传承而作。

（摘自赖睿，《人民日报海外版》，2022 年 05 月 23 日，有改动）

第四章　艺术类型

艺术是对自然和生活进行审美反映的一种文化类型。艺术美是以自然和生活为基础，通过对自然美和生活美的提炼和加工创造出来的一种美。在漫长的艺术发展过程中，人们创造了多种多样的艺术形式。艺术形式按照自身的发展规律逐渐形成专门的领域。艺术美育是大学美育的核心，目的在于培养有审美思维和创新精神的全面发展的人。在大学美育中开展艺术门类美育，首先需要对艺术加以分类。

艺术的分类有很多种，根据不同的分类要素有不同的分类。以艺术形态的感知方式可以划分为视觉艺术（绘画、雕塑、舞蹈等）、听觉艺术（音乐、曲艺等）、视听艺术（戏剧、电影、电视剧等）、想象艺术（文学等），以艺术形态的存在方式可以划分为空间艺术（绘画、雕塑、工艺美术等）、时间艺术（音乐、文学、曲艺等）、时空艺术（戏剧、电影、舞蹈等），以艺术形态的创造方式可以划分为造型艺术（绘画、雕塑、工艺美术、摄影艺术、建筑艺术和园林艺术等）、表演艺术（音乐、舞蹈、戏剧、曲艺和杂技等）、语言艺术（包括文学的各种样式）、综合艺术（电影和电视剧等）……长期以来，实践中最常用的分类是按照创造艺术形态的材料和技法进行分类的，将艺术分为美术、音乐、舞蹈、文学、戏剧、影视、摄影、曲艺、杂技、建筑和园林等。

第一节　视觉直观艺术

视觉艺术是以视觉感受为基础的直观性艺术。视觉直观艺术多种多样，既有传统的绘画、书法、建筑等，也有伴随现代科技诞生的摄影和现代设计。

一、绘画之美

绘画是用色彩和线条在平面上描绘形象或场景，借以表达思想感情、反映道德和精神，是表现审美意趣的一种艺术形式。它以现实存在的各种事物为形象基础，以事物美的属性和人们赋予事物的各种文化意义为表现内容，或唤起人们的审美体验，或启发人们的思想，或激励人们的精神等，既是视觉艺术又是造型艺术。

（一）绘画的分类

按照不同的分类方法，绘画可分为很多类。根据审美理想与艺术风貌的不同，可分为东方绘画和西方绘画两大体系。按照绘画工具和使用的材料，可以分为中国画、油画、版画、水彩画、水粉画和素描等。按照作品再现或表现的对象，可以分为人物画、风景画、静物画和动物画等。

中国画是指用毛笔蘸水、墨、彩作画于绢或纸上的一类绘画样式，简称“国画”，其作为世界上独树一帜的绘画流派，具有厚重的历史底蕴。中国画按照表现对象，又可分为人物画、山水画、花鸟画三大类，其中山水画在受重视程度上居首位，花鸟画居次位。中国画按照技法分为工笔和写意两种，写意画是中国画的主流。

| 美学之窗 |

中国十大传世名画

《清明上河图》为北宋风俗画，北宋画家张择端仅见的存世精品，属国宝级文物，现藏于北京故宫博物院。清明上河图纵 24.8 厘米、横 528.7 厘米，绢本设色。作品以长卷形式，采用散点透视构图法，生动记录了中国12世纪北宋都城东京（又称汴京，今河南开封）的城市面貌和当时社会各阶层人民的生活状况，是北宋时期都城汴京当年繁荣情境的见证，也是北宋城市经济情况的写照。

《五牛图》是唐朝韩滉创作的黄麻纸本设色画，现藏于北京故宫博物院。《五牛图》中的五头牛从右至左一字排开，各具状貌，姿态互异。一俯首吃草，一翘首前仰，一回首舐舌，一缓步前行，一在荆棵蹭痒。整幅画面除最后右侧有一小树外，没有其他的背景，因此每头牛可独立成章。《五牛图》是中国十大传世名画之一，少数几件唐代传世纸绢画作品真迹之一，也是现存最古的纸本中国画。

《步辇图》是唐朝画家阎立本的名作之一，是中国十大传世名画之一，现存画作被认为是宋朝摹本。现藏于北京故宫博物院。绢本，设色，纵38.5厘米，横129.6厘米。作品设色典雅绚丽，线条流畅圆劲，构图错落富有变化，为唐代绘画的代表性作品，具有珍贵的历史和艺术价值。公元640年（贞观十四年），吐蕃王松赞干布仰慕大唐文明，派使者禄东赞到长安通聘。《步辇图》所绘的是禄东赞朝见唐太宗时的场景，是汉藏友好情谊的历史见证。

《富春山居图》是元代画家黄公望于1350年创作的纸本水墨画，中国十大传世名画之一。黄公望为师弟郑樗（无用师）所绘，几经易手，并因“焚画殉葬”而身首两段。前半卷：《剩山图》，现收藏于浙江省博物馆。后半卷：《无用师卷》，现藏台北“故宫博物院”。本画以浙江富春江为背景，画面用墨淡雅，山和水的布置疏密得当，墨色浓淡干湿并用，极富于变化。《富春山居图》内容约80%为桐庐境内富春江景色，20%为富阳景色。《富春山居图》被誉为“画中之兰亭”，属国宝级文物。

《洛神赋图》是东晋顾恺之的画作，原《洛神赋图》卷为设色绢本，是由多个故事情节组成的类似连环画而又融会贯通的长卷，现已失传。现主要传世的是宋代的四件摹本，分别收藏在北京故宫博物院（两件）、辽宁省博物馆和美国弗利尔美术馆。故宫博物院的两件人物形象基本相似，只不过景物有一繁一简之分。全卷分为三个部分，曲折细致而又层次分明地描绘着曹植与洛神真挚纯洁的爱情故事。人物安排疏密得宜，在不同的时空中自然地交替、重叠、交换；在山川景物描绘上，展现出一种空间美。在现存的中国古代绘画中，《洛神赋图》被认为是第一幅改编自文学作品的画作。

《汉宫春晓图》是明代画家仇英创作的一幅绢本重彩仕女画，现收藏于台北“故宫博物院”。《汉宫春晓图》是仇英平生得意之作，为中国十大传世名画之一，亦被誉为中国“重彩仕女第一长卷”。《汉宫春晓图》以人物长卷画，生动地再现了汉代宫女的生活情景。其用笔清劲而赋色妍雅，林木、奇石与华丽的宫阙穿插掩映，铺陈出宛如仙境般的瑰丽景象，极勾描渲敷之能事，体现了作者积极向上、热爱生活的人文思想，亦表达了他对宫廷浮华美好生活的赞美。

《千里江山图》是北宋王希孟创作的绢本设色画，现收藏于北京故宫博物院。该作品以长卷形式，立足传统，画面细致入微，烟波浩渺的江河、层峦起伏的群山构成了一幅美妙的江南山水图，渔村野市、水榭亭台、茅庵草舍、水磨长桥等静景穿插捕鱼、驶船、游玩、赶集等动景，动静结合恰到好处。该作品人物的刻画极其精细入微，意态栩栩如生，飞鸟用笔轻轻一点，具展翅翱翔之态。《千里江山图》画卷，不仅代表着青绿山水发展的里程，而且集北宋以来水墨山水之大成，并将创作者的情感付诸创作之中。

《百骏图》是意大利籍清代宫廷画家郎世宁创作的绘画作品，是中国十大传世名画之一。此图稿本为纸质，原作分别收藏于美国纽约大都会博物馆（纸质稿本）和中国台北“故宫博物院”（绢本）。此图共绘有100匹骏马，姿势各异，或立、或奔、或跪、或卧，可谓曲尽骏马之态。画面的首尾各有牧者数人，控制着整个马群，体现了一种人与自然界其他生物间的和谐关系。

《韩熙载夜宴图》是五代十国时期南唐画家顾闳中的绘画作品，现存宋摹本，绢本设色，现藏于北京故宫博物院。《韩熙载夜宴图》描绘了官员韩熙载家设夜宴载歌行乐的场面，有琵琶演奏、观舞、宴间休息、清吹、欢送宾客五段场景，是一段完整的韩府夜宴过程。整幅作品线条遒劲流畅，工整精细，构图富有想象力。作品造型准确精微，线条工细流畅，色彩绚丽清雅。不同物象的笔墨运用又富有变化，尤其敷色更见丰富、和谐，仕女的素妆艳服与男宾的青黑色衣衫形成鲜明对照。

《唐宫仕女图》是一组五幅中国画，作者是唐代张萱、周昉，该画描述了唐代女子众生相，尤其表现了唐代贵族妇女的生活情调，被称为中国十大传世名画之一。唐代是封建社会最为辉煌的时代，也是仕女画的繁荣兴盛阶段。中国古代仕女众生像，“倾国倾城貌，多愁多病身”。但唐代仕女画以其端庄华丽、雍容典雅著称，其中最杰出的代表莫过于张萱的《虢国夫人游春图》《捣练图》和周昉的《簪花仕女图》《挥扇仕女图》以及晚唐的《宫乐图》。

（二）绘画的审美体现

绘画艺术是在平面上描绘物象、制造空间感，展示现实生活与想象世界的事物与景象，传达人的思想感情的视觉艺术。其基本表现手段是运用线条、色彩、明暗等绘画语言描绘物象，借以传达人的思想和感情等。绘画的审美本质即线条、色彩和构图的情感意味。

1. 线条

线条就是绘画时勾勒轮廓的线，有曲线、直线、折线，有粗线、细线……线条美是绘画形式美的一个重要因素。不同线条的审美特征各不相同，曲线表示优美、柔和、动感；直线表示力量、稳定、刚强；折线表示转折、突然、断续，折线形成的角度往往给人以方向感。而各种线条的规律组合，也往往带有明显的感情意味。因此，线条既是作者视觉上的创造，更是作者情感的表现。

2. 色彩

色彩是客观存在的物质属性，是最具有感染力的绘画语言。色彩能够传达出一定的感情意味，具有表情性。比如红色是热烈而兴奋的，黄色是明朗而欢快的，绿色是平静而稳定的。缺乏色彩美的绘画，很难取得生动感人的艺术效果。色彩的运用在绘画中占有重要地位，中国画的造型主要靠笔墨，要通过墨色的变换体现出色彩美。由于用色的不同，中国的山水画又分为青绿、金碧、没骨、浅绛、水墨等不同种类，各具色彩美。

3. 构图

构图是一幅画的灵魂。绘画创作时，根据题材和主题表现的要求，把要表现的形象合理地组织起来，构成一个和谐、完整的画面，这一过程被称为构图。构图要遵循统一、变化、调和、对比、对称、均衡、节奏、韵律、比例、分割等基本法则，才能呈现出构图美感。

4. 明暗

明暗是指绘画中物体受光、背光部分的明暗度变化以及对这种变化的表现方法。物体的明暗一般表现为五个基本层次：直接受光部分称为亮面，半明半暗面称为灰面，亮部与暗部转折交界的地方称为明暗交界线，背光物体的阴影部分称为投影，暗面受周围反光的影响而产生的暗中透亮部分称为反光。依照明暗层次来描绘物象，是西方绘画的基本方法。

二、书法之美

书法是指以汉字为表现对象，通过线条来表达思想、表示道德与精神的一种中国文化样式。书法艺术是中华民族特有的一种创造和智慧表现。

书法之美体现为四个方面：一是思想美，书法在应用中最基本的表现是意思表达，这是区别于其他艺术形式的本质特点；二是精神美，书法理论根植于中华优秀传统文化，汉字书法的立字与立人一样，要立出风骨精神，体现出精神内核等；三是道德美，道德昭示是汉字书法文化价值的重要表现，诸如用笔谦恭、结体自律和字与字之间的避让；四是性情美，好的书法作品往往能够反映出书写者的个性，使欣赏者能够感受到书写者或洒脱、或率真、或磊落等性情。

（一）书法的五种书体

中国书法的五种主要书体：篆书体（大篆、小篆）、隶书体（古隶、今隶）、楷书体（魏碑、正楷）、行书体（行楷、行草）、草书体（章草、小草、大草、标准草书）。

1. 篆书

篆书是大篆、小篆的统称。甲骨文距今已有3000多年历史，是传世最早的可识文字。笔法瘦劲挺拔，直线较多。起笔有方笔、圆笔，也有尖笔，竖画“悬针”较多。大篆指金文、籀文、六国文字，它们保存着古代象形文字的明显特点。小篆也称秦篆，是秦国的通用文字，是大篆的简化字体，其特点是形体均匀齐整、字体较籀文更容易书写。

2. 隶书

隶书是汉字中常见的一种庄重的字体，书写效果略微宽扁，横画长而直画短，呈长方形状，讲究蚕头雁尾、一波三折。隶书起源于秦朝，由程邈整理而成，在东汉时期达到顶峰，对后世书法有不可小觑的影响，书法界有“汉隶唐楷”之称。

3. 楷书

楷书也叫正楷、真书、正书。从程邈创立的隶书逐渐演变而来，更趋简化，横平竖直。楷书有楷模的意思，张怀瓘在《书断》中谈到过。六朝人仍习惯性地用着它，例如王僧虔《论书·韦诞传》中云："诞字仲将，京兆人，善楷书。"到北宋才以楷书代替了正书之名，其内容显然和古称是不一样的。

4. 行书

行书是在隶书的基础上发展起来的，是介于楷书、草书之间的一种字体，是为了弥补楷书的书写速度太慢和草书的难于辨认而产生的。"行"是"行走"的意思，因此，它不像草书那样潦草，也不像楷书那样端正。实质上它是楷书的草化或草书的楷化。楷法多于草法的叫"行楷"，草法多于楷法的叫"行草"。

5. 草书

草书是汉字的一种字体，特点是结构简省、笔画连绵。纵任奔逸，赴速急就，因草创之意，谓之草书。形成于汉代，是为了书写简便在隶书基础上演变出来的。有章草、今草、狂草之分，在狂乱中展现优美。《说文解字》中说："汉兴有草书。"

（二）汉字的审美体现

1. 点画结构美

点画结构美的构建方式主要有两种：一是指各种点画按一定的组合方式，直接组合成各种美的独体字和偏旁部首；二是指将各种部首再按一定的方式组合成各种字形。中国字的部首组合方式无非左右式、左中右式，上下式、上中下式、包围式、半包围式等几种。这些原则主要有比例原则、均衡原则、韵律原则、节奏原则、简洁原则等。这里特别要提的就是比例原则，其中黄金分割比是一个非常重要的比例，对呈现点画结构美非常重要。

2. 墨色组合美

书法墨色组合的艺术性，主要是指其组合的秩序性。作为艺术的书法，它的各种色彩不能是杂乱无章的，而应是非常有秩序的。有一些共同的美学原则，要求书写者予以遵守，如重点原则、渐变原则、均衡原则等。书法结体的墨色组合主要涉及两个方面：一是对背景底色的分割组合，人们常说的"计白当黑"，就是这方面的内容；二是点画结构的墨色组合，从作品的整体效果来看，不但要注意点画墨色的平面结构，还要注意点画墨色的分层效果，从而增强书法的表现深度。

三、建筑之美

建筑是建筑物和构建物的统称，通过空间组合、色彩、采光、布局、材质、装饰等建筑语言表现其审美情趣和实用特性，是实用艺术、造型艺术和环境艺术的综合体现。建筑艺术有“石头筑就的史诗”“文明的载体”“历史的纪念碑”“凝固的音乐”之称。建筑的纯粹美好投射了真实的生活，人们能从建筑中感受到真实且平静的美好生活状态。学会欣赏建筑之美，才能更好地从“生存”走向“生活”。

（一）建筑的分类

按建筑风格的不同，建筑一般分为古典、现代和后现代风格。古典风格又有东方风格和西方风格之分。按形式不同，建筑可以分为古典建筑和现代建筑等。按建筑使用功能的不同，一般分为住宅建筑、生产建筑、公共建筑、文化建筑、园林建筑、纪念性建筑等。古代建筑主要包括古城、宫殿、陵墓、寺庙、园林、民居、石窟、佛塔和桥梁等。仅民居就有非洲的草房、阿拉伯的土拱、西班牙的小楼、北欧的尖顶房、北京的四合院、安徽的天井民居、西北的窑洞、闽西的土楼及西双版纳的竹楼等。

1. 中国古代城池

“城”指保护城市的城墙，“池”表示绕城的护城河。城池是中国传统城市的称谓，从名称上就体现了中国古代城市建筑的设计思想。在具体的内部设计上，城池也被称为城郭，形成“内之为城，外之为郭”的格局。城内戒备森严，“城”供统治者居住，“郭”则附于城的一边或四周，供普通老百姓居住。古代城池素有“金城汤池”之称，为的是在功能上达到“固若金汤”的效果，古人往往将城墙建造得高且厚，将护城河挖得深且宽，并在城墙上建造城楼和墩台，使其有利于监视和防守，这些设计使古代城池具有极强的封闭性和防御性。

著名的平遥古城坐落在晋中盆地的南部边缘，西通秦陇，北达燕京，在古代占有重要的地理位置，拥有 2800 多年的悠久历史，也是目前保留得最完好的古城。平遥古城始建于西周时期，历朝历代均有修补，明朝洪武年间为抵御外族侵扰，开展了重筑、扩建的行动并对其进行包砖，清朝也进行了十几次的修缮。如果从高空俯视古城，会发现这座城池的外形像是一只向南爬行的乌龟，城里大街小巷互相交织，区域划分明晰，好似龟背上的花纹。平遥古城南北两面的城墙上都修建了一座城门，在东、西两面也各建造了两个城门，从整体看，神似乌龟的四足和头尾，也符合“龟前戏水，山水朝阳，城之攸建，以此为用”的古代风水理念。

2. 园林艺术

中国古典园林是传统文化中的一朵奇葩，体现出了东方的艺术追求和对自然的感情，鲜明地折射出了中国人的审美观，抒发了中华民族对美好生活的热爱与追求。园林建筑的每一处细节都蕴藏着中华民族丰富的精神内涵。“智者乐水，仁者乐山”这一思想便将山、水比作智慧和仁义，可见古人常在山水动静之中体悟人生哲理，抒发独特的情怀。再看老庄的哲学思想，更是将自然之美上升到“道”的高度，推崇顺应自然之美的“忘我”、与自然融合的“天人合一”的思想。中国先哲对自然、山水、哲学的高度思考，培育了中国人独特的审美意趣，深深地影响着园林建筑的艺术风格。

园林以人工建筑来搭建自然山水，理想化地呈现自然山水景观，营造出景色雅致、曲径通幽的环境意象。中国园林运用山石、亭台、草木等自然要素构造了一派自然和谐的景象，形成了富有诗情画意的园林审美建筑。明代造园家计成曾在《园治》中提到了“虽有人作，宛自天开”的造园艺术效果，认为造园的目标应是将幽、雅、闲的意境营造出一种天然之趣。因此，中国园林均以山水为主题，山是骨骼，水是血脉，两者巧妙地搭配，互为补充，水绕山流，山靠水活。在不同的布局当中，有的以水为主题，有的以山为核心，有的山水同重，都表现出不同的艺术特色。苏州园林有“园林之城”的美誉，运用独有的造园手法，在有限的空间内对山石树木、亭台楼榭进行巧妙搭配，再用书画、雕刻、各式摆件来丰富文化意识和审美情趣，给人营造出一片世外桃源的景象。

（二）中国传统建筑的主要特征

1. 木制架构

中国传统建筑普遍使用的都是木制架构，形成了中国建筑的独特风格。木制架构因为地区和种类的不同也分为好几种，如以梁柱为主体的斗拱结构。

2. 追求平稳，讲究章法

中国传统建筑在整体布局上追求平稳、对称的设计，讲究章法秩序均要合乎礼度。建筑的外在设计讲究宏大格局，强调凸显恢宏的气势，主体建筑旁常常修建次要建筑来进行烘托，并根据地理条件来形成错落有致、变化丰富的局势，使中国建筑拥有一种诗情画意、曲折多变的美。

3. 以“间”为单位

中国传统建筑内多以“间”为单位构成单体建筑，逐渐形成庭院到组群建筑的设计，大到宫殿、小到宅院均采用这种设计布局，体现了古代封闭性的思维模式和小农经济意识。

4. 造型给人以高大、雄伟、稳固等视觉感受

中国传统建筑在艺术造型上，大多都是采用精致而具有装饰性的庞大屋顶，特别是宫殿、寺庙等大型建筑还会提升地基和台阶，给人以高大、雄伟、稳固的视觉感受。

子曰："中庸之为德也，其至矣乎！民鲜久矣。"中庸观念深入人心，在建筑上也往往要求达到"中庸"居正的境界。北京故宫是皇家宫殿的代表建筑之一，沿着一条南北向中轴线排列在北京城上，三大殿、御花园、后三宫都位于这条中轴线上，南北取直，左右对称，很好地体现了中庸思想。北京故宫顺着中轴线向左右两边蔓延，这条"中庸之道"贯穿了整个宫殿，体现出传统的中正、仁德思想。正是在人文思想的影响下，中国传统建筑拥有了别具一格的特色，成为世界文化中一颗闪亮夺目的璀璨明珠。

建筑艺术的审美特征主要是体现在技术与艺术相结合，实用与审美相统一，建筑空间与实体的对立统一，静态的、固定的、表现性的、综合性的实用造型艺术，建筑的造型美与环境的和谐关系上。

| 拓展阅读 |

窗，中国园林的眼睛

春和景明，绿荫满窗。

拂水新柳，湖光山色，云烟竹树……沧浪亭、颐和园、拙政园、狮子林、可园……中国园林博物馆，"窗，园林的眼睛"正在展出，现场播放的视频，是谷雨时节，中国名园窗外不同的风景，透过一扇扇花窗，春天有了万般风致。

诗有诗眼，画有醒画，园林也有自己的点景，而窗恰是空间变换中的点睛之笔。中国园林对窗的设计极为重视，园林至精至微处往往体现在窗的安排上。李渔在《闲情偶寄》中说"吾观今世之人，能变古法为今制者，其惟窗栏二事乎？……但造房建宅，与置立窗轩同是一理，明于此而暗于彼，何其有聪明而不善扩乎？"李渔推窗栏之理为园林建筑之基，而整个园林建筑只是窗栏之"扩"而已。

漏窗为中国园林普遍采用，仅苏州园林的漏窗就有千余种。漏为透，一窗一

洞天，气息贯通，使隔帘风月，墙外风烟，纷至沓来。展厅的设计因为墙的隔、窗的漏，静止的空间也流动起来，互为沟通。人们在其间流连对视，窗里窗外，谁装点了谁的风景？

北京画院院长吴洪亮是展览的策展人，他说："选择窗这个主题，最初由于园林中的窗主体造型之美，由于其作为特殊的空间媒介，将主客关系、虚实关系、内外关系，处理得恰切而出人意料，又归于情理之中。每每赞叹之余，又会引发对当下生活的思忖。"

展览选取"窗"这个园林中的细节展开多维度探求，是对中国传统文化与当代艺术与生活的一次再思考。园林是一门综合艺术，将建筑、书法、绘画，甚至文学、戏剧、音乐等艺术集于一体，为精神生活提供了特殊的情境，与中国独有的生活美学一脉相通。而窗是园林的"眼睛"，在满足流通光与风的基本功能之外，更在园林造景中衍生出借景、框景、对景、漏景等许多巧妙的用途，形成别样丰富的趣味。汉代刘熙在《释名》中解释"窗，聪也，于内窥见外，为聪明也"。可见，除了功能之用外，"窗"更是中国人观看方式和审美趣味的巧妙外化。

欲露还藏是中国园林的游戏，那种开门见山的方式显然不适合中国园林的意境创造。抑是为了放，障是在于开。柳暗花明处，曲径通幽处，别有洞天处，让游览者的心中掀起波澜。窗是园林优美曲线运动中的节点，由于它的存在，曲中增加了含蓄，曲中更富于变化。中国绘画与中国园林异构同心，异曲同工。古代书画中"窗"的元素随处可见，文人的松窗读易、携琴访友，乃至生活中实景、小像等均会以窗为画面背景。此次展览着意选择了这类书画，带来古人关于窗的文人情境。同时，观众不仅能看到文人画传统中的《松窗读易图》，也能看到当代艺术家临窗而立的松树与繁花，古今对望，相映成趣。

自古以来，许多才子佳人的故事在园林里萌生，柳梦梅与杜丽娘，张生与崔莺莺，可以说，园林是适于抒发"爱"的。而窗，则为这些故事更添了委婉缱绻，"绿窗"一词代指女子居室。明清绘画中的仕女题材，常在构图上以窗为媒，展现古代女性的婀娜身姿和闺中日常，这次展出的作品中便有临窗凭望的清代仕女画作。

瘦西湖一处充满诗意的流云月影窗，就在展览入口处和观众见面，中国园林博物馆馆藏的古代及近代花窗，冰梅纹窗棂，花卉人物故事纹窗棂、花鸟纹窗棂等，无不显示了古代工匠的精巧技艺。从花窗的物理结构考察，虽然花窗的制作工艺是对几何原理的应用，但是其中依然能印证中国文化一脉相承的思维方式。“六幂”之美，尽在其中。在规矩中，尽含世间的千变万化。“六幂”是古代花窗制作中应用非常广泛的一种图案，它以两个顶心相对的等边三角形形成的交叉线为基线，有规律地增减损益，形成变化无穷的样式。常见的万字格、龟背锦、蜂窝式等图案都是六幂图案的衍生。观看时，我们不得不惊叹于古代匠人的科学思维。

相对于含纳万景而言，中国园林是局促而狭小的，园林建筑及花草布置，假山设立，一窗一亭一桥一廊，都不是纯然的外在设置，它为人心而设。在园林中，可以看出中国人的宇宙观，看出其中所蕴含的人生旨趣。白居易说“天供闲日月，人借好园林”。中国园林除了实用和审美外，更多的是安顿人心，伸展性灵。而窗的存在，让园中有园，景外有景，将大千世界动的趣味收摄其中，尽收眼底，这也是中国人由近及远、由小见大的哲学思想。

当代艺术家以窗为媒创作了不少新作，是对窗之理念的延伸与激活。而中国园林博物馆的室内外，自有窗的各样姿态。园林是一个鲜活的系统，窗前的风景因时而变，因地而变，时光流转中，窗也成就了每个人的风景，“明月装饰了你的窗子，你装饰了别人的梦”。

小窗中藏有世界的大观。

（张玉梅，《光明日报》，2021年5月2日，有改动）

第二节　听觉直观艺术

听觉直观艺术是指以一定音响和表演手段为媒介来诉诸公众听觉的艺术，以听觉感受为基础，运用音响、旋律、节奏、织体、和声等艺术语言来获得不确定的艺术形象，主要是指音乐。

一、音乐艺术发展概述

（一）中国音乐发展概述

中国音乐是光辉灿烂的中国文化的一个重要组成部分，在数千年的漫长岁月中，以其绚丽多姿的品种和内涵丰富的独特体系闻名于世。

中国音乐经历了远古、中古、近古几个发展阶段。1840 年以后，随着中国社会的变化和中西文化的广泛交流，音乐创作不仅在观念上，而且在体裁、技法等方面出现了大胆突破和长足发展的势头。为了与古代音乐相区分，人们通常将 1840 年以后的中国音乐称为现代音乐。

《吕氏春秋 · 大乐》说："音乐之所由来者远矣。"根据大量历史文献和考古发现，中国古代音乐的可考历史最早可上溯至新石器时代（公元前 40 世纪到公元前 11 世纪），与西洋音乐相比，整整早了两千多年。远古的时候，我们的祖先在劳动中不仅创造了语言和文字，而且创造了音乐和舞蹈。鲁迅曾在《门外文谈》中写道："我们的祖先的原始人，原是连话也不会说的，为了共同劳作，必需发表意见，才渐渐的练出复杂的声音来，假如那时大家抬木头，都觉得吃力了，其中有一个叫道'杭育杭育'，那么，这就是创作。"

新石器时期音乐总的特征是诗、舞、乐三位一体，统称为"乐"。《尚书 · 益极》中"击石拊石，百兽率舞"的记载就描述了先民们一边敲击土鼓、石磬，一边模仿各种兽类动作的欢歌场景。当时最具代表性的音乐体裁是"六代乐舞"，即从黄帝时期开始到周代诞生的歌颂帝王功德的大型乐舞，分别是《云门》《大咸》《大韶》《大夏》《大漫》《大武》。这些原始乐舞场面宏大，具有史诗性质。如《大夏》颂扬的是夏禹治水，《大武》描述的是武王伐纣。这些作品代表了上古时期中国音乐的发展成就。

这一时期还出现了最早的乐器——骨哨、骨笛，它们源于先民的狩猎生活，是用禽类动物的中段肢骨加工制成，距今已有 8000 年的历史。先民们利用它们诱捕禽鸟，也可吹奏简单的曲调。

周秦时期在中国音乐发展史上有两个特别值得称道的贡献，一个是雅乐，另一个是编钟。宫廷雅乐是统治者为了巩固王权，以"礼"为中心，礼、乐、刑、政并举而制定的一系列礼仪和相应的典礼音乐，一般用于祭祀、宴饮、祝捷和狩猎。这一时期不仅诞生了著名的《诗经》等作品，还诞生了师旷、伯牙、高渐离、狐巴、韩娥等著名艺人。1978 年出土的曾侯乙编钟有两千余年历史，是 20 世纪中国音乐考古的一次最伟大的发现。共有大小 65 件青铜编钟，不仅数量多，制作精美，而且钟体上 2800 个铭文记录了当时各国使用的律名、阶名、音名情况，是中国古代音乐研究极具价值的文献。

西汉初年，经济繁荣，国力强盛，汉武帝设置了专门从事音乐活动的机构“乐府”。乐府里集中了千余名民间音乐家，从事采风和创作。《汉书·礼乐志》记载：“武帝定郊祀之礼……乃立乐府，采诗夜诵。有赵、代、秦、楚之讴。以李延年为协律都尉，多举司马相如等数十人造为诗赋，略论律吕，以合八音之调。”汉代宫廷音乐最具代表性的是“相和歌”，它是汉代各种民间歌曲的总称。如“江南可采莲，莲叶何田田，鱼戏莲叶间。鱼戏莲叶东，鱼戏莲叶西，鱼戏莲叶南，鱼戏莲叶北”，这首歌被认为是相和歌的正声，也是传于后世的最古老的一首五言体乐府。到东晋时期，相和歌逐渐与长江流域的吴歌、楚声融合，形成了一种新的音乐，这就是历史上著名的“清商乐”，其风格清婉、细腻、柔美。随着与西域交往的增多，琵琶、箜篌、鼓等乐器传入国内，产生了鼓吹乐的雏形。古琴形制有了重要改进，演奏技巧也有了进步，创造了初期的文字谱。京房发明的六十律和荀勖的笛律代表了当时的律学成就。

隋唐时期，音乐文化繁盛的标志是燕乐。燕乐又称宴乐，是当时汇集于宫廷的俗乐的总称，也是隋唐在与周边民族、周边国家音乐交流基础上形成并发展起来的流行音乐。燕乐的范围十分广泛，既有各种声乐、器乐及舞蹈，也有散乐百戏，但它的主体是具有较高艺术水平的歌舞大曲。隋唐时期不仅产生了大乐署、教坊、梨园等音乐机构，更产生了古代几种主要的乐谱，其中最具代表性的是文字谱、减字谱、唐燕乐半字谱、俗字谱、公尺谱和二四谱等，如《碣石调·幽兰》，就是用汉字记录的一份古琴谱。

自宋以下四代的约 900 年间，中国音乐的一个主要趋势是走向民间，以曲子词、说唱、戏曲为代表的新兴音乐体裁强化了这种趋势，并在俗化的进程中，将中国音乐的艺术水准提高到一个崭新的高度。两宋时期最流行的音乐体裁是曲子词，它直接成就了宋词创作的大繁荣，而戏曲艺术的发展和成熟更是宋元时期对中国音乐的一个伟大贡献。元代的关汉卿、王实甫、马致远、白朴等人创造创作的《窦娥冤》《西厢记》《汉宫秋》以及《墙头马上》成为彪炳史册的艺术杰作。

明清时期是中国音乐历史的集大成时期。以弹词、鼓词为主的说唱音乐空前繁盛，海盐、余姚、弋阳、昆山四大声腔争奇斗艳，汤显祖《牡丹亭》、洪昇《长生殿》、孔尚任《桃花扇》的相继诞生，京剧艺术的成熟定型，陕西锣鼓、十番锣鼓、江南丝竹乐、广东音乐、弦索十三套等器乐合奏的百花齐放以及明代朱权的《神奇秘谱》和朱载堉创造的“新法密率”等理论研究成果均从不同侧面勾勒了音乐艺术发展的历史成就。

20 世纪初开始，在中国社会的剧烈变革与中西文化广泛交流的历史背景中，中国音乐也随之发生了嬗变与转型，新旧乐之间的相互交融和相互碰撞，在某种程度上极大地改变了中国音乐的面貌。《义勇军进行曲》《黄河大合唱》等歌曲的创作，《白毛女》《江姐》《洪湖赤卫队》《伤逝》等歌剧的创作，《宝莲灯》《红色娘子军》《白毛女》《丝路花雨》等舞剧音乐的创作，《梁祝》《民族解放交响乐》《春节序曲》《春江花月夜》《喜洋洋》《长城随想》等器乐作品的创作，都标志着现代音乐发展的巨大成就。

（二）西洋音乐发展概述

西洋音乐，实际上是指欧洲音乐。公元前 3000 年，欧洲处于原始社会，古希腊由于其政治、经济和地理位置等原因，成为欧洲文化的发祥地，同时也成为欧洲音乐文化的中心。

在斯巴达城有专业的音乐家，有希腊第一所音乐学校，有最初的弹拨乐器，有威武雄壮的行军歌曲，有歌颂酒神的歌曲。希腊人毕达哥拉斯发明“五度相生律”，创立和发展了青乐理论，包括音乐美学。古希腊时期的音乐活动及成就，对欧洲音乐的发展有着深远的影响。中世纪，基督教成为欧洲占统治地位的宗教。宗教音乐中的赞美歌、多声部音乐是宗教音乐活动的主要内容，为后来音乐的发展提供了广阔的前景。

西方音乐历史上比较重要的时期，是从 16 世纪开始的。这时，世俗音乐逐渐占据主导地位，主调音乐取代了复调音乐，器乐得到了相当大的独立发展，特别是歌剧这一综合音乐、戏剧、美术、舞蹈的新的艺术形式得到繁荣发展。也正是这个时期开始，西方音乐涌现出许多著名的音乐家，如巴赫、亨德尔。各种不同的音乐形式具有各自独特的艺术风格，创作出许多优秀的音乐作品，呈现出繁荣景象。

近现代欧洲音乐史上最重要的音乐流派主要有以下几个：

（1）古典乐派。它是从 18 世纪下半叶至 19 世纪初在维也纳形成的以古典风格为创作标志的音乐流派，以海顿、莫扎特和贝多芬三人为主要代表。这个流派推崇理性和情感的统一，追求艺术形式的严谨和完美，创作手法上注重戏剧的对比、冲突和发展，是当时的典范。

（2）浪漫乐派。浪漫乐派是19世纪在欧洲兴起的音乐流派，最大的特点是强调激情，强调抒发主观情感，强调表现个性。前期浪漫乐派的代表人物主要是德国作曲家舒伯特和舒曼、匈牙利的李斯特、波兰的肖邦、法国的柏辽兹等人，后期浪漫乐派的代表人物主要是德国音乐家瓦格纳和勃拉姆斯、俄国音乐家柴可夫斯基等。

（3）民族乐派。19世纪中叶以后，在欧洲各国兴起和发展了民族乐派。民族乐派音乐具有鲜明的民族风格和民族特色，注重以本国的民间音乐为创作素材，将传统音乐成果与本民族音乐密切结合起来。民族乐派的主要代表人物有挪威的格里格（管弦乐组曲《培尔·金特》等）、捷克的德沃夏克（《自新大陆交响曲》等），以及俄国"强力集团"的一批著名音乐家如穆索尔斯基（交响音画《荒山之夜》等）、里姆斯基·科萨科夫（交响组曲《舍赫拉查德》）和鲍罗丁（交响音画《在中亚细亚草原上》）等。

20世纪西方音乐更是流派繁多，难以尽述，其中主要有以法国音乐家德彪西为代表的印象派音乐，以奥地利音乐家勋伯格为代表的表现派音乐，以意大利音乐家布梭尼为代表的新古典主义音乐等，并且相继出现了爵士乐、摇滚乐、电子音乐等。尤其是"偶然音乐"与观念艺术的出现，对20世纪中期音乐影响很大。

总之，20世纪欧洲音乐发展历程是一个动荡的变化发展历程，各种音乐流派纷纷出现，在各自的道路上不断地探索和演变，为世界音乐向前迈进奠定了基础。

二、音乐艺术的特点

"春眠不觉晓，处处闻啼鸟。"这是唐代诗人孟浩然《春晓》中的两句诗，躺在床上，看不见鸟儿，但能听到窗外鸟儿的叫声，这是声音的时空性；听到窗外传来的声音，不用细加分析，就知道是鸟儿的叫声，这是音乐的直觉性和经验性；从窗外传来的鸟叫声，可以判定此时天气晴好，这是音乐的情境性。概括来讲，音乐艺术具有以下几个特点：

1. 时空性

音乐的乐音是由乐器或人的声带振动产生的，当乐器或声带的振动停止，乐音自然就消失了，这就是音乐的时间性。音乐的时间性既决定了音乐欣赏的即时性，也决定了音乐的易感知性和易分辨性。科技的发展为音乐信息的存储和声音的还原提供了条件，使乐器演奏的曲子或人声演唱的歌曲能够得以保存和重放，但从本质上看，并未改变音乐的时间性。

任何声音的传播都需要一定的介质，在没有任何物质的真空中，声音是不能传播的。音乐声一般是借助于空气与乐器或空气与人声带的谐振来传播的。由于空气充满人们生存的整个空间，所以在空气接续正常的情况下，音乐传播的空间范围是不受限制的，只是由于声音的强度各不相同，传播的远近会有不同。这是音乐传播的空间性。音乐传播的空间性既决定了音乐易于引起人的无意注意，使人们不自觉地进入音乐欣赏活动中，也决定了音乐欣赏的自由性和灵活性，使音乐欣赏活动易于展开。

2. 直觉性

和食物的酸甜苦辣入口即可知晓一样，音乐是否悦耳、是否动听，入耳便能使人有一个基本的判断。至于音乐的节奏和旋律等，也是不需要多少专业知识就能做出基本判断的。与此同时，音乐对人的情绪影响是直接的。这些，都是音乐直觉性的表现。

音乐的直觉性不仅使音乐审美活动易于展开，使音乐为人们所喜闻乐见，而且使音乐成为应用最广泛、普及程度最高的一种艺术形式。

3. 经验性

自然界中时刻都在产生着各种各样的声音，其中很多声音都产生于特定的情境中。例如，潮声一般产生于海水起潮的时候，雷声一般产生于刮风下雨的时候，溪水声源自溪流，马蹄声多源于马的奔跑，等等。音乐家在创作音乐作品的时候，常常根据自己所熟悉的各种声音，采用模拟的方法来制造音乐情境；欣赏者在欣赏音乐作品的时候，常常根据自己以往的听觉经验，通过联想和想象进入音乐情境。这就是音乐的经验性。

听觉正常的人，一般都具有一定的音乐经验。音乐经验一方面为音乐家提供了创作的视野、思路和基本方法，另一方面使欣赏者具有从音乐作品中获得情感体验的深度和理解音乐作品的能力。

4. 情境性

音乐是最能引起人的情绪反应的一种艺术样式。不同的音乐作品，由于其节奏、旋律和音响强度的不同，对人的情绪影响是各不相同的，有的使人心情放松，有的令人精神鼓舞，有的把人带进遐想，有的使人思考……

由于人们总是在一定的环境中生活，同时适宜于人们正常生活的所有环境中都充满了音乐传播的空气介质，所以，音乐声在任何一种人们生活的环境中，都能够使环境成为情境，这就是音乐的情境性。音乐的情境性既决定了音乐应用的广泛性和普及性，也决定了音乐的表现性。

三、音乐的分类

关于音乐的分类，历来都有一些不同的观点。为了使大家有一个比较清晰的印象，在这里采用层级分类的方法进行一个简单的划分。

首先，从第一个层面上看，音乐一般分为声乐和器乐两大类。声乐是指用人声演唱的音乐形式，演唱时可以有乐器伴奏。器乐是指完全使用乐器演奏或者以乐器演奏为主要表现手段的音乐。

其次，从第二个层面看，声乐和器乐都可以从几个不同的角度进行再分类。具体分法如下：

（一）声乐可以从声音类型、唱法和演唱方式三个方面来分类

1. 从声音类型来分，可以分为男声和女声。再具体一点，可以分为女高音、女中音、女低音和男高音、男中音、男低音六种。

2. 从唱法来分，一般分为美声唱法、民族唱法和通俗唱法（流行法）。美声唱法产生于17世纪初的意大利。其基本的歌唱方法是喉头在保持吸气状态下，呼出气流吹响声带，使打开的共鸣腔体能够完全、均匀共鸣。在表现声音上，音质圆润饱满，音色华丽流畅。

民族唱法是指由我国各族人民创造的声乐演唱方法。民族唱法的表现形式包括戏曲、民歌、曲艺、歌剧等。民族唱法经历了三个不同的发展阶段：第一阶段的主要特点是真声运用得比较多，演唱时以口腔共鸣和头腔共鸣为主，发音时口腔用力较大，吐字比较清晰，音色明亮，但声音相对单薄；第二阶段的主要特点是在运用真声发声技巧的同时混入了假声，使得声音更加圆润通畅，并且具有穿透力：第三阶段的主要特点是在传统民族唱法的基础上，融进了美声的发声方法，使音域扩大，咬字轻松自然，声音更具表现力。

通俗唱法，也叫流行唱法。主要特点是完全用真声唱，接近生活语言，吐字清晰，声音轻柔，自然甜美，感情表达真实细腻。

3. 从演唱方式来分，声乐分为独唱、重唱和合唱等。独唱是指由一个人演唱的演唱方式。独唱可以分为男声独唱和女声独唱两类，再具体一点，可以分为女高音独

唱、女中音独唱、女低音独唱和男高音独唱、男中音独唱和男低音独唱六种。

重唱是指两个或两个以上的歌唱者，按照各自担任的声部演唱同一歌曲的演唱方式。按演唱人数的多少，重唱一般分为二重唱、三重唱和四重唱等。例如，男女声二重唱《敖包相会》。

合唱是指由两组以上的歌唱者，按照各自所在的组担任的声部演唱同一音乐的演奏方式。合唱一般分为同声与混声两种形式，同声是指每组由男声或女单独组成，混声是指每组由男声和女声混合组成。按声部的多少，合唱可分单声部的齐唱、二部合唱、三部合唱、四部合唱等。例如，童声合唱《闪闪红星》。

（二）器乐可以从主奏乐器类型、演奏方式和音乐结构三个方面来分类

1. 从单一的主奏乐器类型来分，器乐可以分为二胡曲、扬琴曲和钢琴曲等许多种。

2. 从演奏方式来分，器乐可以分为独奏曲、重奏曲、合奏曲和齐奏曲等。例如，笛子独奏曲、小提琴合奏曲等。

独奏是指由一人演奏一件乐器，或由一人演奏一种乐器为主奏、其他乐器伴奏的演奏方式。例如，刘永康的二胡独奏曲《走西口》。

重奏是指由两个或两个以上演奏者按照各自所担任的声部，同时演奏同一乐曲的演奏方式。按照演奏者人数进一步划分，重奏可分为二重奏、三重奏、四重奏等。

合奏有两个含义：一个是指按乐器种类的不同，将演奏乐器分成几个乐器组，每组乐器演奏各自的曲调，共同演奏同一首乐曲的演奏方式；另一个是指多个乐器共同演奏同一首乐曲，不论齐奏或多声部演奏，统称“合奏”。

齐奏是指两个或两个以上演奏者用相同的乐器，按相同的音程同时演奏同一曲调的演奏方式。例如，二胡齐奏，小提琴齐奏等。

3. 从音乐结构来分，综合性的器乐一般分为管弦乐、交响乐和协奏曲三大类。

（1）管弦乐

管弦乐是指由弦乐和管乐作为主奏乐器进行合奏，用打击乐进行伴奏的一类音乐体裁。这类音乐体裁的基本特点是：管乐和弦乐既层次清晰，又相互交融。交融时雄浑、激越，分离时清雅、舒缓。

管弦乐演奏的配器一般由三组构成：弦乐器组、管乐器组和打击乐器组。其中，弦乐器和管乐器为主奏乐器，打击乐器为伴奏乐器。弦乐器组一般由小提琴、中提琴、大提琴、低音提琴、竖琴、六弦琴和贝斯等组成。管乐器组一般由短笛、长笛、双簧管、单簧管、巴松管、小号、长号和大号等组成。打击乐器组一般由定音鼓、低音鼓、钹、木琴和架子鼓等组成。

管弦乐的基本特点是以两个主奏乐器组的轮奏为主要音乐结构，两组乐器的齐奏较少。在轮奏过程中，当弦乐组为主奏时，管乐组辅助；当管乐组为主奏时，弦乐组辅助。因此，管弦乐的层次一般十分清晰。打击乐组在管弦乐中始终处于辅助地位，因而音效不是很突出。

（2）交响乐

交响乐是在管弦乐的基础上发展而来的。交响乐与管弦乐的区别突出地表现为三点：一是打击乐在交响乐中与弦乐、管乐一样，也是主奏乐器；二是交响乐以弦乐、管乐和打击乐三个乐器组的齐奏为主要表现手段，轮奏较少；三是交响乐的配器更加丰富，音乐内涵更加丰富，感染力更强。

识别交响乐主要把握住两点：一是交响乐以多种乐器“一齐响”为突出特点，音乐气氛热烈，感染力和震撼力更强；二是打击乐在管弦乐中是伴奏乐器，在交响乐中是主奏乐器。

（3）协奏曲

协奏曲是指由一件或一组乐器独奏，由管弦乐队进行协奏的一种音乐体裁。其基本特点一般表现为两点：一是协奏曲以一件或多件乐器的独奏为主要音乐结构，以管弦乐队的协助来丰富音乐层次；二是用独奏乐器奏出音乐主旋律，由管弦乐队通过齐奏、轮奏等协助方式烘托音乐背景，加强音乐气氛，增强音乐的感染力等。

四、音乐的表现要素

旋律、节奏、和声、音色为音乐的四大基本要素。

（一）旋律

旋律又称曲调，是由一组高低、长短、强弱不等的音符组成的流动的声音线条，它是音乐美中最神秘、最有魅力的要素，是塑造音乐形象最重要的表现手段，是音乐的灵魂。如果我们在五线谱上将符头用线连接起来，就可清楚地看到旋律线上下起伏、徐疾变化的形态和趋势。从一定意义上说，旋律线就是人的情感波动的轨迹，水式旋律表现出情绪平稳、舒缓，上扬式旋律表现出情绪趋于激昂、明快，下行式旋律表现出消沉、悲伤、凶狠或逐渐平静、松弛等，旋律呈波浪式前进则表现出情绪活泼、轻快。一般来说，表现欢快的情绪用轻松、活泼、明快的旋律，表现悲哀和伤感的情绪用凄凉、忧伤、深沉的旋律，而表现英勇奋斗、奋力拼搏的精神则用激越、慷慨、雄壮的旋律。如果一个人对音乐的旋律缺乏感受力，就不可能真正领会音乐特有的美。

（二）节奏

节奏通常被比喻为音乐的骨架，是各个乐音在进行时的长短关系和强弱关系。例如，非洲音乐以丰富的节奏为人们所称道，印第安人狂热的鼓点甚至跺脚之声虽然简单，却深入人心。严格来说，音乐的节奏根源于自然生命和人类生命的运动秩序，与自然生命、人类生命同构。因此，只要在音乐中听到节拍，听到鼓点，人们就会不由自主地动起来，为之欣然，为之俯仰，为之手舞足蹈。老约翰·施特劳斯创作的《拉德斯基进行曲》既有进行曲的节奏，又比较轻松诙谐。在 1987 年维也纳新年音乐会上，当最后演奏这首曲子时，听众情不自禁地应和着节拍鼓掌。这时，指挥卡拉扬很有想象力地转过身来，示意观众随着音乐的强弱和节奏来鼓掌。从此以后，响起《拉德斯基进行曲》时，音乐家与听众互动的场面就成为维也纳新年音乐会的保留节目。

（三）和声

和声是两个以上的乐音按一定规律同时结合时所产生的音的共鸣。“和”包括“和”及“和声进行”。和弦通常是由 3 个或 3 个以上的乐音按一定的法则纵向（同时）重叠而形成的音响组合。和声可以使旋律的表现力更加丰富，也可联结若干旋律同时进行，构成不同层次的立体效果，使乐曲蕴含更丰富的生活内容和思想情感。

（四）音色

音色是指不同声音表现在波形方面总是有与众不同的特性，不同的物体振动都有不同的特点。如二胡音色浑厚而柔和，板胡音色高亢而清脆，圆号音色柔和优美而富有诗意，小号音色挺拔而刚健，长号音色雄壮而粗犷，大号音色强烈而低沉。同是女高音歌唱家，两个人表现出不同的音色美，郭兰英的音色圆润甜美，音域宽广，具有浓郁的民族风格和地方色彩；而马玉涛的音色宽厚洪亮，气息充实，共鸣丰满，声情并茂。同一首曲子，用不同的乐器演奏，感觉就会不同。在中国戏曲中，苍劲的老生、华美的旦角，其声音要求是不一样的。音色是音乐重要的表现手段之一。因此，音色审美也是音乐鉴赏活动不可分割的一部分。

五、音乐欣赏的要点

音乐欣赏既是一种审美活动，也是一种认知活动。音乐欣赏可以改善人的心境、培养人的生活情趣、激发人的生活热情和振奋人的精神等。从音乐欣赏中怎样获得充分的审美体验呢？应主要把握住以下几点：

（一）聆听

音乐是听觉艺术，音乐的美首先为听觉所感知，音乐欣赏要靠听觉来实现，因此，聆听不仅是感受和感知音乐的基础，而且也是音乐审美的主要途径。一般来讲，音乐欣赏的基本过程是：音乐作用于人的听觉器官，使人产生情绪的波动，触发人的想象与联想，进而使人凭借自己的生活经验感受和理解音乐所表达的思想内容，从中受到情感的熏陶和精神的鼓舞等。在这一过程中，听觉占据绝对主导的地位。

聆听主要应把握住以下几点：

一是从把握音乐的旋律进入音乐情境。旋律是塑造音乐形象、描绘音乐情境、表达音乐思想的重要手段。旋律的激越或舒缓、粗犷或细腻等，都取决于要表现的思想感情，因此，把握住了旋律，也就是把握住了音乐的感情基调。在此基础上，进入音乐情境、体验音乐情感和理解音乐思想就十分容易了。例如，小提琴协奏曲《梁祝》以舒缓的旋律、浓厚的感情气氛将人带进音乐情境，使人不由自主地展开想象。

二是从感受音乐的节奏展开审美活动。节奏是音乐表达情感和思想的重要手段，节奏的强弱、快慢等，能反映出不同的情感倾向。因此，对音乐节奏的把握是体验音乐情感和理解音乐思想的重要一环。

三是认真倾听、细心感受音乐的结构、曲式等。音乐作品的曲式、结构同音乐作品要反映的艺术形象和思想内容有着紧密的联系，也是表达音乐思想的极为重要的手段。一部音乐作品总是会有一个或几个音乐主题，并通过这些音乐主题的发展变化表达音乐形象和音乐思想。如乐曲《嘎达梅林》，开头是一段略显宁静的引子，接着双簧管吹出了悠扬优美的主部主题旋律，描绘了辽阔壮美的草原风景。紧接着，由长号和大号奏出了一段凄婉的副部主题音乐，和主部主题音乐形成强烈的对比。几个主题交织在一起，表达出丰富的情感内涵。

在欣赏音乐作品时，我们应当仔细倾听作品的每一部分，细心感受每一部分的细微变化及其演进过程，借以把握音乐形象，进入音乐意境。与此同时，我们还应感受整部作品的音乐效果，包括音响强弱、节奏张弛、和声的运用、配器的处理，以及运用各种乐器的不同音色表现不同的情绪等，全面感受音乐作品所要表达的思想和情感。

（二）想象与联想

音乐所塑造的形象和描绘的意境是比较抽象的，不是听众能从音响中直接感知到的，必须通过想象和联想才能予以把握。这就是说，想象和联想是音乐欣赏十分重要的一个环节。

音乐欣赏过程中的想象和联想活动几乎是在对音乐进行聆听的基础上自然而然地发生的，只需欣赏者将其引向深入即可实现对音乐作品情感的深刻体验和思想的深透理解。例如欣赏歌曲《十五的月亮》，那美妙的旋律、含情的唱词一听就能将人带进一种月夜相思的情境，继而使人展开丰富的想象，对音乐形象和情境进行脑中再现和理解。

从另一个角度讲，音乐最能给人以想象、联想的广阔空间，这一审美特点对于培养创造性思维大有帮助。随着音乐的流动，人的形象思维会更加积极活跃，更加开阔自由。一部音乐作品的好坏，不仅在于它是否好听，而且还在于它是否塑造了鲜明的音乐形象或是否描绘了美妙的音乐情景，这些是音乐能够把人的想象引向无穷空间的重要基础。例如著名的二胡曲《二泉映月》，不仅以优美的旋律打动人心，而且其深邃的意境能够很自然地将人带进一种境界，使人放飞思想，徜徉其中。尤其是它那时而舒缓、时而激越的曲调，使人不由自主地随着音乐进入一种月色凄清、水光潋滟的情境之中，灵魂被一缕淡淡的忧伤抚慰着，情感和思想得到升华。

（三）情感体验

音乐是情感与情绪的艺术。音乐对人的作用首先体现为情绪的感染和情感的触发。欣赏者首先是在情绪上受到音乐作品的感染，继而才能达到对音乐所表现的情感和思想的理解。从另一个角度看，音乐是表现艺术。它与再现艺术的最大不同是：再现艺术要依照现实生活的形态，塑造看得见或者摸得着的艺术形象，通过具体的形象来表情达意。音乐艺术则是将人们的生活感情直接地表达出来，是感情的直接载体。饱含着感情的音乐作品，给人的感受是直接情感，影响是强烈的。因此，情感体验是音乐欣赏十分重要的一个环节。

音乐欣赏中的情感体验可以通过三种途径来实现：一是通过认真地聆听实现。通过聆听，对音乐的节奏、力度、音色、和声、器乐和声乐等进行全面感知，仔细地感受声音的变化，由声音的变化感悟情感的变化，获得情感上的体验，把握音乐作品的内涵。例如，听《国际歌》和《义勇军进行曲》这样的音乐，体验悲壮、义愤之情；听《大刀进行曲》和《中国人民解放军进行曲》这样的音乐，体验勇于斗争和不怕牺牲的豪情；等等。二是通过想象和联想来实现。人们对音乐的审美认识和情感体验是以想象和联想为基础的，想象和联想越活跃，感情体验就越强烈，对音乐的认识和理解也就越深刻。三是借助音乐标和文字提示，结合欣赏者自身的生活经验进行体验。

（四）形象与意境的再创造

由于音乐的内容不像绘画和雕塑那样具有直观性和具体性，也不像文学那样具有明确的语言内涵，音乐所表现的思想或心理时常是不确定的。特别是一些无标题的器乐作品，不同职业、不同性格和不同欣赏水平的人，从中获得的情感体验或对其思想的理解存在一定的差异。

虽然由于音乐情感和思想的不确定性，人们很难用语言精确而具体地表述内涵，也很难说清从中获得的感受，但这恰恰为人们提供了自由的想象再造空间，使人们能够调集自己的生活经验，充分发挥想象与联想能力，对音乐形象或意境进行补充、完善和再创造，继而从中获得更加真切而强烈的情感体验。

音乐欣赏过程中的形象与意境再造是以音乐作品本身所表现的情感为基础的，尽管其情感可能不具有十分的确定性，但它施加给人们的情绪感染作用是大体一致的。不同的欣赏者欣赏同一部音乐作品时，会根据自己的生活经验和思想基础对作品进行不同的解读，产生不同的审美体验，但从中获得收益的性质大致是相同的。比如，欣赏刘和刚演唱的《父亲》这首歌曲，不同的欣赏者脑海中浮现出的生活情景是各不相同的，但从歌曲中获得的情感体验和受到的灵魂洗礼是大体一致的。

（五）主题分析

虽然音乐以感性认知为主，理性认知为辅，但音乐作品中大多蕴含着一定的感情，这是一个不争的事实。换句话说，人们欣赏音乐的首要目的是从中求得审美愉悦与情感体验，而不是期盼从中得到某种知识或思想，也不是为了接受思想教育。然而，没有思想内涵的音乐作品是苍白无力的，仅仅从音乐作品中求得审美愉悦的欣赏活动也是浅层次的。因此，音乐欣赏需要上升到理性的高度。

对音乐作品的理性欣赏是在感性认知的基础上，对作品的旋律、节奏、曲式结构、作者的创作意图和赋予作品的思想内容等进行分析，继而把握作品的主题思想、表现形式、风格、表现手法等，以求强化审美主体的心理体验，深入理解、领会音乐作品的思想内涵。至此，音乐欣赏活动才算进入了一种境界。

在对音乐作品进行理性欣赏时，首先要在聆听的基础上对音乐的旋律、节奏、和声处理、配器手法等进行全面认知，其次要对音乐作品产生的时代及历史背景、作者的生活经历和创作意图等进行了解，这样把握作品的感情倾向和思想内涵就比较容易了。

总之，欣赏音乐作品就是从中求得一种体验和感悟，获得情感的体验和美感享受，受到精神的激励和鼓舞，得到思想的启迪与涵养。从方法上讲，音乐欣赏必须从聆听开始，也就是从对音乐节奏、节拍、速度、力度、音调、音色、和声、器乐和声乐等的全面感知入手。通过聆听，仔细地感受声音的变化，由声音的变化感悟情感的变化，获得情感上的体验，把握音乐作品的内涵。

对于单纯求得审美愉悦的普通人来讲，对于音乐作品的欣赏，没有必要刻意地去感知、分析和研究，只需借助聆听，自然而然地进入音乐情境，自由地放飞心灵，达到身心轻松、精神愉快、情绪安定等效果就可以了。在音乐作品的选择上，个人完全可以根据个人的喜好选择，只要自己听起来觉得悦耳动听，并且能够消除疲劳、缓解紧张情绪和舒展心情就行。

| 拓展阅读 |

1.《春节序曲》

此曲选自作曲家、指挥家李焕之（1919—2000）于 1956 年创作的管弦乐曲《春节组曲》。这一乐章旋律优美、气氛热烈，因而最受欢迎，所以常常被单独演奏。其创作灵感来自作者早年在延安过春节的生活体验与感受，作者通过乐曲向人们展示革命根据地人民在春节时热烈欢腾的气氛，有过年的场面以及团结友爱、互庆互贺的动人图景。这部作品在管弦乐民族化方面取得了成功，是我国管弦乐作品中的珍品之一。作品中的音乐以我国民间的秧歌调及陕北民歌为素材，旋律明快、优美，富有民族风格和特色，节奏鲜明热烈，生动体现了我国人民在传统节日里敲锣打鼓、载歌载舞、喜气洋洋的场景。

2. 琵琶曲《春江花月夜》

《春江花月夜》是一首民族管弦乐曲，也是中国古典十大名曲之一。它最初是一首琵琶曲，早在 1785 年以前就流行于民间，名为《夕阳箫鼓》。1923 年改编为民乐合奏曲，更名为《春江花月夜》。全曲共分十段，每段都有一个富有诗意的小标题，分别是江楼钟鼓、月上东山、风回曲水、花影层叠、水深云际、渔歌唱晚、回澜拍岸、桡鸣远濑、乃归舟和尾声。乐曲意境优美，结构严密，旋律古朴、典雅，节奏平稳、舒展，既深情描绘了春江花月夜的迷人景色，向我们展示了一幅让人沉醉的山水画，又表达了人们欢快愉悦的心境，给人以绵延不绝的艺术享受。

3. 古琴曲《流水》

古琴又称为七弦琴，是最早的弹弦乐器，它以历史久远、文献浩瀚、内涵丰富和影响深远为世人所珍视。古时，琴、棋、书、画中的琴就是指古琴。唐宋以来，历代都有古琴精品传世，现存南北朝至清代的琴谱百余种，琴曲达 3000 首，还有大量关于琴家、琴论、琴制、琴艺的文献，遗存之丰硕堪为中国乐器之最。汉代以前，琴曲的传授完全依靠口传心授，到汉魏之交随着琴在形制上的定型，演奏技术的成熟，有人便创造了初期的文字谱。著名的古琴曲有《高山》《流水》《广陵散》《胡笳十八拍》《酒狂》等。

《流水》是一首非常古老、著名的琴曲。相传，《高山流水》原来是一首曲子。到了唐朝才分成《高山》和《流水》两首曲子。在《吕氏春秋》中记载，俞伯牙擅长奏古琴。他的好友钟子期能听懂他的琴，听出“巍巍若泰山，洋洋乎若江海”的意境。钟子期死后，俞伯牙砸碎古琴，从此不再弹奏。这个故事后来引起人们对知音和挚友难得的感慨。《流水》的谱术最早见于朱权的《神奇秘谱》，现在最流行弹奏的是清代张孔山留下来的版本。《流水》乐曲意境深邃，若行云流水，旋律流畅，用多样的演奏手法体现出流水的不同形态。1977 年，美国发射了“旅行者”号宇宙飞船，船上有一张用来欲与外星生物交流的唱片，其中就收入了我国著名古琴演奏家管平湖演奏的《流水》。

4. 琵琶曲《十面埋伏》

琵琶是中国历史悠久的弹拨乐器。琵和琶原是两种弹奏手法的名称，琵是右手向前弹，琶是右手向后弹。南北朝时，人们通过丝绸之路与西域进行文化交流，曲项琵琶由波斯经今新疆传入我国。唐代后期，琵琶从演奏技法到制作构造上都得到了很大的发展。著名乐曲有《十面埋伏》《霸王卸甲》《浔阳月夜》《阳春白雪》《月儿高》《春雨》《彝族舞曲》《昭君出塞》《歌舞引》《大浪淘沙》《赶花会》《飞花点翠》《天鹅》《狼牙山五壮士（协奏曲）》《草原英雄小姐妹》等。

琵琶《十面埋伏》是一首著名的琵琶曲独奏曲，也是中国十大古曲之一。乐曲以公元前202年楚汉战争为题材，以音乐的形式生动描绘了当年项羽、刘邦垓下决战的情景。汉军用十面埋伏的阵法击败楚军，项羽自刎于乌江。乐曲共分十三段，分别是列营、吹打、点将、排阵、走队、埋伏、鸡鸣山小战、九里山大战、项王败阵、乌江自刎、众军奏凯、诸将争功、得胜回营。乐曲描绘了短兵相接、刀光剑影的交战场面。音乐多变，节奏急促，在演奏上连续运用了弹、扫、轮、绞、滚、煞等手法，以描写战场的激烈厮杀，以及英雄末路的项羽发出的“悲歌慷慨之声”，惊天动地，动人心弦。

5. 二胡曲《二泉映月》

二胡是我国独具魅力的拉弦乐器。它既适宜表现深沉、悲凄的内容，也能描写气势壮观的意境，二胡形制为琴筒木制。主要作品有《赛马》《二泉映月》《月夜》《江河水》《三门峡畅想曲》《长城随想》《战马奔腾》等。通过许多名家的革新，二胡成为一种重要的独奏乐器和大型合奏乐队中的弦乐声部重要乐器。《二泉映月》是中国民间音乐家华彦钧（阿炳）的代表作。这首乐曲自始至终流露的是一位饱尝人间辛酸和痛苦的盲艺人的思绪情感，作品展示了独特的民间演奏技巧与风格，以及无与伦比的深邃意境，显示了中国二胡艺术的独特魅力，拓宽了二胡艺术的表现力，获得了“20世纪华人音乐经典作品奖”。

6. 笛子曲《鹧鸪飞》

竹笛，又称笛子，是我国最古老的乐器之一。在河南舞阳县贾湖村东新石器时代早期遗址中发掘出16支竖吹骨笛，据测定距今已有8000余年历史。笛一般分为南方的曲笛和北方的梆笛。曲笛因伴奏昆曲而得名，广泛流行在中国南方各地，音色浑厚而柔和，清新而圆润，是江南丝竹、苏南吹打、潮州笛套锣鼓等地方音乐和昆曲等戏曲音乐中富有特色的重要乐器之一。梆笛因伴奏梆子戏曲而得名。笛音色高亢、明亮，主要流行在北方，多用于北方的吹歌会、评剧和梆子戏曲（秦腔、河北梆子等）的伴奏，现今也经常用来独奏。代表作品有《喜相逢》《五梆子》《早晨》《姑苏行》《中花六板》等。

《鹧鸪飞》是江南笛曲的主要代表曲目之一，原是湖南民间乐曲，乐谱最早见于1026年严固凡编写的《中国雅乐集》，现在常被演奏的是陆春龄先生和赵松庭先生改编的版本。此曲以唐代大诗人李白诗“越王勾践破吴归，义士还家尽锦衣。宫女如花满春殿，只今惟有鹧鸪飞”为依据改编，运用了大量的颤、叠、赠、打、循环接气等技法，把鹧鸪鸟时远时近、忽高忽低、在天空尽情翱翔的形象，刻画得极为生动，反映出了人们对幸福生活的向往和追求。

7. 古筝曲《渔舟唱晚》

古筝是我国传统的民族乐器，距今已有两千多年的历史，古筝音色柔美、委婉动听，音域宽广，演奏技巧丰富，具有很强的表现力，因此深受广大人民群众的喜爱。主要代表作品有《渔舟唱晚》《高山流水》《秦桑曲》《寒鸦戏水》《战台风》《黔中赋》《雪山春晓》《幻想曲》《溟山》等。

《渔舟唱晚》乐曲的第一部分以优美典雅的旋律和舒缓的速度，描绘出一幅傍晚时分、夕阳西下、阳光洒在河面上波光粼粼的景象。第二部分以三次反复逐层推进，表现了渔人悠然自得、片片白帆随波逐流、渔船满载而归的场景。

第三节　视听综合艺术

视听综合艺术包括舞蹈、戏剧、影视等。

一、舞蹈

舞蹈是以人的形体姿态和动作为主要表现手段，借以表现生命活力，是人们对美好的生活向往的一种艺术形式。舞蹈欣赏可以使人体会到人生的精彩、生活的美好，激发人的生活热情，振奋人的精神，使人更加热爱生活、更好地生活。

(一) 舞蹈艺术的基本特点

舞蹈以人体美为基础，以人体动作为主要表现手段，通过有节奏、有章法地变换不同的动作姿态，塑造舞蹈艺术形象，使人们通过对舞蹈形象的理解和体会把握舞蹈所表现的思想。概括起来讲，舞蹈艺术主要有以下几个基本特点：

1. 造型性

舞蹈是以人体美为基本审美元素的艺术，舞蹈艺术形象主要是人物形象。换句话说，舞蹈艺术的美首先表现为人的形体美、造型美。

舞蹈艺术首先呈现给人们的是充满生命活力的美的人体。不论什么舞蹈，最先跃入观众眼睛的是舞蹈演员匀称健美的形体和与之相关的局部身体特征，如表现男演员强健有力的臂膀、胸肌、腿部力量感，表现女演员温柔美丽的婀娜多姿的体态、优美迷人的曲线、纤纤玉手等。

在舞蹈艺术中，表演主体的形体美主要是通过舞蹈造型展示出来的。值得注意的是，舞蹈造型虽然有着与雕塑相似的象征与暗示意义，但它与雕塑的静态性不同，是一种动态的造型艺术。具体地讲就是，舞蹈形象始终处于运动状态中，即运用一定的线索将一个个造型连接起来，并且使其具有前后相继性，借以塑造出各种活生生的动态形象。换句话说就是，舞蹈的造型不仅是人物形象的静态造型，更主要的是动态造型，是和人体动作相结合的造型美。

2. 动作性

无论什么样的舞蹈，其基本的因素都是动作姿态、节奏和表情，而其中最主要的是人体动作。没有动作，就没有舞蹈。

舞蹈动作是一种具有审美特性而富于技巧性的人体运动，举手投足都要能够给人以美感。与此同时，舞蹈动作又不同于一般的人体动作，是一种活生生的艺术表现手段。

舞蹈动作的产生主要有两个途径：一是对生活动作的典型化处理，二是对自然的模仿。

生活中自然性的动作一般没有象征和暗示意义，所以不能直接用于思想表达。这就需要对其进行艺术加工，使之成为舞蹈化的动作，也就是成为有节奏的、具有造型美的和富有表现力的动作。对生活中自然性的动作的加工也就是我们在艺术创作理论上所讲的典型化。这个象征着携手奋进的动作是以现实生活中的携手、攀登、迈进、展望等多种自然动作为基础，经过艺术加工和巧妙组合而创造出来的。

为了既充分展示人体美的特征，又清楚明白地表达舞蹈携手奋进思想，舞蹈创作者常常通过模仿人们所熟知的事物的形态来编排一些舞蹈动作。这样，既可以使整个舞蹈充满意趣与活力，又可以使舞蹈动作的象征与暗示意义更加明显。例如，为了表现女性的婀娜多姿，模仿风摆细柳的情态，以腰臂柔和的扭动表现出形体的匀称美、曲线美，乃至女性的温柔美；为了表现男性的刚健，模仿骏马奔腾或鹞子翻身等情态，将生命的活力充分地展示出来。此外，如模仿兰花的形状表现手指秀美，模仿鸟的飞翔姿态表现身体的轻盈等。

不管是哪一类舞蹈动作，一般都具有两个特性：一是能够展示出人体美的特征，表现出生命活力；二是有明确的象征和暗示意义，能够很好地表现舞蹈主题。

3. 节奏性

动作与节奏是一对孪生兄弟，只要有动作就有节奏。舞蹈是动作的艺术，因此，舞蹈离不开节奏。舞蹈节奏就是舞蹈动作在力度的强弱、速度的快慢、能量的增减，以及幅度的大小等方面的对比和变化。舞蹈动作的连续性决定了它必须在一定的节奏下进行，即必须通过节奏的速度、力度、能量及抑扬顿挫等来表达思想。可以说，没有节奏就不可能有动人的舞蹈。节奏既是表达内在情感的基础，又是构成舞蹈艺术的要素之一。

相同的动作，由于节奏的不同，可以表现出不同的情绪和情感，表达出不同的思想内容。同样是表现悲愤之情的动作，动作节奏的幅度、力度不同，所体现出来的情感的强烈程度也不同。同样是翩翩起舞的动作，动作节奏的速度不同，表现出来的人物性格也不同——动作节奏舒缓，表现出人物文雅与温和的性格；节奏欢快，表现出人物开朗活泼的性格。

舞蹈节奏分为内在节奏和外在节奏两种。内在节奏是指人的各种情绪和情感在人的肌体内部所引起的节奏反应。外在节奏是指与舞蹈配合的音乐节奏、画外音的语速，以及场景的变换节奏等。内在节奏一般通过动作的快慢、幅度的大小、力度的强弱等体现出来。外在节奏不仅可以通过音乐节奏的快慢、声音的强弱、场景的变化来体现，还可以通过其他演员的配合等手段来体现。

4. 抒情性

任何一种艺术形式都离不开抒情。抒情是舞蹈艺术的灵魂。阮籍在《乐论》中说："歌以叙志，舞以宣情。"《诗经 · 周南 · 关雎 · 序》说："诗者，志之所之也，在心为志，发言为诗。情动于中而形于言，言之不足故嗟叹之，嗟叹之不足故咏歌之，咏歌之不足，不知手之舞之，足之蹈之也。""手舞足蹈"是感情自内心喷发而出的一种表现。这也就是说，情感是舞蹈形成的根源、基础、出发点和落脚点。

人类借以抒情的语言主要有两种：一种是口头语言，另一种是体态语言。口头语言是一种听觉语言，体态语言是一种视觉语言。舞蹈是运用体态语言进行抒情的一种艺术形式。说得具体一点就是，舞蹈运用面部表情、手势、形体姿态、肢体动作等具象性的体态语来表达思想、抒发感情。由于各种体态语都是以活生生的形象出现的，因此，舞蹈的抒情不仅生动形象，富于意境，而且审美性和感染力都极强，既能给观众以强烈的视觉享受，又能够把观众带入广阔的想象空间。

5. 综合性

舞蹈艺术是以经过提炼加工的动作为主要表现手段，通过节奏、造型等对动作的艺术处理，塑造出具有直观性和动态性的舞蹈形象，以表达人们的思想感情的一种艺术样式。

舞蹈是人体艺术，但又不单是人体艺术。舞蹈不仅与音乐艺术高度融合，而且吸收了很多的艺术元素，综合性的特点十分突出。今天，不仅所有的舞蹈都有舞曲伴奏，而且音乐特别是歌曲也常常借助舞蹈来创造意境。在歌曲演唱中，我们经常可以看到“歌伴舞”的情形，歌舞相衬，优势互补，创造出一种动静结合、极富魅力的美妙意境。

随着声光技术的发展，舞台造景更加容易，舞蹈场景的创造和变化更加丰富多彩，灯光、道具、背景音乐等手段的运用更为丰富多样，舞蹈的艺术魅力得到了进一步的提升。

（二）舞蹈的分类

作为一个大的艺术门类，舞蹈的种类繁多。

按照舞蹈的功用来分，舞蹈可分为生活舞蹈和艺术舞蹈两大类。生活舞蹈是指人们在日常生活中出于自娱、健身、社交等需要而选用的舞蹈形式。其特点是动作简单、随意，可以即兴发挥，具有广泛的群众性和普及性，包括交际舞、广场舞和现代舞等。艺术舞蹈是指专业或业余演员在舞台上表演，供观众欣赏的舞蹈。这类舞蹈一般是根据一定的主题表达需要而创作的，舞蹈动作经过了精心的设计与美化处理，具有较高的技艺水平、完整的艺术构思、鲜明的主题思想、生动的艺术形象。

根据舞蹈的表现形式来分，艺术舞蹈可分为独舞、双人舞、群舞、组舞歌舞、歌舞剧、舞剧等。

根据舞蹈的不同艺术风格来分，舞蹈可分为古典舞蹈、民间舞蹈、现代舞蹈和芭蕾舞。

古典舞蹈是指在民族和民间舞蹈的基础上，经过艺术工作者提炼、整理、加工改造，并经过长期艺术表演实践获得人们的认可而最终保留下来的，是具有典范性和古典艺术风格的舞蹈。

民间舞蹈是由广大人民群众在长期的生活实践中集体创造，经过不断地发展和完善，并在群众中广泛流传的一种舞蹈形式。它直接反映人民群众的思想感情、理想和愿望。由于各个民族、各个地区人民的生活方式、文化心态、风俗习惯不同，因而民族舞蹈的种类繁多，风格和特色各异。如我国的民间舞中，不仅有汉族的秧歌舞、花灯舞、龙灯舞、狮子舞等，各少数民族也有自己本民族的民间舞，如蒙古族的安代舞、筷子舞、盅子舞，瑶族的铜鼓舞，傣族的孔雀舞，苗族的芦笙舞，彝族的阿细跳月等。真可谓百花齐放，百舞争辉。

现代舞蹈是19世纪末和20世纪初在欧美兴起的一种舞蹈流派。其特点是摆脱了古典芭蕾过于僵化的动作程式，以合乎自然运动法则的舞蹈动作，自由地抒发人的真实情感，反映现实的社会生活。

芭蕾舞是一种欧洲古典舞蹈。芭蕾舞孕育于意大利文艺复兴时期，17世纪后半叶开始在法国流行并逐渐职业化，在不断革新中风靡世界。芭蕾舞最重要的一个特征是女演员表演时以脚尖点地，故又称脚尖舞。其代表作品有《天鹅湖》《仙女》《胡桃夹子》等。

（三）舞蹈欣赏的要点

舞蹈是展示生命活力、展现人体魅力和表现生活激情的造型艺术，舞蹈之美首先表现为生命之美、运动之美、健康之美，其次表现为造型美和动作美，再次才是技艺美。因此，欣赏舞蹈首先是感受生命活力、体验生活热情，然后是欣赏舞蹈技艺和把握舞蹈主题。

1. 感受生命活力，体会生活热情

世界上宝贵的东西很多，生命最重要，生命之美又以健康为最。人健康的标志，一是富有活力，二是快乐，三是热爱生活。舞蹈艺术通过对生命活力的展示，使人们感受到生命的美好和人生的快乐，借以激发人们的生活热情。因此，欣赏舞蹈艺术，首先是感受生命活力。怎样感受呢？主要是通过舞蹈动作来感受。在各种舞蹈中，演员的跳跃、旋转和屈伸等动作都能够显示出活力。与此同时，各种动作的轻盈、欢快、有力等都能使人感受到健康与活力。

2. 欣赏舞蹈造型

形体美是人体语言最本真的一面，也是舞蹈艺术最能打动人心的地方之一。面对

身材匀称、曲线优美或肌肉强健的演员，谁能不喜欢呢？这是一种自然本能。舞蹈创作者正是利用了人们这一自然的审美心态，精心地设计出各种优美的人体造型，把人体的自然美充分地展示给观众，诱发其喜爱之情，振奋其精神。因此，欣赏舞蹈很重要的一个着眼点就是舞蹈造型。

对舞蹈造型的欣赏，实际上是对人体美的欣赏。它可以使人真切地感受到生命之美、青春之美等，激发人的生活热情，振奋人的精神，唤起人对美好生活的向往和追求。

3. 鉴赏动作技巧

舞蹈技艺的欣赏主要是舞蹈动作的欣赏。舞蹈是一门艺术，它主要是通过对生活动作的典型化来反映生活，表达一定的主题思想。典型化的一个重要方法是各种动作技巧的运用。在舞蹈表演中，演员时不时地做出跳、翻、转等技术性很强的高难度动作，以更好地表现生命的活力与激情，增加新奇性和观赏性。有了这些高难度的动作在其中烘托气氛、渲染情绪和画龙点睛，观众的情绪就会很容易被感染，想象力也会很快被激活，继而获得强烈的美感体验。因此，对舞蹈动作技巧进行鉴赏是舞蹈欣赏的一个重要切入点。

4. 把握舞蹈主题

舞蹈借助于人体造型引发人的想象和联想，使观众通过想象与联想将舞蹈艺术造型与现实生活联系起来，从而把握舞蹈所抒发的感情和表达的思想。这其中，最关键的一点是理解和把握舞蹈造型的象征与暗示意义。

那么，怎样才能正确理解和把握舞蹈造型的象征与暗示意义呢？首先，要从一系列连贯的舞蹈动作中捕捉到那些表现舞蹈主题的造型。舞蹈造型常常表现为一系列连贯动作中相对静止的瞬间停顿，或者说短暂的“亮相”。因此，舞蹈欣赏要善于从一系列连贯的动作中捕捉到那些用来表现舞蹈主题的相对静止的瞬间，即舞蹈造型。其次，要联系生活，弄清楚舞蹈造型的基本构成。因为舞蹈造型有的是人们生活姿态的典型化，有的是事物美好形态的模仿，两者的表意方式有些差异，所以，只有弄清了舞蹈造型的基本构成，才能透彻地理解其表达的意思。再次，要根据舞蹈造型的基本构成分析其象征与暗示意义。例如，两人均作鸟儿飞翔的姿态的舞蹈造型，暗示了比翼双飞、乐观进取的主题。孔雀被喻为“百鸟之王”，是吉祥、善良、号丽、华贵的象征，模仿孔雀的姿态的舞蹈造型象征着美丽与吉祥。

二、戏剧

戏剧是一门综合艺术。它以表演艺术为中心，融合了文学、音乐、舞蹈、美术等多种艺术元素。戏剧艺术与音乐、舞蹈结合起来，形成歌剧、舞剧或歌舞剧。

（一）戏剧的一般特点

戏剧通过演员的表演展示剧中人物的性格、表现环境和故事的发展过程。演员与观众的距离较近，观众可以直接感知和亲身体验剧中反映的生活。正因为戏剧用活生生的真人形象直接打动观众，所以具有很大的艺术感染力，容易为大众所接受。戏剧的特点主要表现为以下五点：

1. 综合性

戏剧是由演员扮演角色，运用多种艺术手段，在舞台上当众表演故事的一种综合艺术。它既综合了文学、舞蹈、音乐、美术等多种艺术元素，又借助于各种艺术的和非艺术的手段，如灯光、道具、服装、布景等来美化戏剧场景，制造舞台气氛和增强戏剧效果等。

2. 表演性

戏剧以演员的表演为主要表现手段。戏剧在特定的空间和时间内，通过演员的对话、歌唱或动作等叙述故事或制造戏剧气氛。

3. 矛盾冲突

戏剧的本质特征在于直接、集中地反映社会生活中的矛盾冲突。矛盾冲突既是情节发展的主要线索，也是刻画人物性格的主要手段。没有冲突，就没有戏剧。例如，中国传统剧目《窦娥冤》就是通过正直善良而性格坚强的窦娥与恶棍、昏官之间的一系列矛盾冲突来展开戏剧情节，塑造窦娥这一人物形象的。

4. 虚拟性

戏剧要在有限的舞台空间内表现生活场景，不可能照搬或按照原有的景象，只能采用象征或虚拟的手法来表现。这一点在中国传统戏曲艺术中表现得更加突出。例如，演员拿着桨表示走水路，观众通过演员的动作，便能感觉到剧中人物在划船。

5. 动作性与对话性

戏剧艺术虽然也要利用其他各种艺术的表现手段和表现方式，但还是以自己特殊的表现方式为主。例如，动作和对话在话剧艺术中居于支配的地位，而其他艺术媒介如绘画所用的色彩、线条等都从属于前者，为行动中的、有思想的、特定的人物性格和冲突的再现服务。

（二）戏剧的分类

戏剧的种类繁多，可以从不同的角度、依据不同的标准进行分类。常见的分类方法主要有以下四种。

1. 按照冲突的性质和戏剧美学效果来划分，可以分为悲剧、喜剧、正剧和闹剧。

（1）悲剧所表现的主要是人们的各种不幸，反映到作品中，通常表现为正面人物的失败或死亡。由社会原因造成的悲剧结局，被称为社会悲剧；由自身性格原因造成的悲剧结局，被称为性格悲剧。

（2）喜剧的特点是善于在描述对象的本质和现象、内容和形式的矛盾中提供笑料。笑是喜剧应有的戏剧效果，它让人们在笑声中否定生活中恶的、腐朽的、荒谬的、落后的事物，肯定美好的、合理的、先进的事物，在笑声中获得教育。喜剧分为讽刺性喜剧和歌颂性喜剧两类。

（3）正剧是最接近于社会现实、最普遍、最主要的一种戏剧样式。它的内容有悲有喜，悲喜结合，一般是反映严肃的社会生活题材。正剧的戏剧冲突是反映社会生活中正面力量与反面力量或落后势力之间自觉的斗争和冲突，冲突的结果总是以正面力量的胜利或预示着胜利而告终。

（4）闹剧也是喜剧的一种，特点是专门运用比一般喜剧更为夸张的手法，追求所谓“滑稽”的艺术效果。

2. 从戏剧作品艺术表现形式来分，戏剧可以分为歌剧、舞剧、话剧和戏曲等。

歌剧、舞剧和话剧都是“洋为中用”的东西，表现形式较为单调。歌剧以歌唱为主，说白和舞蹈很少；舞剧以音乐为衬托，靠舞蹈动作表现主题，没有歌曲和说白；话剧以说为主，偶有歌舞，但也只是穿插着看。具有民族特色的戏曲是我国传统的戏剧形式，它将唱、念、做、打等各种艺术手法并用，实现了歌、舞、剧几个方面的完美统一，具有极强的艺术感染力。

3. 从剧本的容量和场景设计来分，可分为多幕剧和独幕剧。

4. 按照题材的不同，分为历史剧、现代剧、儿童剧、童话剧等。

（三）中国戏曲艺术的特点

中国戏曲艺术既具有人类戏剧的共同特点，又因不同的表现手段而区别于话剧等其他戏剧种类，具有自己的特点。

1. 讲究唱、念、做、打

唱、念、做、打是中国戏曲的突出特点。唱功，行腔转调，发音吐字，都有一定规矩和要求；做功，有手、眼、身、法、步，这些都要经过专门的严格训练；念白，分为韵白、散白、数板、引子等，都要具有音乐性；武打，要干净利落，稳妥准确，轻捷灵便。

2. 表演程式化

表现手段的程式化，也是戏曲艺术的重要特点。特别是在古典戏曲中，上下场，唱、念、做、打和音乐伴奏，以及服装、化妆、布景、道具等，都有一定规矩，这就叫作“程式”，如武打有许多固定的套子、对白有程式、唱腔有板式等。在演一出戏时，手势如何运用、眼神如何运用、身体如何动作、头发如何甩动、步子怎样走，都是有讲究的。连怎样表现人物的喜、怒、忧、思、悲、恐、惊等感情，也全都提炼美化成一套完整程式。程式是戏曲区别于话剧等其他戏剧艺术的主要特点。但在现代戏曲中，有些程式已被打破。

3. 表演和表现的虚拟性

从表演的角度看，在戏曲舞台上，采取上下场的分场方法，可以自由地处理舞台的空间和时间。舞台上的地点和时间随演员的表演而变动，演员离开舞台，地点和时间就不存在了。如越剧《十八相送》中梁山伯送祝英台，从书亭到长亭，走了十八里，一路上穿村庄、过小桥、傍井台、进庙堂，片刻之间场景数变。

从表现的角度看，戏曲舞台上的很多景物和人物动作都是虚拟的，如以鞭代马、持桨当舟等虚拟动作，可以使人联想到骑马、行舟等。与此同时，伴随着人物的虚拟动作，观赏者的大脑中会因联想而产生出高山、平地、江河、湖海、厅堂、卧室等场景，瞬息之间，厅堂、卧室又可转化为长街、小巷等。

4. 音乐性

相对于话剧而言，戏曲艺术富于音乐性。戏曲表演要运用唱、念、做、打诸种艺术手段，每一种手段都与音乐有不可分割的关系。唱，本来就是一种音乐的表演手段。念白虽不是歌唱，却要有音乐性，要求它在声调上有抑扬顿挫，节奏上能与歌唱相协调。至于做功、武打，这都属于形体动作，但戏曲舞台上的形体动作又不是生活动作的直接模仿，而是具有舞蹈性的表演，它是强烈的、夸张的、富于节奏感的。因此，这种形体动作与音乐紧密地结合在一起，融于音乐的节奏之中。传统戏曲表演要求演员熟悉锣鼓经，亦即各种锣鼓点子的组合形式，身段动作要与锣鼓经合拍。熟练的演员离开锣鼓的配合就觉得无法动作、情绪无从发挥，就是这个道理。

（四）戏剧欣赏的要点

由于不同的艺术形式构成要素、表现手段等各不相同，欣赏的要点不同，人们从中获得的启示、借鉴和审美体验也各不相同。戏剧艺术以尖锐的矛盾冲突、引人入胜的情节和丰富的人物语言见长，因此，欣赏时应从以下几个方面入手：

1. 分析戏剧冲突

戏剧冲突是戏剧艺术表现人物性格和人物关系的主要手段和途径。每一个主要角色的性格特点、角色与角色间的相互关系都会在戏剧冲突中充分而清晰地表现出来。分析戏剧冲突，可以极准确地把握人物的性格、弄清剧中人物相互间的关系，从而准确把握戏剧作品的主题。

以曹禺先生的《雷雨》为例。该剧的第一幕是情节的开端：大少爷周萍为摆脱继母繁漪的纠缠要离家出走，可心里又惦记着侍女四凤；繁漪为留住周萍，让侍萍来家带走四凤；四凤恐惧不安，鲁贵自以为能保护女儿；周朴园在家中厉行封建家长的规矩，使繁漪等人产生心理抗拒而更加肆意妄为。第一幕中周、鲁两家人之间潜藏几十年的矛盾就初露锋芒。第二、第三幕，情节极速发展，周朴园与侍萍、鲁大海的矛盾，繁漪与周萍的矛盾，鲁大海与周萍的矛盾等都已经无法调和。第四幕，以周朴园揭秘剧中人物身世为引线，燃爆了整个剧情，导致了一场彻底的大悲剧、大覆灭。全剧剧情紧凑，激烈的戏剧冲突，使得剧情发展犹如疾风暴雨，一泻而下。

2. 分析戏剧情节

戏剧的情节安排，常常是偶然性与必然性的结合。好的戏剧情节曲折、生动，构思巧妙，出乎人的意料，又合乎事物的情理。如《雷雨》，侍萍遭受周朴园的遗弃后远走他乡，本想永远忘掉这段伤心的记忆，不料30年后，自己的女儿四凤竟又来到同一个周家，和自己有了相同的遭遇，而玩弄四凤的竟是四凤一母所生的哥哥。分析戏剧情节，不仅可以弄清楚故事的来龙去脉，而且可以理顺作品的思想线索，从而实现对作品正确、深透的理解。

戏剧艺术要在两三个小时内，记述一个完整的故事、塑造生动感人的戏剧人物、反映丰富的社会生活，这要求剧作家必须会讲故事。这个故事首先要好看，能吸引人。那么，怎样在很短的时间内，成功讲述一个精彩的、吸引人的故事呢？剧作家常常在生活中的“必然性”与“偶然性”上做文章。由生活中的必然性事件，来反映一般的生活现象与事理，由偶然性事件来突出戏剧冲突，深刻揭示人物性格和剧作主题。两者的有机结合，就是我们所谓的“巧合”。“巧合”情节的设计，往往是构成戏剧“观赏性”的重要因素。

我们仍以《雷雨》为例来说明。

剧中，周、鲁两家人的恩怨跨越30年。30年后，周朴园与侍萍如何再次见面，无疑是全剧剧情发展的基础和关键。剧中为此安排了多重的“巧合”。这些“巧合”既出意料之外，又在情理之中。围绕剧情主线的“巧合”是：30年后，侍萍的丈夫鲁贵与女儿四凤服侍的主人，恰是30年前狠心抛弃侍萍的周朴园；侍萍与周朴园的儿子周萍，正热恋着的对象不是别人，恰是四凤；周萍又因与继母繁漪存在暧昧关系，急于离家出走；侍萍与鲁贵的儿子鲁大海，恰又在周朴园的矿上做工，并在侍萍来到周公馆的这一天，正等在门房，代表矿上工人要与周朴园谈判；周朴园与繁漪的儿子周冲还暗恋四凤。全剧的“巧合”，尚不止这些构成剧情的大情节，还有具体场景中细微地方的许多“巧合”，更加突出了情节方面独具匠心的构思。

3. 分析戏剧场景

一部戏剧作品要在两三个小时之内和几个有限的场景里面表现剧中人物几年、几十年的人生遭遇或命运，关键在于场景设置与选择。场景设置与选择得好，承载量就大，包含的内容就多，思想表现力就强。分析戏剧的场景设置，借鉴其截取生活横断面、浓缩人物与矛盾冲突的方法，可以培养我们选材和剪裁的能力。

通常戏剧借助剧中人物的上场、下场，来表现时间、空间的转换和情节的推进。但是仅仅凭借简单的上场、下场动作，难以展现更多的意义内涵，且人物的上下场也不能过于频繁。因此，需要配合高度集中化的舞台场景设置，以丰富情节的表现力。场景设置要含有丰富的潜台词，能高度浓缩人物命运、展现戏剧冲突，体现剧作主题。例如，《茶馆》一剧，大场景只有一个，就是裕泰茶馆的内厅。具体场景突出了三个时代的茶馆内部环境。下面我们来欣赏该剧第三幕的场景设置。

现在，裕泰茶馆的样子不像前幕那么体面了。藤椅已不见，代以小凳与条凳。自房屋至家具都显得暗淡无光。假若有什么突出惹眼的东西，那就是“莫谈国事”

的纸条更多，字也更大了。在这些条子旁边还贴着“茶钱先付”的新纸条。

凳子、纸条等细节显示出抗战胜利后，国民党统治时期茶馆生意的日益凋敝，以及人们生存的艰难。“莫谈国事”的旧纸条依旧，“茶钱先付”的新纸条的显眼，具有丰富的潜台词，十分耐人寻味。

4. 品味戏剧台词

戏剧的根本特点是通过剧中人物的语言来塑造艺术形象，揭示人物的性格，表现矛盾的冲突，展现作品的思想和主题。其语言个性化十分突出，表现力极强，多读、多分析戏剧台词，是提高我们语言运用能力的一个十分重要且有效的途径。

人物台词在戏剧中有三种具体形式，包括人物对白、独白和旁白。歌剧中的歌词和中国传统戏曲中的唱词，是台词的另一种表现形式。

对白，是剧本中角色之间的对话，是戏剧台词的主要形式。

独白，是角色在舞台上独自说出的台词，是把人物的内心感情和思想，直接倾诉给观众的一种艺术手段，往往用于人物内心活动最剧烈、最复杂的场面。

旁白，是角色在舞台上直接说给观众听的，而假设同台其他人物听不见的台词。内容主要是对对方的评价和本人内心活动的披露。

戏剧艺术中的台词欣赏，需把握住两个关键点：一是欣赏人物台词的个性化表达。人物台词是塑造戏剧人物最有力的手段。优秀的剧作中，人物各自说着自己的话，不会出现千人一面、千部一腔的人物台词。观众透过戏剧人物的寥寥数语，就可知晓人物的身份、地位，了解人物的思想、个性等隐含的信息。特别是在特定戏剧场景中，个性化的人物台词对塑造立体、鲜明的戏剧形象起到至关重要的作用。

戏剧台词欣赏的第二个关键点是，欣赏人物台词的动作性表达。人物台词的动作性，是指台词语言不仅仅是人物在说着自己的话，还要通过人物个性化的台词，传达人物内心的情感起伏、变化等心理活动。台词配合人物外在的神态动作，更深层地表达了矛盾冲突。

三、影视美

影视是电影和电视的简称，是艺术与科技相结合的产物。它们以银（屏）幕画面和声音为媒介、以镜头和蒙太奇为主要表现手段，在运动的时间和空间中创造感性、直观的艺术形象。

影视艺术依据内容可分为纪实类（如纪录片、新闻片、专题片）和虚构类（如故事片、电视剧），依据结构和播出方式可分为普通故事片、系列片、电视连续剧、系列剧；依据不同的造型可分为普通片、卡通片、真人与虚拟合成片和数字虚拟片等。

（一）影视艺术的审美特征

影视艺术除了具有综合艺术共同的审美特性外，还有自身的独立特性。

1. 形象的逼真性

视觉形象的逼真性是影视艺术的优势所在，它能最大限度地还原生活原貌和自然形态，使人产生如临其境的真实感。

影视的逼真感主要表现在三个方面：一是细节上的逼真感。例如，撞车的场面、火车爆炸的场面。二是心理呈现上的逼真感。例如，运用特写镜头真实地凸现人物细微的情态变化，眼睛的闪动、睫毛的颤抖、嘴唇的微微抖动等都能细致入微地显现出复杂的情感变化和潜在的心理活动。又如，用假定性的色彩造型，把整个天地变成红色，显示人物壮烈的现实；用假定的声音造型，隐去茶室的嘈杂声，表现主人公与爱人忍痛分开后充满内心痛苦的独白。此外，梦境、幻觉、错觉等也都能被影视艺术图像化，人为创造出任何其他的平面描述难以企及的直观而真实的艺术效果。三是虚拟情境的真实性。当代数字技术所具有的功能及能够实现的效果已经大大拓展了影视艺术的内涵和表现力，极大地增加了影片的表现力和可看性。

声音和色彩的渗入丰富了电影的逼真性，而运用技术手段的立体电影、动感电影和全息电影的产生，更把观众带入更广阔的立体环境中，给人以高度的逼真感和视觉冲击力。

2. 时空的自由性

影视艺术在逼真、直观、多方位地体现时空关系方面具有更大的自由度和丰富性，这是同为时空艺术的舞蹈、戏剧所无法企及的。影视作品根据内容的需要，空间可以随时变换，可以从沙漠到大海，从天空到地面，从摩天大楼、喧哗的现代都市一下子就转移到僻静的小巷、边远的村落……影视作品中的时间不仅可以被镜头压缩，也可以将时间拉长或使时光“倒流”。电影的时空自由性既表现在无限自由地再现真实时空，又表现在自由地创造现实中难以存在或难以表现的时空。

3. 情节的丰富性

影视中讲述的故事向来是吸引观众注意力、引发观赏兴趣的直接因素。一部影视片如果能讲出一个好故事，就等于具备了基本的可看性。所以说，情节对影视作品来说具有重要的意义，拥有精彩的情节、连贯的叙事及始终扣人心弦的故事线索才是一部好电影的真正保证。评价一部影视情节的好坏，除了具有鲜明的故事性和显著的“情节核”外，它还得时刻在基本情节上探索并保持着区别于其他作品的新鲜构思与奇巧的创意。

（二）影视艺术的审美差异

电视与电影作为姊妹艺术，在审美特性、表现手法上虽有许多相同或相似之处，但也有许多区别。

1. 制作的物质手段不同。电影从照相术发展而来，使用的是摄影机和胶片，逼真是其重要特性之一；电视使用的是摄像机和磁带。

2. 传播方式不同。电影艺术必须在黑暗的环境中观看，影像才能得到最佳的还原，传播范围限于到电影院看电影的人群。电视却可以在明亮的环境中观看，以家庭为主要传播对象。电视艺术最大的特点是即时传播的特性，现场直播是电视无法被取代的独有的传播优势。

3. 视听效果不同。电影艺术因其大银幕的优势可以表现出宏大的场景和精美的画面，营造出非同一般的气氛。

（三）影视艺术欣赏

对于影视作品的观赏，实际上存在着观看与欣赏两个层次。要提高对影视艺术的欣赏能力，需注意以下几点：

1. 掌握影视艺术独特的视听语言

影视艺术与其他艺术的最大区别在于影视作品是由连续的画面组成的，画面是影视艺术语言的基本形式，是影视艺术形象的外在表现形态，是熔铸了影视艺术各种造型因素的整体表现。特别对于电影艺术而言，人物的形体动作多于人物的对话，即使是对话的独白或者展现内心世界，也常通过动态的表情和动作尽量呈现为可视的画面。影视艺术的画面构图中主体、陪体和背景的合理安排，对表现创作意图和特定的情感体验具有十分重要的意义。

增强影视艺术表现力和感染力的声音有三种形态：人声、音乐和音响。电影从一开始就与声音有着密切的关联。其中，人声包括独白、旁白（画外音），用来交流思想、表达感情。音乐主要是指画面配乐、主题歌、插曲等，是影视重要的抒情元素，可以起渲染气氛、推进剧情、升华主题等作用。音响是指影视除了人声和音乐外的所有声音，一般有动作音响、自然音响、背景音响、机械音响等种类。

影视作品中声音与画面的配合并不是二者的简单叠加，而是一种新的审美创造。声画同步给人以真实感，声画分离则造成听觉形象和视觉形象之间的矛盾对立，从而产生某种寓意性及别样的艺术效应。

2. 理解影视镜头和蒙太奇所表达的情绪和思想

在影视艺术中，镜头是从开机到关机过程中拍摄下来的一段连续的画面，是构成影视片的最基本的单元。依据物理时间，镜头可分为长镜头和短镜头；根据视距变化，景别可分为远景、全景、中景、近景和特写；依据视角的不同，可分为平视、俯视和仰视镜头；依据焦距的不同，可分为标准、长焦、短焦和变焦镜头；依据速度，可分为快、慢镜头；依据运动方式的不同，可分为推、拉、摇、移、跟等镜头。影视的镜头不仅是在为描写而为之，一般都具有明确的心理暗示效果和强烈的艺术感染力。

长镜头，指用等于实际时间和空间的镜头来拍摄对象全过程的电影手法，是一个画面不经剪辑的独立片段，强调记录客观的真实，给人一种真实感，使影视的整体叙述具有连贯性、流畅性。

蒙太奇原是建筑学上的一个专业术语，意为构成、装配，借用到电影艺术中是指镜头的剪辑与组接，是电影艺术独特的表现手段和结构方式。就画面来说，一个镜头说明一种含义，而两个镜头接起来，会产生另外一种效果，许多镜头连接起来，成为一个组合或系列又产生一种新的效果，从而让观众感受到更深层次的含义。正是因为有了蒙太奇，电影才从机械的记录（包括影像、声音和色彩）转变为创造性的艺术，使我们感受到镜头里看不到的东西。蒙太奇的手法大大丰富了电影的艺术表现力，增强了电影的艺术感染力。

3. 感受影视的节奏、韵律感

影视作为运动的艺术与音乐一样需要节奏感，其运动的画面带给人的律感或舒缓，或凝滞，或百转千回，或一泻如注，给观众以心理上的冲击力。例如，《黄土地》中的人物角色性格都比较内向，沉默寡言，行为单一，神态木然，镜头多用固定机位的长镜头，光影色调趋于写实，突出静态对比效果，造型很少变化，加之蒙太奇的缓慢凝重，整部影片充溢着沉重的历史感，带给人的是一种苦涩的沉思。

4. 懂得光影与色彩在影视艺术中的作用

光影和色彩是影视艺术造型的两个重要因素，影视作品通过布光和用色以创造出相应的艺术氛围，强调创作者的意图。色彩在影视艺术中和光影一样具有一种语言、思想情绪、情感等方面的审美属性。影视中的色彩还常用来表现人物的心理和命运。

5. 了解导演的不同风格

影视欣赏的最终目的在于理解艺术家在说些什么，这就需要我们不仅要了解作品产生的文化背景及结构方式，还要了解导演的美学追求及创作风格。

第四节　非直观艺术

非直观艺术主要是指语言艺术即文学，包括诗歌、散文、小说、剧本等各种体裁。由于文学总是以语言为手段来塑造艺术形象，反映社会生活，表达作者的思想情感，因此，语言作为艺术媒介和基本材料始终发挥着重要作用。人们一般将文学称为语言艺术。非直观艺术是艺术门类按照感兴方式划分，与之相对的是直观艺术。

一、诗歌之美

诗歌是一种抒情言志的文学体裁，饱含着作者的思想感情与丰富的想象；语言凝练而形象性强，具有鲜明的节奏，和谐的音韵，富有音乐美；语句一般分行排列，注重结构形式的美。《毛诗·大序》载：“诗者，志之所之也。在心为志，发言为诗。”南宋严羽《沧浪诗话》云：“诗者吟咏性情也。”

（一）诗歌的特点

我国现代诗人、文学评论家何其芳曾说，诗是一种最集中反映社会生活的文学样式，它饱含着丰富的想象和感情，常常以直接抒情的方式来表现，而且在精炼与和谐的程度上，特别是在节奏的鲜明上，有别于散文。这个定义性的说明，概括了诗歌的几个基本特点：第一，诗歌的内容是社会生活的最集中的反映；第二，抒情言志，饱含丰富的思想感情；第三，具有丰富的想象、联想和幻想；第四，语言精练、形象，音调和谐，节奏鲜明，具有音乐美。

另外，诗歌在形式上，不是以句子为单位，而是以行为单位，且分行主要依据节奏，而不是依据意思。

假如我今生无缘遇到你

泰戈尔

假如我今生无缘遇到你，
就让我永远感到恨不相逢
让我念念不忘，
让我在醒时梦中都怀带着这悲哀的苦痛。

当我的日子在世界的闹市中度过，
我的双手捧着每日的赢利的时候，
让我永远觉得我是一无所获——
让我念念不忘，
让我在醒时梦中都怀带着这悲哀的苦痛。

当我坐在路边疲乏喘息，
当我在尘土中铺设卧具，
让我永远记着前面还有悠悠的长路
让我念念不忘，
让我在醒时梦中都怀带着这悲哀的苦痛。

当我的屋子装饰好了、
箫笛吹起、欢笑声喧的时候，
让我永远觉得我还没有请你光临
让我念念不忘，
让我在醒时梦中都怀带着这悲哀的苦痛。

（二）诗歌的表现手法

诗歌的表现手法有很多，我国最早流行而至今仍常使用的传统表现手法有赋、比、兴。《毛诗序》说：“故诗有六义焉：一曰风，二曰赋，三曰比，四曰兴，五曰雅，六曰颂。”这“六义”中，风、雅、颂是指《诗经》的诗篇种类，赋、比、兴就是诗中的表现手法。

赋是直接陈述事物的表现手法。宋代学者朱熹在《诗集传》的注释中说：“赋者，敷陈其事而直言之也。”如，《诗经》中的《葛覃》《芣苢》就是用的这种手法。比是用比喻的方法描绘事物，表达思想感情。刘勰在《文心雕龙·比兴》中说：“且何谓比也？盖写物以附意，扬言以切事者也。”朱熹说：“比者，以彼物比此物也。”如，《诗经》中的《螽斯》《硕鼠》等篇即用此法写成。兴是托物起兴，即借某一事物开头来引起正题要描述的事物和表现思想感情的写法。唐代孔颖达在《毛诗正义》中说：“兴者，起也。取譬引类，起发己心，《诗》文诸举草木鸟兽以见意者，皆兴辞也。”朱熹更明确地指出：“兴者，先言他物以引起所咏之辞也。”如《诗经》中的《关雎》《桃夭》等篇就是用兴的表现手法。

这三种表现手法，一直流传下来，常常被综合运用，互相补充，对历代诗歌创作都有很大的影响。诗歌的表现手法有很多，而且历代以来不断地被发展创新，运用也灵活多变，夸张、复沓、重叠、跳跃等，难以尽述。

但是各种方法都离不开想象，丰富的想象既是诗歌的一大特点，也是诗歌最重要的一种表现手法。在诗歌中，还有一种重要的表现手法是象征。象征，简单地说就是“以象征义”。但在现代诗歌中，象征又表现为心灵的直接意象，这是应予注意的。用现代的观点来说，诗歌塑造形象的手法，主要有三种：

1. 比拟

刘勰在《文心雕龙》一书中说：比拟就是“或喻于声，或方于貌，或拟于心，或譬于事”。这些在我们前面列举的诗词中，便有许多例证。比拟中还有一种常用的手法，就是拟人化：以物拟人，或以人拟物。前者如徐志摩的《再别康桥》：轻轻的我走了/正如我轻轻的来/我轻轻的招手/作别西天的云彩/那河畔的金柳/是夕阳中的新娘/波光里的艳影/在我的心头荡漾。把“云彩”“金柳”都当作人来看待。以人拟物的，如洛夫的《因为风的缘故》：而我的心意/则明亮亦如你窗前的烛光/稍有暧昧之处/势所难免/因为风的缘故/……以整生的爱/点燃一盏灯/我是火/随时可能熄灭/因为风的缘故。把“我的心”比拟为烛光，把“我”比作灯火。当然，归根结底，实质还是拟人。

2. 夸张

夸张就是把所要描绘的事物放大，好像电影里的大写、特写镜头，以引起读者的重视和联想。李白的“桃花潭水深千尺，不及汪伦送我情”（《赠汪伦》），“飞流直下三千尺，疑是银河落九天”（《望庐山瀑布》），其中说到“深千尺”“三千尺”，并非事实真相，但其所塑造的形象，却生动地显示了事物的特征，表达了诗人的激情。读者对此不但能够接受，而且能信服，感到很惊喜。然而这种夸张，必须是艺术的、美的，不能过于荒诞，或过于实、过于俗。

3. 借代

借代就是借此事物代替彼事物。它与比拟有相似之处，但又有所不同，不同之处在于：比拟手法中比的和被比的事物都是具体的、可见的；而借代手法中事物一方较为具体，一方较为抽象，在具体与抽象之间架起桥梁，使诗歌的形象更为鲜明、突出，以引发读者的联想。这也就是艾青所说的“给思想以翅膀，给感情以衣裳，给声音以彩色，使流逝变幻者凝形”。塑造诗歌形象，不仅可以运用眼睛看到的素材去描绘画面，还可以运用听觉、触觉等感官所获得的素材，从多方面去体现形象，做到有声有色，生动新颖。唐代诗人贾岛骑在毛驴上吟出“鸟宿池边树，僧推月下门”，但又觉得用“僧敲月下门”亦可。究竟是“推”还是“敲”，他拿不定主意，便用手作推敲状，不料毛驴挡住一位大官的去路，此人乃大文豪韩愈，当侍卫将贾岛带到他的马前，贾岛据实相告，韩愈沉思良久，说还是用“敲”字较好。因为“敲”有声音，在深山月夜，有一二记敲门声，便使得情景“活”了起来，也更显出环境的寂静了。《枫桥夜泊》的“乌啼”和“钟声”，也是整首诗的点睛之笔。还有白居易的《琵琶行》中的音乐描写，“大珠小珠落玉盘”一段，更是十分逼真，异常精彩！

我们如果掌握了用声音塑造形象的手法，会为诗歌创作开拓一个更加广阔的领域。无论是比拟、夸张还是借代，都有赖于诗人对客观事物进行敏锐的观察，融入自己的情感，加以大胆的想象，甚至幻想。可以这样说，浪漫派也好，写实派也好，没有想象（幻想），便不能称为诗人。比如，以豪放著称的李白，固然想象丰富，诗风雄奇，而以写实著称的杜甫，也写出了诸如“安得广厦千万间……何时眼前突兀见此屋……”（《茅屋为秋风所破歌》）和“香雾云鬟湿，清辉玉臂寒。何时倚虚幌，双照泪痕乾”（《月夜》）等让人浮想联翩的佳作。

二、散文之美

散文是指以文字为创作、审美对象的文学艺术体裁，是文学的一种体裁形式。

在中国古代文学中，散文与韵文、骈文相对，不追求押韵和句式的工整。这是广义上的散文。在中国现代文学中，散文指与诗歌、小说、戏剧并行的一种文学体裁。这是狭义上的散文。

（一）散文的特点

散文是一种抒发作者真情实感、写作方式灵活的记叙类文学体裁。散文的最大文体特征是形散神聚。“形散”主要是说散文取材十分广泛自由，不受时间和空间的限制；表现手法不拘一格，可以叙述事件的发展，可以描写人物形象，可以托物抒情，可以发表议论，而且作者可以根据内容需要自由调整、随意变化。

“神聚”主要是从散文的立意方面说的，即散文所要表达的主题必须明确而集中。无论散文的内容多么广泛，表现手法多么灵活，无不是为了更好地服务主题。

阅读散文时，要透过“形”抓住“神”，体会作者所要表达的思想情感，抓住文章的结构和线索（文脉），欣赏优美的语言。

（二）散文的分类

根据表达方式的侧重点不同，一般把散文分作记叙散文、抒情散文和议论散文三类。

1. 记叙散文：以记人、叙事、状物、写景为主的散文。这类散文，有的是着重记写、刻画人物，以人物为全篇的中心。例如朱德同志的《母亲的回忆》、鲁迅的《藤野先生》。它们虽然是以写人物为主，但与小说的区别是明显的。它们不像小说那样多方面地、细致地刻画人物，也不讲求故事情节的完整和曲折。这类散文，还有的侧重是记写一定的风物、场景。作者对它们不是纯客观的描述，而是将外物与内情融合起来，以表达一定的思想，抒发一定的感情。

2. 抒情散文：以抒发感情为主的散文，它主要是抒发作者对现实生活的感受、激情和意愿。抒情散文抒发的是怎样的感情，如何抒发，都与文章揭示的思想意义是否深广有极大的关系。例如茅盾的《白杨礼赞》，既表达了对坚持抗战的中国人民解放军民的热烈拥护和热情赞颂；又表达了作者对与顽固派、倒退派的强烈憎恨。抒情散文的“情”不是虚的、空的，而是有所依据的。即抒情散文总有一定的人物、事件或景物为文章抒写的对象，文章通过对它们的记叙或描写，达到托物言志、寓情于物的目的。《白杨礼赞》的思想意义和作者的感情，就是通过对白杨树的描绘与赞美，或隐或露、或曲折或直白地表现出来的。这类散文是通过对具体的物的描述而表达一定的思想，抒发一定的感情的。

3. 议论散文：以议论为主的散文，说理往往借助于对事例的简述，形象的描绘和感情的抒发来进行，文学色彩很浓。它同一般议论文一样，要求观点鲜明，概念准确，说理充分，层次明晰，以理服人。但是，它不需要逻辑推理、严密论证。常见的文学性很强的随笔、杂感等短小精悍的文章，皆属此类；作者常常借助于对古今故事、花鸟草虫等具体事物的描述来说理，显得妙趣横生并富有感情。

拓展阅读

春

朱自清

盼望着，盼望着，东风来了，春天的脚步近了。

一切都像刚睡醒的样子，欣欣然张开了眼，山朗润起来了，水涨起来了，太阳的脸红起来了。

小草偷偷地从土里钻出来，嫩嫩的，绿绿的。园子里，田野里，瞧去，一大片一大片满是的。坐着，躺着，打两个滚，踢几脚球，赛几趟跑，捉几回迷藏。风轻悄悄的，草绵软软的。

桃树、杏树、梨树，你不让我，我不让你，都开满了花赶趟儿。红的像火，粉的像霞，白的像雪。花里带着甜味儿；闭了眼，树上仿佛已经满是桃儿、杏儿、梨儿。花下成千成百的蜜蜂嗡嗡地闹着，大小的蝴蝶飞来飞去。野花遍地是：杂样儿，有名字的，没名字的，散在草丛里，像眼睛，像星星，还眨呀眨的。

“吹面不寒杨柳风”，不错的，像母亲的手抚摸着你。风里带来些新翻的泥土的气息，混着青草味，还有各种花的香，都在微微润湿的空气里酝酿。鸟儿将窠巢安在繁花嫩叶当中，高兴起来了，呼朋引伴地卖弄清脆的喉咙，唱出宛转的曲子，与轻风流水应和着。牛背上牧童的短笛，这时候也成天嘹亮地响着。

雨是最寻常的，一下就是三两天。可别恼，看，像牛毛，像花针，像细丝，密密地斜织着，人家屋顶上全笼着一层薄烟。树叶子却绿得发亮，小草儿也青得逼你的眼。傍晚时候，上灯了，一点点黄晕的光，烘托出一片安静而和平的夜。乡下去，小路上，石桥边，撑起伞慢慢走着的人；还有地里工作的农夫，披着蓑，戴着笠的。他们的草屋，稀稀疏疏的在雨里静默着。

天上风筝渐渐多了，地上孩子也多了。城里乡下，家家户户，老老小小，他们也赶趟儿似的，一个个都出来了。舒活舒活筋骨，抖擞抖擞精神，各做各的一份事去。“一年之计在于春”；刚起头儿，有的是工夫，有的是希望。

春天像刚落地的娃娃，从头到脚都是新的，它生长着。

春天像小姑娘，花枝招展的，笑着，走着。

春天像健壮的青年，有铁一般的胳膊和腰脚，领着我们上前去。

三、小说之美

小说是一种以刻画人物形象为中心、通过完整的故事情节和环境描写来反映社会生活的文学体裁。

小说按照篇幅及容量可分为长篇小说、中篇小说、短篇小说和微型小说（小小说）等。按照表现的内容可分为神话、仙侠、武侠、科幻、悬疑等。按照体制可分为章回体小说、日记体小说、书信体小说、自传体小说等。按照语言形式可分为文言小说和白话小说等。

（一）小说的三要素

人物、情节、环境是小说的三要素。

1. 人物

塑造人物形象是小说反映社会生活的主要手法。小说中的人物形象多是虚构的，往往是选取多个人物性格特点，合成一个人物形象。小说中的人物具有典型性，因为是从生活中许多原型中撷取典型因素而创造出来的角色，必然比生活中的人更鲜明突出。小说塑造人物的手段多种多样，其中外貌描写、心理描写、行动描写、语言描写以及侧面烘托是作者刻画人物形象的重要手段。

2. 故事情节

小说通过故事情节来展示人物性格，表现主题。作者往往根据人物性格的发展、人物与人物之间的关系和矛盾冲突，来选择或虚构事件，组成作品完整的故事情节。故事情节通常包括开端、发展、高潮和结局四个部分，有的小说还包括序幕和尾声。

例如，《孔乙己》开端部分叙写咸亨酒店的格局和两种不同身份、地位的酒客（短衣帮、长衫主顾）来往的情景，交代了当时贫富悬殊、阶级对立的社会背景，为下文孔乙己这一特殊的人物的出场作铺垫。

发展部分叙写孔乙己第一次到咸亨酒店喝酒遭人耻笑的情景，通过刻画孔乙己的肖像、神态、动作、语言等，揭示其贫困潦倒、自欺欺人、迂腐可笑、死要面子、好逸恶劳的思想性格。

高潮部分叙写孔乙己最后一次到咸亨酒店喝酒遭人耻笑的情景，通过侧面描写丁举人的横行霸道、心狠手辣和正面描写孔乙己的身残气微，表现出孔乙己的悲惨遭遇，从而深刻地揭露了封建科举制度的罪恶。

结局部分以“大约”“确实”这样一组意味深长的词句结尾，不仅为孔乙己的悲惨命运增添了悲剧意味，还给读者留下了无限的思考。

3. 典型环境

小说中的环境，包括社会环境和自然环境。社会环境主要交代作品的时代背景；自然环境主要包括人物活动的时间、地点、景物，用以烘托气氛、表现人物的感情等。人物总是生活在一定的环境里，一定的人物总是和一定的环境联系着。离开了环境，人物就没有了活动的天地，人物的思想性格也就失去了社会根源。

例如，《孔乙己》高潮部分通过描写秋天悲凉的景象，渲染了凄凉的气氛，预示着孔乙己即将死亡的悲惨结局。

| 美学之窗 |

孔乙己

鲁　迅

鲁镇的酒店的格局，是和别处不同的：都是当街一个曲尺形的大柜台，柜里面预备着热水，可以随时温酒。做工的人，傍午傍晚散了工，每每花四文铜钱，买一碗酒，——这是二十多年前的事，现在每碗要涨到十文，——靠柜外站着，热热的喝了休息；倘肯多花一文，便可以买一碟盐煮笋，或者茴香豆，做下酒物了，如果出到十几文，那就能买一样荤菜，但这些顾客，多是短衣帮，大抵没有这样阔绰。只有穿长衫的，才踱进店面隔壁的房子里，要酒要菜，慢慢地坐喝。

我从十二岁起，便在镇口的咸亨酒店里当伙计，掌柜说，样子太傻，怕侍候不了长衫主顾，就在外面做点事罢。外面的短衣主顾，虽然容易说话，但唠唠叨叨缠夹不清的也很不少。他们往往要亲眼看着黄酒从坛子里舀出，看过壶子底里有水没有，又亲看将壶子放在热水里，然后放心：在这严重监督之下，羼水也很为难。所以过了几天，掌柜又说我干不了这事。幸亏荐头的情面大，辞退不得，便改为专管温酒的一种无聊职务了。

我从此便整天的站在柜台里，专管我的职务。虽然没有什么失职，但总觉得有些单调，有些无聊。掌柜是一副凶脸孔，主顾也没有好声气，教人活泼不得；只有孔乙己到店，才可以笑几声，所以至今还记得。

孔乙己是站着喝酒而穿长衫的唯一的人。他身材很高大；青白脸色，皱纹间时常夹些伤痕；一部乱蓬蓬的花白的胡子。穿的虽然是长衫，可是又脏又破，似乎十多年没有补，也没有洗。他对人说话，总是满口之乎者也，教人半懂不懂的。因为他姓孔，别人便从描红纸上的“上大人孔乙己”这半懂不懂的话里，替他取下一个绰号，叫作孔乙己。孔乙己一到店，所有喝酒的人便都看着他笑，有的叫道，“孔乙己，你脸上又添上新伤疤了!”他不回答，对柜里说，“温两碗酒，要一碟茴香豆”。便排出九文大钱。他们又故意的高声嚷道，“你一定又偷了人家的东西了!”孔乙己睁大眼睛说，“你怎么这样凭空污人清白……”“什么清白?我前天亲眼见你偷了何家的书，吊着打。”孔乙己便涨红了脸，额上的青筋条条绽出，争辩道，“窃书不能算偷……窃书！……读书人的事，能算偷么?”接连便是难懂的话，什么“君子固穷”，什么“者乎”之类，引得众人都哄笑起来：店内外充满了快活的空气。

听人家背地里谈论，孔乙己原来也读过书，但终于没有进学，又不会营生；于是愈过愈穷，弄到将要讨饭了。幸而写得一笔好字，便替人家钞钞书，换一碗饭吃。可惜他又有一样坏脾气，便是好喝懒做。坐不到几天，便连人和书籍纸张笔砚，一齐失踪。如是几次，叫他钞书的人也没有了。孔乙己没有法，便免不了偶然做些偷窃的事。但他在我们店里，品行却比别人都好，就是从不拖欠；虽然间或没有现钱，暂时记在粉板上，但不出一月，定然还清，从粉板上拭去了孔乙己的名字。

孔乙己喝过半碗酒，涨红的脸色渐渐复了原，旁人便又问道，“孔乙己，你当真认识字么?”孔乙己看着问他的人，显出不屑置辩的神气。他们便接着说道，“你怎的连半个秀才也捞不到呢?”孔乙己立刻显出颓唐不安模样，脸上笼上了一层灰色，嘴里说些话；这回可是全是之乎者也之类，一些不懂了。在这时候，众人也都哄笑起来：店内外充满了快活的空气。

在这些时候，我可以附和着笑，掌柜是决不责备的。而且掌柜见了孔乙己，也每每这样问他，引人发笑。孔乙己自己知道不能和他们谈天，便只好向孩子说话。有一回对我说道，“你读过书么?”我略略点一点头。他说，“读过书，……我便考你一考。茴香豆的茴字，怎样写的?”我想，讨饭一样的人，也配考我么?便回过脸去，不再理会。孔乙己等了许久，很恳切的说道，“不能写罢?……我教给你，记着！这些字应该记着。将来做掌柜的时候，写账要用”。我暗想我和掌柜的等级还很远呢，而且我们掌柜也从不将茴香豆上账；又好笑，又不耐烦，懒懒的答他道，“谁要你教，不是草头底下一个来回的回字么?”孔乙己显出极高兴的样子，将两个指头的长指甲敲着柜台，点头说，“对呀对呀！……回字有四样写法，你知道么?”我愈不耐烦了，努着嘴走远。孔乙己刚用指甲蘸了酒，想在柜上写字，见我毫不热心，便又叹一口气，显出极惋惜的样子。

有几回，邻居孩子听得笑声，也赶热闹，围住了孔乙己。他便给他们茴香豆吃，一人一颗。孩子吃完豆，仍然不散，眼睛都望着碟子。孔乙己着了慌，伸开五指将碟子罩住，弯腰下去说道，“不多了，我已经不多了”。直起身又看一看豆，自己摇头说，“不多不多！多乎哉?不多也”。于是这一群孩子都在笑声里走散了。

孔乙己是这样的使人快活，可是没有他，别人也便这么过。

有一天，大约是中秋前的两三天，掌柜正在慢慢的结账，取下粉板，忽然说，“孔乙己长久没有来了。还欠十九个钱呢!”我才也觉得他的确长久没有来了。一个喝酒的人说道，“他怎么会来?……他打折了腿了”。掌柜说，“哦!”“他总仍旧是偷。这一回，是自己发昏，竟偷到丁举人家里去了。他家的东西，偷得的么?”“后来怎么样?”“怎么样?先写服辩，后来是打，打了大半夜，再打折了腿。”“后来呢?”“后来打折了腿了。”“打折了怎样呢?”“怎样?……谁晓得?许是死了。”掌柜也不再问，仍然慢慢的算他的账。

中秋过后，秋风是一天凉比一天，看看将近初冬；我整天的靠着火，也须穿上棉袄了。一天的下半天，没有一个顾客，我正合了眼坐着。忽然间听得一个声音，“温一碗酒”。这声音虽然极低，却很耳熟。看时又全没有人。站起来向外一望，那孔乙己便在柜台下对了门槛坐着。他脸上黑而且瘦，已经不成样子；穿一件破夹袄，盘着两腿，下面垫一个蒲包，用草绳在肩上挂住；见了我，又说道，“温一碗酒”。掌柜也伸出头去，一面说，“孔乙己么？你还欠十九个钱呢！”孔乙己很颓唐的仰面答道，“这……下回还清罢。这一回是现钱，酒要好。”掌柜仍然同平常一样，笑着对他说，“孔乙己，你又偷了东西了！”但他这回却不十分分辩，单说了一句“不要取笑！”“取笑？要是不偷，怎么会打断腿？”孔乙己低声说道，“跌断，跌，跌……”他的眼色，很像恳求掌柜，不要再提。此时已经聚集了几个人，便和掌柜都笑了。我温了酒，端出去，放在门槛上。他从破衣袋里摸出四文大钱，放在我手里，见他满手是泥，原来他便用这手走来的。不一会，他喝完酒，便又在旁人的说笑声中，坐着用这手慢慢走去了。

自此以后，又长久没有看见孔乙己。到了年关，掌柜取下粉板说，“孔乙己还欠十九个钱呢！”到第二年的端午，又说“孔乙己还欠十九个钱呢！”到中秋可是没有说，再到年关也没有看见他。

我到现在终于没有见——大约孔乙己的确死了。

（二）小说的分类

小说的分类指对小说内部体式、类别的划分，根据作品的题材选择、形象塑造、结构方式及语言、文体等方面情况，把各种小说区别开来。如我国古代小说有志怪小说、志人小说、传奇小说、话本小说、拟话本小说等。随着小说的发展，小说的体式、类别更为繁多。如依题材内容，可分为战争小说、爱情小说、历史小说、侦探小说；依体式，可分为叙述体小说、诗体小说、日记体小说、书信体小说、对话体小说等；依语言，可分为文言小说、白话小说；依流派，可分为荒诞派小说、超现实主义小说、象征主义小说、黑色幽默派小说、现代派小说；还有将小说分为情节小说、性格小说、心理小说、印象小说的。在文学或小说理论中，一般则是根据篇幅的长短、容量的大小、人物的多少、情节的繁简，把小说分为长篇小说、中篇小说、短篇小说、微型小说等。小说的分类有着很大的相对性和交叉。

1. 长篇小说

小说体裁之一，是篇幅最长、容量最大的大型叙事作品。它能够多方面地描绘丰富多彩的社会现实，细致地展开波澜壮阔的生活事件，具体地表现错综复杂的矛盾冲突及其发展的全过程，详尽地叙述一个人、几个人，甚至几代人的经历；除有一个正主题外，常常还有若干副主题；人物众多，主要人物往往构成典型人物的画廊；情节特别生动丰富，曲折复杂，有主线和从属于主线的一条或几条副线，主副线之间还可以互相转比；其结构复杂，除单线型结构外，更多地采用复线型结构、网状结构；在篇章组织上有的分为若干章、部、卷、集。优秀的长篇小说被视为历史的巨幅画卷、反映生活的“史诗”。

2. 中篇小说

小说体裁之一，是在容量和篇幅上介于长篇小说和短篇小说之间的具有中等规模的叙事作品。但它既非压缩了的长篇，又非扩张了的短篇，而是一种独立的小说样式。其所反映的生活内容为短篇小说所不能容纳，又不足以铺写成一部长篇，篇幅一般在 10 万字以内。它往往选取一组较大的事件，构成一个中心情节，人物关系大体都围绕中心情节展开，少有枝蔓；它不宜有宏大的结构，不是把所有的背景都挪到前台来写。它只集中笔墨写几个主要的人物，或截取人物的“横断面”，以显示人物的性格，或从人物的几年，以至几十年的生命长河中，揭示性格成长的历史，从人物的命运和性格的变异中见出立体感和历史感。在我国新时期文学中，中篇小说的长足发展引起了文学理论界的高度重视。

3. 短篇小说

小说体裁之一，其突出特点是篇幅短，容量小，选材精。它一般都是从丰富多彩的生活长河中精选最有典型意义的一个侧面或片段突出地加以描写；它着力塑造的主人公往往只有一两个，而这一两个人物的性格也大多只限于主导方面；它的情节单纯，通常以一个主要事件为主干，使时间、场景高度集中；它的结构严整紧凑，首尾相顾，线索较为单纯，其篇幅一般在一万字上下。

4. 微型小说

小说体裁之一，又叫小小说、超短篇小说、极短篇小说、袖珍小说、瞬间小说、一分钟小说、千字小说。它的篇幅短小，少则两三百字，多也不超过千字。“微型”是其形式上的特点。它往往截取生活中具有特征意义的微波细澜，时间长河中稍纵即逝的瞬间，事件的一个小小的片段，场面的一个特写镜头。它特别要求有精巧微妙的构思，最大限度地要讲究精悍和洗练。结构上更精心于布局，以构成一个类似微雕的完整的艺术精品。微型小说最能迅速及时地反映现实生活。

四、剧本之美

剧本是舞台表演或拍戏的必要工具之一，是剧中人物进行对话的参考语言，是一门为舞台表演服务的艺术样式，区别于戏剧和其他文学样式。与剧本类似的词汇还包括脚本、剧作等。它是以代言体方式为主，表现故事情节的文学样式。

剧本主要分为文学剧本与摄影剧本。文学剧本是比较突出文学性的剧本，摄影感偏低，包含话剧剧本（或称戏剧剧本）、小说剧本（或称剧小说）、小品剧本、相声剧本等；摄影剧本是比较突出拍摄感的剧本，文学艺术性可高可低（根据影片题材、市场、投资金等综合情况决定），包含分景剧本、分镜剧本（分镜脚本或电影剧本）、台本等。

（一）剧本内容

剧本主要由台词和舞台指示组成。对话、独白、旁白都采用代言体，在戏曲、歌剧中则常用唱词来表现。剧本中的舞台指示是以剧作者的口气来写的叙述性的文字说明，包括对剧情发生的时间、地点的交代，对剧中人物的形象特征、形体动作及内心活动的描述，对场景、气氛的说明，以及对布景、灯光、音响效果等方面的要求。

在戏剧发展史上，剧本的出现，大致在戏剧正式形成并成熟之际。古希腊悲剧从原始的酒神祭礼发展为一种完整的表演艺术，就是以一批悲剧剧本的出现为根本标志的；中国的宋元戏文和杂剧剧本，是中国戏剧成熟的最确实的证据；印度和日本古典戏剧的成熟，也是以一批传世的剧本来标明的。但是，也有一些比较成熟的戏剧形态是没有剧本的，例如古代希腊、罗马的某些滑稽剧，意大利初期的即兴喜剧，日本歌舞伎中的一些口头剧目，中国唐代的歌舞小戏和滑稽短剧，以及现代的哑剧等等。

剧本的写作，最重要的是能够被搬上舞台表演，戏剧文本不算是艺术的完成，只能说完成了一半，直到舞台演出之后（即“演出文本”）才是最终艺术的呈现。历代文人中，也有人创作过不适合舞台演出，甚至根本不能演出的剧本。这类的戏剧文本则称为案头戏（也叫书斋剧）。比较著名的如王尔德的《莎乐美》等。而好的剧本，具备适合阅读，也创造杰出舞台表演的双重价值。

（二）剧本分类

按照应用范围，可分为话剧剧本，电影剧本，电视剧剧本，动画剧本，微电影剧本、微动漫剧本等，小说剧本，相声，小品。

按剧本题材，又可分为喜剧、悲剧、历史剧、家庭伦理剧、惊悚剧等等。

剧作家要懂得舞台和表演，应该在剧本的创作中处理好剧本的文学性和舞台性。因为戏剧演出才是最终目的。没有演出和观众的戏剧谈不上是戏剧。

| 美学之窗 |

金色的鱼钩

时间：1935 年秋。

地点：长征路上，一望无际的草地。

人物：炊事班长（近四十岁，个儿高，背有点儿驼，两鬓斑白，皱纹满脸）。

红军战士小梁（十七八岁，瘦弱有病）。

小战士甲和乙（十二三岁，病弱交加，疲惫不堪）。

第一幕　草地夜话

画外音：1935 年秋，红军进入草地。炊事班长奉命照顾三个病号。青稞面吃完了，战士们只好吃野菜、草根。一天，老班长用缝衣针做成鱼钩钓来了小鱼。

（幕启，小战士们津津有味地喝着鱼汤。老班长坐在一旁慈祥地望着他们。）

小梁：老班长，你怎么不吃啊？

班长：（摸摸嘴，回味似的）吃过了，我一起锅就吃了，比你们还先吃呢。

（老班长收拾好碗筷，下，从另一边上，小梁悄悄地跟上，老班长坐在草地上艰难地嚼着草根和剩下的鱼骨头。）

小梁：（失声地）老班长，你怎么……

班长：（支吾着）我，早吃过了。看到碗里还没吃干净，扔了怪可惜的……

小梁：不！我全知道了。

班长：小点声，小梁。（搂过小梁，又指了指两个小战士睡觉的地方）咱俩是党员，你既然知道了，可不能再告诉别人。

小梁：可是，你也要爱惜自己啊！

班长：不要紧，我身子骨还结实。（抬头望了望星空，良久）指导员把你们三人交给我时说，一路上，我是上级，是保姆，是勤务员。再苦再累，也要把你们带出草地。我估摸着还要20天的路程，这20天，难熬呀！眼看你们一天天衰弱下去，真要有个三长两短，我怎么向党汇报呢？

小梁：可是，你总该跟我们一起吃点儿呀！

班长：哎，太少了。（轻轻摇头）小梁，弄点儿吃的太难了。有时候等了大半夜，也不见鱼上钩。为了弄条蚯蚓做鱼饵，我不知翻了多少草皮。还有，我的眼睛坏了，一到夜里，找野菜得一棵一棵地摸。

小梁：（抢着说）老班长，以后我帮你，我看得见！

班长：不，咱们不是早分好工了吗？再说，你病得也不轻，不好好休息会支持不住的。

小梁：不。

班长：（严厉地）小梁同志，共产党员要服从党的分配。你的任务是坚持走路，安抚两个小同志的情绪，增强他们战胜困难的信心！（小梁张口无语，扑在老班长怀里哭了，幕落。）

第二幕　凝重的眼神（略）

第三幕　最后的嘱咐

（幕启，远处重重叠叠的山峰依稀可见。近处，四个衣衫褴褛的红军战士围在一起。身后，是茫茫的草地和一行踩得稀烂的路）

老班长：（快活地）同志们，咱们快走出这草地了（指指远山）。我们在这儿停一下，好好弄点儿吃的，鼓一鼓劲，一口气走出草地去。（说罢，拿针钩找水塘去了；小红军们快活地找野菜、拾干柴。）

小梁：怎么老班长还没回来？

小战士甲：啊？（有些慌乱）去找找！

（老班长在水塘里昏迷不醒，鱼竿还握在手中）

小梁：我来钓鱼，你俩一个照顾老班长，一个赶紧生火。

（终于钓到一条小鱼，赶忙熬鱼汤。）

小梁：（伏下身）老班长，你醒醒！喝点儿鱼汤就会好的……

（小战士甲、乙跪在一旁哭泣。）

老班长：（微微睁眼，盯着鱼汤）小梁，别浪费东西了，我……我不行啦。你们吃吧，吃了还要赶路，这二十多里路，一定要走出去！

小梁：老班长，你吃呀！我们抬也要把你抬出草地（哭泣）！

老班长：（抚摸小梁的头）不，你们吃吧，你们一定要走出草地去！见着指导员，告诉他，我没有完成党交给我的任务……（手突然滑下去）

三个战士：（齐哭喊）老班长，老班长，你醒醒呀，醒醒呀！

（小梁小心翼翼地包好鱼钩，放在贴身衣袋里，动作缓慢。）

画外音又起：（小梁的声音）老班长，等革命胜利了，我一定把这珍贵的鱼钩送到革命烈士纪念馆去。让我们的子孙后代瞻仰它，永远记住这金色的鱼钩，记住这峥嵘的岁月。（幕落）

创 造 美

艺术鉴赏与艺术实践

◎ 第五章　艺术创造

◎ 第六章　艺术鉴赏与批评

◎ 第七章　拓展实践：非物质文化遗产

第五章　艺术创造

有人说艺术创造只是人的美丽梦幻，而不是生活的实质。有人却认为，如果梦做得好，梦中的生活也值得过。我们要热爱这梦，因为这可以让人忘却人生的苦恼和缺陷，这也是创造的意义。我们要热爱创造，把生命力和创造力注入艺术永久地保存起来。

通过艺术创造，人可以获得物我两忘、天人合一的审美体验；在艺术创造中，人可以愉悦自己，净化自己的灵魂，取得精神的自由；通过艺术创造，可以忘却人生的悲凉、孤独，陶醉在美妙的艺术欣赏之中；通过艺术创造，人可以实现与超越自我，把自己的生命力、创造力凝结在艺术作品中，从而走进审美的精神家园，获得永恒的人生价值；通过艺术创造，人把看似虚无荒谬的人生当作富有意义的生活，执着地追求……

第一节 艺术主体

一、艺术主体的特点

艺术主体是艺术创作的承担者，对客体的活动是一种观念活动，但与科学认知不同，主要通过对具有审美价值的客观事物即审美客体（包括物质客体和观念客体）的直接感受、情感体验，对对象作出审美判断和评价，并在这个基础上运用艺术话语创造出具有审美价值的艺术世界。因此，艺术主体具有一定的审美能力，一般表示为在艺术活动中具有主观能动性的个人。那么，艺术主体究竟有什么特点呢？下面我们具体来看一下。

（一）以社会存在为基础

马克思从历史唯物主义的角度深刻揭示出，“人的本质并不是单个人所固有的抽象物，在其现实性上，它是一切社会关系的总和”。艺术主体面对的社会关系是丰富的和复杂的，既有经济的、政治的，也有文化的、伦理的，与各个方面都有密切的联系。“个体是社会存在物”，任何作家、诗人等都不可能是生活在社会和一定社会关系之外的孤立个体，都不可能是封闭在自我意识中的神秘人。他们对生活的审美感受、审美体验、审美判断和评价，以及运用文学语言反映生活的技巧、风格，都受到时代精神、社会意识、公共心理、民族特性、阶级意识等因素的影响。从屈原到鲁迅，从荷马到高尔基，任何一位诗人、作家，都既是个别的人，又是一定的社会人。他们的作品所表现的思想感情既是个人的，又是一定时代精神和社会意识的反映。总之，作为艺术的主体，任何作家、诗人都是具有社会生命、社会灵魂的单个人，或者说，都是具体的、个别的社会人。

艺术主体受到社会各个方面的制约和影响，同时也对社会施以一定的影响和作用。作为主体的人，他的思维和意识与社会相适应，具有相当复杂的形态。社会的发展和变化，会使艺术主体的思维和意识发生改变；同样，艺术主体也会对社会的变化作出这样或那样的反应，对社会的变化予以艺术的表现。任何艺术主体也不可能脱离社会而独立存在，他们的作品无论从内容上，还是从形式上都烙下了社会的印记，都表现出个人对生活的独特感受和创作个性。即使是形式感极强、力图表现相对形式美的艺术作品，也会或多或少地留下社会的痕迹。那种试图远离社会、声称纯而又纯的艺术是不存在的。

（二）个性化极强

人们制造了机器，于是工人便须守在机器旁；农民开垦了土地，便要祖祖辈辈耕作在上面；人们创造了各种社会规范条文，便要在条文中谨慎地生活。一句话，人要在社会中生活下去，便要受到各方面的制约，否则，连最起码的生存条件就会失去，也就是说谁想超越社会限制，谁就会被生活击得头破血流。但人具有非凡的创造性，不甘于被命运摆布，会为改变命运而进行各种各样的活动，以使自己获得轻松感，释放疲惫感，于是艺术活动就产生了。

艺术活动是以个人为基础的精神性活动，具有非常突出的个性特色。每个社会中的人都是独立的个体，在每个人身上，都有一个丰富的精神世界，都有属于自己的力量，而每一个人的力量都是独特的。在认知世界和把握世界的过程中，每个人都会有自己独特的方式和特色，显示出自身力量的特性。艺术创造更是如此。艺术主体充分显示出其个性特色，将其个性深深地嵌印在艺术作品中，长久地显现其艺术个性的独特魅力。

如果深入研究艺术主体情感的生成以及表现形态，就会发现，个体的情感与一定民族和时代的情感紧密相连。就艺术主体的情感生成来看，其民族的情感积淀深深扎根于心灵深处，加之所处的时代和社会的精神对艺术主体情感模式形成的重要影响，便使其情感打上厚重的群体的烙印；从其情感的表现形态看，艺术主体对社会、人生、历史和自然的错综复杂的审美对象所作出的情感反应和情感投入，虽以个体的形式出现，不乏个性特色，但因其心灵深处厚重的群体性情感积淀，制约着主体情感，因而其情感表现都不是纯粹的个人行为，而是他所从属的民族、阶级、阶层和群体的某种情感倾向的反映。

（三）既是能动的，也是受动的

“一切种类的文学艺术的源泉究竟是从何而来的呢？作为观念形态的文艺作品，都是一定的社会生活在人类头脑中的反映的产物。革命的文艺，则是人民生活在革命作家头脑中的反映的产物。”文艺作品是艺术主体根据自己对社会生活的感受、体验和认识创造出来的，或者说，是社会生活反映在作家的头脑中，经过艺术主体的头脑加工创造出来的。艺术主体的头脑在社会生活面前是积极能动的主体。这种能动性表现在：任何艺术主体在创作中都有选择生活、改造生活和创造生活的自主权；艺术主体不满足于反映生活，还会在作品中评价生活和表达某种生活理想；文艺作品反映出来的生活可以而且应该比普通的实际生活更富有典型意义；文艺不仅反映生活，还要反作用于生活，推动社会生活向前发展。

但艺术主体能动性也是相对的、有条件的，在许多情况下要受到各方面因素的制约和导引，因而艺术主体又是受动的。从根本上讲，艺术主体是能动与受动的辩证统一。

二、艺术主体必备的修养

美的发现及其艺术表现是由艺术主体完成的，这要求艺术主体具有一定的审美修养。

（一）想象力和联想力

想象是在改造记忆表象的基础上，在头脑中创造新的形象。它把客观事物化为情思之物，是使世界（包括自然）人化的重要方式。如，当你需要装饰儿童乐园时，在读到儿童这两个字设计要求的时候，脑子里可能马上就会出现气球、滑梯、树屋、海洋球……也许是更加离奇的联想，如热气球、月亮等。

想象一般是在具备了一定知识面的基础上完成。没有知识和经验的想象只能是毫无根据的空想，或完全不能引发任何共鸣与联想的主观臆想。所以，想象力的培养首先是知识的储备。眼界要开阔，永远怀揣一颗好奇心，像个孩子一样去观察这个世界，让思想无拘无束地遨游而毫无预设的偏见。

想象力是人的生活中不可缺少的智慧，是一种特质。缺了它，你不可能成为一名艺术创造者。想象力需要长期、有意识地培养。多看、多思索、有见识才能使头脑中充满素材，思索时才会自动地出现有意思的画面与不断的联想。

（二）审美表现力

艺术主体只有想象力当然是不够的。好的想象力还需要有合适的表现手段加以外化，才有可能构成艺术创造，才会形成艺术作品提供给受众。审美表现能力包括以下三个基本层面：

1. 强烈的审美表现欲望和冲动

想象力是每个人都会形成和具备的，是每个人成为艺术主体的基本条件之一。然而，人在展开自己的想象力活动以后，如何处理自己的想象力，会出现个体差异。有人喜欢把想象搁在自己心中反复琢磨，不让它外显、外化出来，这是个人的独自沉思。有人会把想象外化出来，但使用的是概念、命题，通过书面或者口头语言来表述，就像理论家或哲学家一般。也有人将想象外化成具体的可视形象，如画家、雕塑家；还有人将想象外化成可听可读的艺术形象，如诗人、音乐家。对艺术主体来说，审美表现的欲望与冲动会促使艺术主体将想象外化出来，并且是非把它外化出来不可。这样的欲望与冲动，是审美表现力的首要前提。没有这样的基础，成为不了艺术主体。

2. 基本的审美表现能力

这属于天赋的审美表现能力，也可以通过后天培养与训练拥有。舞蹈表现方面的天赋能力涉及最基本的肢体表现能力。肢体表现需要乐感、节奏感，常常是与生俱来的能力，或是在幼年时期培养出来的能力。一个成年人学习芭蕾舞，由于肢体基本定型，要通过训练达到表演的程度，很难取得成功。音乐表现方面的天赋能力涉及嗓音、听觉能力。天生的五音不全的人要从事音乐工作，就很困难；天生的听力障碍者要从事不同角色的配音工作，也很困难。这些审美表现能力是艺术创造不可缺少的基本能力。

3. 审美表现技巧，即艺术技巧

艺术技巧实际上就是对艺术语言的掌握与运用能力，从事舞蹈的人，要求对肢体语言有娴熟的掌握与运用能力，画家必须熟练掌握线条、色彩、光线等绘画技巧，作曲家则必须掌握旋律发展手法、和声、复调、曲式、配器等作曲技术。

（三）创新

所谓创新是新事物代替旧事物，实现质的飞跃和发展。艺术主体必须具有创新性，以及为创新而应具备的一些基本技能。艺术作为一种创造性的活动，随着政治、经济、自然环境等的变化会做出相应的适应和调整，一些掌握了部分技艺的群体，依靠自身的感悟和感受创作出超越以前事物或使之更加完美的作品，从而发挥出艺术的魅力，达到使人们愉悦和得到更高的精神享受的效果。

（四）丰富的生活实践

任何文艺作品的产生都离不开创新主体的实践活动。艺术主体丰富的生活实践是艺术创作的源泉和基础，因此，艺术主体对社会生活的观察和体验就显得十分重要。艺术主体必须置身于某种实践中，与周围建立密切的关系，才能采取很多行动，得到很多经历，才能用具体形象把生活中真正深刻的东西表现出来。如曹雪芹若不是幼年过着“锦衣纨绔、饫甘餍肥”的豪华生活，他在《红楼梦》中未必能写出大小筵席上的山珍海味，以及名目繁多、花样百出的吃法；若不是曹家是江南显赫一时的“江宁织造”，曾经四次恭迎康熙皇帝圣驾，“元妃省亲”的盛大场面未必能写得那么有声有色、栩栩如生。

（五）灵感

灵感是艺术主体独特审美创造能力的重要体现。灵感是艺术主体在创作过程中呈现的特殊心理与精神状态，是艺术家把自我投入到审美创造过程中出现的主观精神状态。艺术主体痴迷于艺术创造，沉浸在自己的主题中，心无杂念。

| 美育之窗 |

美国的迪斯尼曾经从事美术设计，后来他失业了，他和妻子住在一间老鼠横行的公寓里。但失业后，因付不起房租，夫妇俩被迫搬出了公寓。这真是连遭不幸，他们不知该去哪里。一天，二人呆坐在公园的长椅上，正当他们一筹莫展时，突然从迪斯尼的行李包中钻出一只小老鼠。望着老鼠机灵滑稽的面孔，夫妻俩感到非常有趣，心情一下子就变得愉快了，忘记了烦恼和苦闷。这时，迪斯尼头脑中突然闪过一个念头，对妻子惊喜地大声说道：“好了！我想到好主意了！世界上有很多人像我们一样穷困潦倒，他们肯定都很苦闷。我要把小老鼠可爱的面孔画成漫画，让千千万万的人从小老鼠的形象中得到安慰和愉快。”风行世界的米老鼠就这样诞生了。在失业前，迪斯尼一直住在公寓里，每天从早到晚都同老鼠生活在一起，并没有产生这样的设想。而在穷途末路、面临绝境的时候出现了这样的灵感，原因何在？其实，米老鼠就是触发了灵感的产物。他说：“米老鼠带给我的最大礼物，并非金钱和名誉，而是启示我陷入穷途末路时的构想是多么伟大！还有，它告诉我倒霉到极点时，正是捕捉灵感的绝好机会。”发现灵感思考法是指，在对问题已进行较长时间思考的执着探索过程中，需随时留心和警觉，在同某些相关与不相关的事物接触时，有可能在头脑中突然闪现所思考问题的某种答案或启示。就像迪斯尼夫妇由小老鼠触发灵感一样，许多意想不到的东西都可以成为触发灵感的媒介物。

三、艺术创造的过程

艺术创造活动是指艺术家运用已经掌握的艺术创造能力，将生活中的得来的素材，围绕一定的主题，在头脑思维中形成比较完整的艺术形象，接着用艺术语言和艺术表现手法，把想法物化为艺术形象的过程。

郑板桥在描述自己画竹的过程时说，“江馆清秋，晨起看竹，烟光、日影、露气，皆浮动于疏枝密叶之间。胸中勃勃遂有画意。其实胸中有竹，并不是眼中之竹也。因而磨墨展纸，落笔倏作变相，手中之竹又不是胸中之竹也”。这里，从眼中之竹到胸中之竹再到手中之竹，分别对应了艺术创作过程的三个阶段：体验、构思、传达。

所谓眼中之竹，说的是体验生活对于创作的重要性，艺术家应当观察生活、感受生活，这是艺术创作的准备阶段或酝酿阶段，也就是艺术体验活动。

所谓胸中之竹，说的是创造性想象力对于创作的重要性。艺术家在有了艺术体验和创作欲望之后，正式开始了头脑中的艺术创作，形成主客体统一的审美意象，也就是艺术想象活动。

所谓手中之竹，是强调艺术表达技巧对于创造的重要性。艺术家需要通过艺术语言或艺术手段，将审美意象物化为艺术作品。

（一）体验

体验是指艺术家通过长期对实践的观察、体验、思考后，产生难忘的回忆和深刻的感情，从而萌发不可遏制的创作欲望。对于艺术主体来说，体验犹如源头之水，是艺术创作的准备阶段。

1. 从社会变革和人生际遇中体验

社会现象中存在无穷的情趣，那波澜壮阔的社会变革往往可以激发创造主体的创造力。如高尔基的《童年》《在人间》《我的大学》自传体小说三部曲、小仲马的《茶花女》、新中国成立之初的《歌唱祖国》等欢庆胜利的歌曲等，就是创作者以当时的社会情境为背景，留下的扣人心弦、不可磨灭的历史记忆。

人生的悲欢离合都有审美趣味。艺术家在生活中亲历的所见、所闻、所遇，往往是创造主体创作的源泉，可以激起艺术家的创造欲望，激发创造主体生动的想象和丰富的情感。如，李煜面对国破家亡、物是人非，写下“问君能有几多愁，恰似一江春水向东流”，就是对人生遭遇的一种审美观照，颇有情趣。

2. 从大自然中体验

艺术家还可以从大自然中获取灵感，吸纳日月山川的瑰奇壮丽之气与幽深玄妙之趣。观大海可拓宽人的胸襟，登泰山可领略大自然的雄伟，游苏杭而知园林的新奇，涉张家界而感天工之灵巧，望云海而获虚幻之感、超脱之趣，进华山而觉苍莽之美、险峻之态……大自然的奇观开启了我们的感官、拓宽了我们的视野。

自然界形态各异的趣味，不断地滋润着我们的心灵，即使是一草一木、一石一泉，也会使我们领悟到许多佳妙，从而给作品带来生生不息的审美趣味。如在拍摄《少年派的奇幻漂流》中，特效组当时虽在动物数字角色制作方面已经颇有经验，但是对如何将海洋作为一个角色来展现还没有很大把握。为了弄清海洋会呈现怎样的状态，特效总监威斯登霍佛带领团队做了很多前期调查工作。他曾亲自登上一艘快艇，来到波浪滔天的大海中，观察浪头涌起的高度和时间跨度。他发现，一个近两米高的浪头涌起可以长达 14 秒不退，并将这一观察运用到《少年派的奇幻漂流》的制作中。若无深刻的现场体验，又何来影片中如此博大的场面，进而感动观众？

3. 从欣赏艺术作品中体验

欣赏各种艺术作品，也可以丰富我们的审美趣味。歌德曾说过："诗人不是生下来就知道法庭怎么判案的，议会怎么工作的，国王怎么加冕的。如果他要写这类题材而不愿违背真相，他就必须向经验或文化遗产请教。"艺术是相通的，我们可以从相声中领略谐趣，从童话中欣赏稚趣，从书法中寻觅节奏，从工艺美术中观察变形，从毕加索的立体主义油画中领悟形象组合与多义性……

（二）构思

构思是艺术创作者在对客观世界审美感知和体验的基础上，融会主观的思想、情感、愿望、理想，在艺术家头脑中经过艺术创造形成审美意象的过程。艺术构思过程的实质是一个典型化的过程，目的在于创作高度理想化的艺术形象。

构思一般分为两个阶段：艺术创作的萌发阶段，艺术意象的成熟阶段。

1. 艺术创作的萌发阶段

艺术创作的萌芽，即艺术感觉，是人们生命的体验，是心物的感应，它表现为一种瞬间的、独特的真实感悟。这种感悟是由心灵深处升起的东西，具有灵性和活力，一经艺术语言表达出来，就会使艺术发挥出无穷的神力或魔力，使听者、观者如临其境、感同身受，内心产生感情共鸣，从而获得巨大的感染。

在这一阶段，创作者的艺术心理定式与社会生活结合后的意象只是初步的、粗略的、有待发育的、极不完善的雏形，或是一个极不完备的、尚未理顺思路的断想。这个艺术胚胎，是任何一个艺术家的艺术构思都得首先经过的，只是萌发艺术胚胎的心态条件、胚胎形成时间的长短等具体情况各不相同罢了。

2. 艺术意象的成熟阶段

在这一阶段，艺术胚胎越来越成熟，最后创作主体仿佛胸有成竹了。当然，这种经过了进一步深思熟虑构想出来的艺术意象，特别是巨著的艺术意象，是不知经过了多少次“山穷水尽”的艰辛探索和艺术想象的，只有那“衣带渐宽终不悔”的创作者，方能换得“柳暗花明又一村”的艺术意象的成熟。

（三）传达

当艺术构思成熟之后，艺术家开始着手将头脑中酝酿好的审美意象表现出来，使之变成接受者可用感官感知的艺术形象，这一过程就叫艺术传达。艺术传达是一种创造性的实践过程，其中尤为重要的是艺术技巧的运用和艺术手法的选取。传达的过程实际上就是编码的过程、符号化的过程，就是把意象变成形象的过程。前期的体验、构思能够帮助艺术家促使意象形成于胸，若要成之于手，还需要掌握相关的艺术语言和艺术技巧。传达是艺术创作很重要的一个环节，它直接关乎意象转变成形象的可能性和接近性。

艺术传达的实现，离不开三点：物质材料、艺术语言、艺术技巧。

1. 物质材料

艺术传达离不开一定的物质材料。歌唱家需要嗓音，音乐家需要乐器，演员需要形体和语言，雕刻家需要刻刀和大理石，作家需要纸笔……有了一定的物质材料，艺术家才可以创作出可被感知的艺术品。

2. 艺术语言

艺术语言是艺术家在艺术作品中表现自己创作构思的技术手法和造型表现手段的总和，是创造艺术形象、揭示艺术内容的工具。不同的艺术种类在历史发展过程中形成了各自的特殊语言。文学的语言，是经过提炼的口头语言和书面文字语言，是塑造形象的工具。美术的语言，是用色彩、线条等塑造人物、景色和表达思想感情。音乐艺术语言，是用音响、声调、旋律、节奏等反映社会生活。艺术语言随着艺术的发展而不断地得到完善。艺术作品中，艺术家思想表达的准确、鲜明、生动程度，艺术表现力的强弱和丰富程度，都与其掌握和运用艺术语言的程度有密切联系。

3. 艺术技巧

艺术作品必须讲技巧。作为艺术家，对技巧的运用应当达到出神入化的地步。在杰出艺术家的创作中，技巧的运用几乎是不经意的，技巧与自由已达到了和谐统一的程度。为了获得这种熟练的技巧，需要付出长期艰辛的劳动，需要付出大量的汗水和心血。

第二节 艺术客体

艺术活动中主体的对象即艺术客体。艺术客体是与艺术主体相对应而存在的。在艺术创作过程中，艺术客体是指客观世界中存在的审美对象；在艺术接受过程中，则是指艺术家创作出来的艺术作品。

一、艺术客体的特征

（一）艺术客体是多样的

艺术客体具有多样性，这是由社会生活的丰富性与多样性决定的。社会生活本身无比丰富的内容给艺术客体的多样性提供了客观基础。艺术之所以包括文学、戏剧、电影、音乐、舞蹈、美术等许多不同的门类，正是为了满足人们在艺术鉴赏方面的多样性要求。而在每一个艺术门类中，又有许多不同的体裁和样式。如文学包括诗歌、散文、报告文学、小说，以及许多不同层次的作品，文学作品又可以分为儿童文学、青年文学、通俗文学、乡村文学等，并出现了相应的不同层次的文艺书刊，还出现了许多不同风格和不同题材的作品。

去掉了艺术作品的多样性，也就没有了艺术。如，一部《红楼梦》，其中包含的学问、构造的巧妙，恐怕不是中外任何一部小说能比得了的。但若我们只看到曹雪芹博通古今，巧于构思，看不到他用心和血呼应着人的种种命运，那我们无论如何也无法参透《红楼梦》的感人力量。又如晋朝王羲之、王献之父子优雅从容的写意，唐朝颜真卿、柳公权正统规矩的楷书，宋代黄庭坚修长挺拔的行书、米芾豪迈自由的草书，明朝祝允明高古醇厚的狂草，清代郑板桥清新抖擞的“六分半书”、赵之谦道爽精劲的魏楷，近现代齐白石、黄宾虹、徐悲鸿、白蕉等大家的作品。这些多种多样的书法作品，既弘扬了优秀传统文化，又满足了广大书法爱好者的欣赏需求。

（二）艺术客体是客观的

艺术客体是独立于创作主体及受众而客观存在的，并不以人的意志来决定其存在与否。从人类的第一把石刀、石斧到当代最科学、最先进的空间站，从莫高窟壁画到当代电影电视，都是客观存在物。我们对人创造的石斧、石刀，空间站的客观性不难理解，而对艺术作品的客观性理解起来就要困难一些了。但只要我们认真思考一下便知，艺术美是要通过一定客观物质形态才能表现出来的。一幅绘画，虽然经过艺术家主观心灵这个熔炉冶炼才能产生，但它也是一种客观物质存在，其形象是靠线条、色彩来显现的。诗歌的意境、小说的形象具有非直观的性质，它是欣赏者通过艺术想象，在自己头脑中再创造的结果。但是，这种再创造的基础是文学符号。因此，从本质上讲，语言艺术同样是一种物质形态的客观存在，离开了物化形态、意境，形象也就无所依附了。

（三）艺术客体是感性的

艺术客体是感性的存在形式，是人的情感与精神的物化、外化，更多地是指蕴含于作品之中的情感因素，以及寄寓在形式之中的感性特色。所谓情感因素，是艺术家在艺术作品中的主观情感的移入和投放。情感在艺术作品当中占有十分重要的地位。古今中外的文学家、文论家对情感在艺术作品中的地位非常重视，有关这方面的论述不胜枚举。

艺术家进行艺术创造，常常是以情感为主动力的。人的情感都是丰富的，喜、怒、哀、乐、爱、憎、怜、仇恨，只要是生活中能够让人怦然心动的情思，都能够进入艺术家的视野，经过一段时间的孕育，以最恰当的艺术形式表现出来。

（四）艺术客体是社会的

艺术客体不是与天地并生的，而是与人类并生的。是人类的社会实践促进了艺术作品的生成和发展，是人类的社会实践发现了艺术作品、发展了艺术作品、创造了艺术作品。从绘画书法到戏剧小说再到影视文学，都是人类智慧的结晶，都体现着人类的首创精神。可见，要把艺术作品从人类社会实践中剥离出去，就像把人从社会实践中分离出去一样不科学。

一首诗、一个曲子很真我、很有艺术性，但如果你抒发的是小我的真我，让人看了、听了泄气、乏劲，甚至痛苦，这种很明显就失去了其存在价值。一幅画，一本戏，一部电影，也一样，艺术作品的真正价值，一定要有社会性和人民性的思考。杜甫为什么被后人称为“诗圣”？因为不但他的诗美，更重要的是他的诗作有着忧国忧民的思想，有着博大精深的主题。

二、欣赏艺术客体

面对历史长河，朱光潜说，许多轰轰烈烈的英雄和美人都过去了，许多轰轰烈烈的成功和失败也都过去了，只有艺术作品是真正不朽的。数千年前的《采采卷耳》和《孔雀东南飞》的作者还能在我们心里点燃很强烈的火焰，虽然在当时他们不过是大皇帝脚下的不知名的小百姓。秦始皇并吞六国，统一车书；曹孟德带八十万人马下江东，舳舻千里，旌旗蔽空……这些惊心动魄的成败对于你有什么意义？对于我有什么意义？但是长城和《短歌行》对于我们还是很亲切的，还可以使我们心领神会这些骸骨不存的精神气魄。这几段墙在，这几句诗在，它们永远对于人是亲切的……悠悠地过去只是一片漆黑的天空，我们之所以能认识出来这漆黑的天空者，全赖思想家和艺术家所散布的几点星光。

人们对艺术客体的欣赏，其实是对艺术客体的再创造。欣赏艺术客体的过程中，艺术客体会唤起欣赏者的某种思想情感，调动欣赏者记忆中的有关形象，激起某种联想和想象。每个人对艺术客体的欣赏都有各自的特点，但欣赏艺术客体要明白什么是不正确的态度，什么是正确的态度。

（一）欣赏艺术客体的错误态度

欣赏艺术作品有时是有准备的，有时是没有准备的。有准备的，可以事先做点功课，做到有备而来，这样往往会达到预期效果。没有准备的，就应该静下心来，认真品味艺术的美感，增加欣赏的乐趣。

1. 猎奇

有些人欣赏艺术作品，只追求情节的离奇，只满足于对故事梗概的了解，两只眼睛飞也似的追逐着情节的发展，迫不及待地想一下子知道事件的结局，因而遇着细致的描写，特别是心理刻画，就不耐烦地隔过去。其实，艺术作品特别是小说有故事情节，情节是人物性格的发展史，用来刻画人物形象、展示人物心灵的，所以生动感人，有吸引力。有的人根本不注意这些，而是单纯追求情节的离奇，整天沉迷在武侠、侦探、言情等作品里不能自拔。这种态度是不可取的。

2. 庸俗

持这种态度的人，以一种浅薄的、庸俗的观点去看待那些伟大的、成功的作品。例如有人看《水浒》，单看潘金莲与西门庆之间关系的那些章节。看《红楼梦》，对于描写男女相爱、相悦的内容，只是从爱情的角度去欣赏，而不是以真正的审美态度去欣赏。看电影也一样，有些人就是热衷于那些拥抱、接吻的镜头，津津乐道于男女之间的追逐。以庸俗的态度看待伟大的、成功的作品，是对艺术的亵渎，根本谈不上什么艺术欣赏。

3. 趋新

持这种态度的人有的出于精神刺激之需，有的出于某种逆反心理，只要听说哪篇小说、哪部电影、哪幅画受到批判，就想方设法去找看，看后还赞为“时代新潮”，好像新就等于美。其实他们并不了解有人正是利用这种心态，以“新”贩旧，以假美贩真丑。

（二）欣赏艺术客体的正确态度

1. 了解艺术客体的时代背景

各种艺术品都是社会生活在艺术家头脑中反映的产物，又受艺术家所处的社会地位、生活经历、时代环境的影响和制约。为什么有作品我们看（或听）不懂呢？一个重要原因就是不了解其时代背景和作者的创作意图。现在有许多年轻人对鲁迅的作品读不懂，不感兴趣，主要不是文字障碍，而是对当时的历史背景，即社会现实情况不了解，也不理解鲁迅先生的写作意图，所以感受不到其思想的深刻性和与反动势力斗争的力量，也感受不到美之所在。如果我们读读历史，了解一下当时的社会状况，再读鲁迅的作品就会感受特别深刻，深深理解作品中的战斗性和艺术性。

| 美育之窗 |

排第二的行书《祭侄文稿》真的输了吗

对书法有所了解的人，大都知道“天下第一行书”是王羲之的《兰亭序》。其实排名第二，被赞为“天下第二行书”的书法作品——颜真卿的《祭侄文稿》，同样震撼人心。甚至有评论者认为，它是超越王羲之作品的名笔。

颜真卿是唐朝名臣，也是我国历史上的著名书法家。其正楷端庄雄伟，自成一家，被称为“颜体”，对后世影响很大。《祭侄文稿》是颜真卿写于唐肃宗乾元元年（758 年）的一篇祭文。祭文中，颜真卿追叙了堂兄颜杲卿和侄子颜季明在安禄山叛乱时，不畏艰险，挺身而出，以致“父陷子死，巢倾卵覆”的事。

唐玄宗天宝年间，在安禄山的举荐下，颜杲卿被任命为常山郡（今河北省石家庄市附近）太守。后来，安禄山起兵反叛，“安史之乱”爆发，承平近百年的中原大地烽烟弥漫。叛军一路向前，很快攻陷了东都洛阳，威胁长安。

值此危急之时，颜杲卿与堂弟——时任平原郡（今山东省德州市陵城区）太守的颜真卿制定了分兵牵制叛军、阻断叛军归路的战术，并发檄文传告黄河以北各郡县，希望大家一致对抗安禄山。安禄山任命的十余个郡的守吏传阅檄文后，纷纷杀死叛军守将，响应颜杲卿。

安禄山闻河北巨变，立即命部将史思明等反攻河北。颜杲卿拼死作战，但终因寡不敌众而被叛军俘获，押赴洛阳。颜杲卿的儿子颜季明被斩首，颜氏族人数十人遇害。

安禄山见到颜杲卿后，斥责他忘恩负义。但颜杲卿始终信守忠义，说自己绝不会反叛朝廷。安禄山暴怒，颜杲卿受尽折磨后终被杀害。乾元元年（758 年），唐肃宗追授颜杲卿为太子太保。同年，颜真卿命人到河北寻访颜季明的头骨携归，悲愤交加之际，援笔作文，一气写就了《祭侄文稿》。

初看这篇书法作品，能够发现它很多地方并不合规。如祭文的字距、行距时疏时密，每一行的中轴线或左或右。祭文文字形态也差异很大，开初行笔稍缓，后逐渐由行书转为行草、大草。有的地方墨迹几尽，而作者继续书写，致使笔墨枯润不一。另外，文中还有诸多增删涂改。这些都反映出，颜真卿在书写这篇祭文时，没有经过仔细构思。不过，上述看似不完美的地方，正是这篇祭文的精彩和珍贵之处。颜真卿书写祭文时，显然情绪激动，非快速行笔，不足以表达激愤之情。所以，元朝书法家陈绎曾说："沉痛切骨，天真烂然，使人动心骇目，有不可形容之妙。"

当我们阅读《祭侄文稿》真迹的时候，联想到后来颜真卿本人的遭遇，更能感受到这件书法作品巨大的情感价值。

唐德宗建中四年（783 年），淮西节度使李希烈叛乱。颜真卿被权臣卢杞陷害，奉命前往李希烈军中传达朝廷旨意，劝降李希烈。不少朝臣为此大惊失色，说失去这样一位国老，只会让朝廷蒙羞，希望能留下颜真卿，但并未如愿。颜真卿坚决前往，终被李希烈缢杀。显然，书写《祭侄文稿》的时候，颜真卿根本不是在创作，他的文字早已与他内在的精神品质融为一体。伟大的作品之所以令人感佩，也许原因就在这里。

（选自《藏在课本里的博物馆》，王竹馨、陈邦喜编著，山东人民出版社，有改动）

2. 了解创作者的创作个性

艺术家由于各自生活的社会环境、个人经历、性格气质、艺术趣味等的不同，会表现出不同的创作个性。例如，贝多芬的《第九交响曲》和舒伯特的未完成的交响曲创作于同一时期，具有相同的时代背景，但由于他们的创作个性不同，因而作品的风格也各异。前者是雄壮宏伟的“悲剧”，后者则是哀婉动人的浪漫主义“抒情诗”。

刘勰在《文心雕龙·体性》篇中以历代作家为例说明作家内在个性与作品外在表现的一致性：“是以贾生俊发，故文洁而体清；长卿傲诞，故理侈而辞溢；子云沉寂，故志隐而味深；子政简易，故趣昭而事博；孟坚雅懿，故裁密而思靡；平子淹通，故虑周而藻密；仲宣躁锐，故颖出而才果；公幹气褊，故言壮而情骇；嗣宗俶傥，故响逸而调远；叔夜俊侠，故兴高而采烈；安仁轻敏，故锋发而韵流；士衡矜重，故情繁而辞。触类以推，表里必符。岂非自然之恒资，才气之大略哉!”

3. 了解创作者的艺术体裁

各类艺术都有不同的体裁。例如，文学有小说、诗歌、散文等，绘画有水墨画、水粉画、油画、版画、漫画等，音乐有歌曲、舞曲、进行曲、叙事曲、夜曲、协奏曲、轻音乐、交响曲等，戏剧有歌剧、话剧、戏曲等。不同的体裁，艺术特点和表现形式不同。不了解各种体裁的艺术特点和表现形式，就不能很好地欣赏艺术。因此，欣赏艺术应当注意各类艺术的不同体裁。

4. 既要动情，又能动脑

欣赏艺术作品既要动情，又要动脑。只有“动情”，才能充分感受作品，领悟作品的妙处，获得陶醉的审美感觉。但是艺术欣赏不只是情感活动，还有思维活动。艺术欣赏不仅有愉情的作用，还有认识的作用。如果一味地沉浸在作品所描绘的境界中，不能跳出来，对作品的意义、价值进行较为客观的分析评价，就会盲目地成为作品的俘虏。如果这个作品有严重的问题，就会受到它的腐蚀、侵害。即使是好作品，如果不能“动脑”，运用思维活动，做出自己的审美判断与分析，将理智与情感统一起来，也不能深刻地认识到作品的价值。

第三节　艺术受众

艺术受众就是艺术信息的接受者，在艺术传播过程中充当着艺术欣赏者和艺术消费者的角色。艺术受众既是艺术传播的主要参与者，同时又为艺术传播效果的反馈者。艺术家作为艺术传播者，总希望能够得到广大艺术受众的肯定。不过在艺术传播中，受艺术品本身的多义性、意义模糊性的影响，艺术受众对艺术信息的理解、感悟会呈现出多样化的特点。

公众对于作品的审美接受是艺术作品审美价值得以实现的最终途径。无论艺术家具有多么高的才能，无论艺术家认为自己的作品多么伟大，倘若这作品未能公之于世，没有得到公众的接受、审视和评价，那么，艺术作品就不存在价值。

一、艺术受众的主体性体现

艺术家、作品与受众三者的统一，是实现艺术审美价值的基本条件。只有实现艺术家、作品和受众三者的统一，才能保证艺术审美价值的实现。艺术家及其作品的问世，只是朝着实现审美价值的目标迈出的重要一步，其作品形式与内涵的丰富与否，审美信息的蕴含量如何，作品能否得到社会公众的接受与认可，是至关重要的。但判定其价值如何，却不是由艺术家本人或少数人说了算，而是由公众审视和评价的。其中，艺术家及其作品能否为公众所接受，是一个先决性的条件，只有首先让更多的受众能够接受，才谈得上其价值的实现。相反，如果不顾及受众的条件和接受能力，其作品要么人们看不懂，难以接受；要么过于浅陋，人们不屑一顾，都不能实现其价值。

1. 艺术受众心理与时代变迁相适应

艺术受众心理既具有历史传承的特点，但又不是一成不变的。时代的变化，特别是重大事件的发生，不仅改变着社会各方面文化的基本结构，更会影响社会心理、民族心理及其每一个人的心理活动模式与思维方式，潜移默化地改变着大众的文化心态与价值标准。

例如，西汉成帝的皇后赵飞燕（公元前45—公元前1年）体型轻盈苗条，是公认的第一大美女，而唐朝欣赏丰满的女性，于是唐玄宗的贵妃娘娘杨玉环（719—756年）便成了当朝第一美女，杨贵妃的容貌体型也成了唐朝评判女性美的标准，由此形成与汉唐完全相反的评判女性美的标准，这就是时代的差异。在文学欣赏活动中，时代的差异也表现得十分明显。每一个历史时代都有特定的社会风尚、审美倾向，所谓“一代有一代之文学”，这既指文学的发展嬗变，也意谓审美的时代变迁。如唐诗的浑厚雄壮，得之于唐朝社会的繁荣发展；相反，宋人主静、向内转的审美倾向造就了宋词的委婉流转，而宋词的大力发展也显示出宋代国势渐弱，表现了宋人幽淡沉静的审美理想和趣味趋向。许多优秀的作品在刚问世时无人问津，而过了几十年、几百年后却得到极高赞誉，这在艺术史上可谓常见之事。

2. 艺术受众心理与自身经历、思想水平有关

著名电影导演谢晋（1923—2008 年）结合自己体会阐明艺术欣赏的差异性：“一部作品，读者、观众历来会有多种看法。就拿欣赏名著来说，我少年时代初读《红楼梦》，爱上了袭人，不理解林黛玉；年岁大了，我就觉得晴雯、黛玉可爱。读《三国演义》，小时候同学们议论，都愿去投奔刘备；长大了，觉得曹操其人，实在了不起。”这是欣赏者因生活经历的不同对艺术作品不同的理解，同时文化修养的高低也会造成欣赏者对艺术作品的欣赏差异。

3. 艺术受众具有期待心理

期待心理是指读者、观众原先已有的各种知识、经验、趣味等，会在观赏时表现为一种潜在的审美期待和审美眼光。即读者和观众“先在”的记忆和经验会影响其当下对艺术作品的审美体验。影响观众期待心理的形成和构成的因素非常复杂，如职业、身份年龄、民族、地域等，因而对于同一艺术作品，人们的审美体验可能千差万别。

艺术接受中的期待心理是一种相当复杂的心理欲望的综合。艺术接受活动虽然不能给人物质功利的满足，但可以使艺术接受者得到某种心理的满足。那么，人们在艺术接受中获得的心理满足能反映出艺术接受者内心的心理欲望。

二、艺术欣赏的价值

艺术欣赏作为审美主体进行的一种审美活动，和其他的审美活动一样，有着一定的艺术价值。这种价值包括审美价值和非审美价值。审美价值包括净化和润泽心灵、提高修养，非审美价值包括学习文化知识等。艺术欣赏的价值，以审美价值为主导，与各种非审美价值组成一个系统。在这个系统中，两者相互渗透、相互促进、共同发展。

1. 净化和润泽心灵

在人生的旅途中，有欢乐，有收获，也有许多无奈或失意，以及许多平庸和平凡。无论这些情感是积极的还是消极的，如果长期淤积而得不到及时宣泄，心灵必然不堪重负，会对人的身体和心理健康造成难以估量的损害。对积极的情感而言，宣泄是一种满足；对被压抑的积极情绪和消极情绪而言，宣泄是一种排遣。人们在艺术欣赏活动中可以获得心灵的放松，宣泄心理能量，使情绪归于平静。比如，一本好书常

被视为生命的最佳归宿，作者一生的思想精华尽在其中。因此，好书的思想精华与艺术成就会令读者爱不忍释、叹为观止。是书籍使我们的生命变得丰富而精彩，更重要的是，书中那些高尚纯美的思想会使我们感受到新鲜的阳光和空气，用高尚的思想净化心灵。

2. 提升艺术修养

艺术欣赏是艺术价值传播实现的媒介，有助于人们开展艺术文化的对话、批评、讨论等交流活动。换言之，通过艺术欣赏环节及其过程，不论是创造者与创造者之间，还是欣赏者或批评者与创造者之间，都有了可以直接对话的机会与可能，这就为提升艺术素养提供了可能和条件。例如，导演是影片的创作核心，提升艺术修养也是导演塑造艺术风格的重要内容。提升艺术修养有多种途径，可以通过对美术、摄影作品的解读，增强自己对画面、构图、色彩、透视、调度的理解能力，也可以通过学习戏剧，加强叙事、人物造型等方面的塑造能力。此外，还可以通过对大量优质影片进行模仿和学习，逐步提高自身的艺术造诣。

3. 有助于学习文化艺术

文化艺术是人类历史长河中的一朵奇葩，通过对历史上的艺术作品的欣赏，人们可以更好地学习和理解人类创造的文明，特别是文化艺术。当欣赏原始岩画时，我们可以看到人类祖先的虔诚、质朴和充盈其间的神秘气氛；当欣赏我国“青铜器”时，我们可以领略到李泽厚所说的“厉的美”；当欣赏唐诗时，我们可以领会到大唐气象……就陶瓷而言，那千姿百态的造型，争奇斗妍的色彩，瑰丽丰富的纹饰，把人们引入斑斓夺目的瓷艺百花园中。宋瓷之典雅，元瓷之豪放，明瓷之清俊，清瓷之秀丽；汝器之庄隽，钧器之靓艳，定器之洁美，龙泉之绿莹，耀瓷之青翠；青花之明快，斗彩之奇橘，釉上彩之华贵，单色釉之凝重，刻花瓷之传神，印花器之夺目……凡此种种，都使人从中得到摄魂震魄般美的感受。游历其中，赏心悦目，趣味所至，令人陶醉。不仅如此，通过对我国陶瓷艺术品的欣赏，我们也可体会到与之相联系的时代文化。

第六章　艺术鉴赏与批评

第一节　绘画艺术鉴赏

绘画是指使用一定的笔墨颜料、纸帛画布等物质材料，运用线条、色彩和块面等语言，通过构图、造型、明暗、设色等艺术手段，在二维平面空间描绘静态视觉形象的艺术。

一、中西方绘画

（一）中国绘画

学者据历史资料考证，一般认为中国绘画开始于上古时期，但早期的中国绘画并未形成艺术体系与独立的艺术地位，直至魏晋南北朝时期，中国画逐渐形成以文人士大夫阶层为主的绘画。绘画流派，开始在中国艺术中独立并居于重要地位。魏晋南北朝时期，绘画的杰出代表有顾恺之、陆探微、张僧繇，其三人被史家誉为“六朝三杰”。唐宋时期，中国绘画艺术达到高峰，山水画、人物画、花鸟画等独立门类出现，此时“画圣”吴道子、阎立本等人成为唐宋时期绘画艺术成就的突出代表。唐代李思训的青绿山水，王维的水墨山水，以及荆浩、关仝、李成、范宽为主的北方山水画派，董源、巨然、马远、夏圭为主的南方山水画派，使得中国绘画在山水方面呈现出风格多样、流派丰富的繁荣景象。花鸟画中，黄筌、徐熙的花鸟，笔下生辉，炯炯有神。元明清时期，既有黄公望、吴镇、王蒙、倪瓒“元季四大家”，又有沈周、文徵明、唐寅、仇英“吴门四家”，清代初期涌现出石涛、八大山人、石溪、弘仁“四僧”，还有乾隆年间强调绘画个性表现的“扬州八怪”。中国绘画历史源远流长，近现代的赵之谦、任伯年、吴昌硕、高剑父、齐白石、黄宾虹、徐悲鸿、潘天寿、张大千、刘海粟、林风眠、傅抱石等人依旧在为中国绘画传承历史血脉，继往开来、创新突破。

（二）西方绘画

西方绘画以文艺复兴时期为典型，出现了众多名家大师，意大利著名画家、雕塑家乔托以及文艺复兴时期“画坛三杰”（米开朗琪罗、达·芬奇和拉斐尔），都为文艺复兴时期人文思想的发展、人性的解放做出了杰出的艺术贡献。17 至 18 世纪的欧洲，艺术流派逐渐多样化，涌现出一批杰出的画家，如伦勃朗、鲁本斯、委拉斯贵兹、透纳等，对线条与光线的运用更是达到了炉火纯青的地步。在启蒙运动和资产阶级大革命时期，历经新古典主义与浪漫主义，尤其是浪漫主义，使得绘画艺术达到美的新高度，如新古典主义美术的雅克·路易·大卫，浪漫主义的籍里柯、德拉克洛瓦，使绘画艺术由严谨的学院派走向情感的宣泄与自我的表达。在革命的背景下，批判现实主义美术涌现出库尔贝和米勒等代表人物，印象派的出现也逐渐打破传统艺术对光线与肌理的禁锢，莫奈、雷诺阿、塞尚、凡·高和高更更是让更多的人感受到绘画艺术的多样魅力。20 世纪以来，人类的生存危机、经济危机、环境污染、战争喧嚣，使得西方相继出现各种现代主义美术思潮和流派，如野兽派、未来派、立体派、抽象主义、表现主义、超现实主义、构成主义、超前卫艺术、波普艺术等。他们在形式上标新立异，内容上特立独行，反传统、寻突破的艺术思潮不断涌向，使西方绘画艺术呈现出一种十分复杂而又丰富的艺术景观。

二、绘画的审美特征

（一）形式的变幻

在所有艺术中，绘画是最注重形式感的艺术样式之一，无论是中国画还是西方绘画，均充满了形式的变幻。

中国画，又称国画，以其鲜明的特色，成为东方绘画体系的主流。中国画采用毛笔、墨或矿物颜料，在宣纸或绢帛上作画。在国画技法和理论中，“墨”是中国画技法的核心概念。“笔”，即指勾、勒、皴、点等运用毛笔的不同技巧和方法，“墨”，则是指运用烘、染、泼、积等墨法，使墨色产生丰富而细微的色度变化，也就是常讲的“墨分五彩”（指黑色的焦、浓、重、淡、清等五种不同的色度）或“六彩”（上述“五彩”再加上宣纸的白色）。以墨代色，是中国画意象追求和意境追求的独特的艺术方式。

在西方绘画中，油画是最主要的画种，它采用油质颜料在布、木板或厚纸板上作画，其颜料色彩丰富、色泽鲜艳，能够充分表现物体的质感，具有很强的艺术表现力。除油画外，版画也是一个重要的画种。版画采用笔画和刀刻的方法，在不同材料的版面上进行刻画，然后印制出多份原作。此外，在西方绘画中还有具有特殊透明效果的水彩画、兼有油画的厚重感与水彩画的透明感的水粉画，以及用铅笔、木炭、钢笔作画的素描等。

绘画是一种特别重视形式创造的艺术，形式变幻的丰富性和多样性，是绘画的重要特色，给人们带来多元的视觉冲击。

（二）瞬间的凝固

绘画是在二维的平面空间表现多维意象的艺术，因而它需要将一个瞬间出现的意象或者一个相对静止的物象予以凝结，使之以静态的风貌呈现，并获得永恒。绘画既有再现性和写实性，同时也有长于写意和表情的功能，但它对一定历史、社会和时代的精神及文化状况作出的反映一般只能是间接的、含蓄的，即艺术性的。绘画虽然可以拥有较大的精神和信息含量，但毕竟在表现的空间领域及时间延伸方面受到局限，因而不可能像文学、影视那样多层次、多角度、全方位地对客体世界作出反映。但绘画的长处正在于此，给人以强烈的视觉冲击，而不在于全面的表现。作为一名画家，即便他的作品是表现的、近于抽象的，也不可能脱离社会和时代，体现出一定的民族、历史和时代的精神与意识。

（三）丰富的意味

在绘画艺术中，人们非常强调意味的凝结。虽然东西方绘画在美学观念上存在差异，但在对意味的追求上则是一致的。

中国画追求的意味，是与中华民族的传统文化及美学思想联系在一起的。中国画的画法分为工笔画和写意画。工笔画用笔细致工整，结构严谨，强调刻画细腻，具体入微；写意画笔墨简练，高度概括，重在表现客体物象的形貌与神采，抒发画家的感情。不论是工笔画，还是写意画，都要求在造型和意境的表达上做到气韵生动，在处理形神关系时实现形神兼备。中国画更加重视物象内在精神和作者主观情感的表现，而西方绘画更加重视客观物象形貌逼真的再现。

西洋画追求对象的真实和环境的真实。其审美趣味的体现，在于真和美。西画十分讲究比例、明暗、透视、解剖、色度、色性等法则，运用光学、几何学、解剖学、色彩学等科学方法，以求达到逼真的艺术效果。

概括地讲，中国绘画重写意，西方绘画则重绘形；中国绘画重表现、重情感，西方绘画则重再现、重理性；中国绘画擅长以线条为主要造型手段，西方绘画则主要是由光和色来表现物象；中国绘画不受空间和时间的局限，创造了富有想象的时空观，西方绘画则严格遵守空间和时间的界限。

三、绘画的艺术语言

（一）线条

线条是构成绘画作品形象的基本艺术语言，绘画勾勒轮廓的线有曲线、直线、折线、细线等。

线条在绘画中处于十分重要的地位，且在长期演化过程中越来越富有含蓄性、表现性、象征性与抽象性。线条的审美韵味与艺术功能是丰富多样的，线条中的曲线、直线、折线、细线等，根据所绘形象，会产生迥异的视觉效果。如曲线可传达柔美的视觉效果，直线则予人以垂重之感。与此同时，不同的线条也能够传达出不同的情感信号，如在未来主义画作中，大量的圈状线条密密麻麻融成一团，传达出现代社会的速度感、疯狂感与紧迫感，仅凭借单一的线条表达，就可以由视觉传达至情感，传递出或安静、或舒缓、或疯狂的情绪，以此影响客体内心。在中国古典绘画中，线条的功用表现得尤为突出，比如顾恺之的《洛神赋图》，仅凭简单的线条就可以刻画出生动的衣物，仿佛随风而动，呈现一种内在的风骨气韵，蕴含飘逸灵动之感。

（二）色彩

在绘画中使用各种各样色彩是记录视觉世界最直观的方法。色彩不仅能够尽可能还原真实可见的世界，还能够通过巧妙运用表现画面的景深与物体之间的距离。比如，在画面近处的物体使用偏暖色，中部及远处物体则选择冷色，甚至灰白色。色彩能够进一步影响人的情绪，与观者引发情感上的共鸣，如蓝色的平和，绿色的宁静，红色的火热，白色的纯洁，黑色的肃穆。色彩是画家表达情感最直接的方式，如凡·高利用色彩和形状来表达内心世界，在《夜间咖啡馆》完成后，凡·高给弟弟的信中写道："我想通过红色和绿色来表现人们内心深处可怕的激情。咖啡馆内充斥着血红色和暗黄色，正中间放着一张绿色的台球桌，人们的头顶上吊着四盏橘黄色的灯，发出微弱的橙绿色的光。在整幅画中，随处可见红色和绿色强烈而生动的颜色碰撞……"凡·高从灵感中获取创作的养料，他认为调色板可以辅助他表现内心的繁杂，而不是重现自然界的色彩。

（三）构图

构图是指作品中艺术形象的结构配置方法，画家们一直试图赋予笔下物体真实世界中的体积感和空间感，画家通过或重现或创新的构图，虚构出画家心目中的完美绘画空间。常见的构图形式有金字塔形构图、水平线构图、垂直线构图、对角线构图、对称式构图等。构图规律应用很大程度上依赖于人的视觉经验，如金字塔形构图使人感到稳定，倒三角形构图则显示出不安与动荡。不同的构图会表现出不同的审美意象和艺术氛围。比如达·芬奇的《最后的晚餐》，采用的是横向式构图，焦点透视，衬托出耶稣临死前的平静心态。

（四）质感

质感是指绘画艺术通过不同的表现手法，在作品中表现出各种物体所具有的特质，如丝绸、肌肤、水、石等物体的轻重、软硬等各种不同的质的特征，给予人们以真实感和美感。在绘画表现中，油画利用光影、色彩因素，通过不同的技法以及笔触肌理等手段，可以描绘出逼真的效果。如当代画家冷军的《葡萄》，以超级写实主义的创作方法，逼近对象，就连作为陪衬的铁皮，也有斑斑锈迹，葡萄质感晶莹又剔透，充分展示出画家写实的功力。

四、艺术作品审美过程

哲学家哈特曼将审美过程分为三个阶段：

第一阶段是直接共鸣阶段。直接共鸣阶段就是作品给欣赏者的最初印象或者直接信息。欣赏者面对审美对象切断了与周围现实世界的联系，专注于当前的作品，并和作品产生了共鸣。比如在诗歌中读到了意象、韵律等。在音乐中听到了和声、旋律等，在绘画中看到了具体物像和色彩线条等。

第二阶段是深入作品内部，即进入了更富有想象和体验的世界。这时，欣赏者不仅看到、听到和读到作品的表层意义，而且透过这些符号把握到其后面更复杂的意味。在此阶段，欣赏者充分调动自己的想象力和情感体验，沉浸到作品中。

第三阶段是一个升华的过程，欣赏者由具体的作品进入更加具有哲学意味的境界。这时，欣赏者不但反复品味着作品的意蕴，而且由此激发了对更加普遍深刻的事物的关怀，深入带有形而上学意义的命题的体验，比如人生、历史和世界等宏大的关切上去。这是一种超越的体验，更是审美欣赏中最为神秘的部分。

我们可以以《蒙娜丽莎》为例，逐一摸清我们欣赏时究竟经历了怎样的过程。

当我们在看《蒙娜丽莎》时，我们首先看到的是什么呀？一个贵族少妇，我们会看到她的面容，看到她的线条与色彩。之后，我们可能会引发无尽的联想，调动自己的想象，完全沉浸在《蒙娜丽莎》的世界中，被神秘的微笑吸引，由此产生一系列复杂的情感体验。最后，我们不但了解了画面提供的直接意义，并将自己代入画的世界产生情感体验，而且开始了更加深邃的追问和遐想。我们可能会从画家平生的经历中思考生命的意义，也可能会提炼出更多带有哲学意味的思考。这就是一个完整的审美过程。

五、绘画艺术鉴赏的一般方法

一般将美术鉴赏的程序分为叙述、形式分析、解释、评价四个步骤。

1. 叙述

陈述画面上可以直接看到的东西，暂时不去看画的意义和价值判断。对于写实性的绘画，应明确地指出画面中画了哪些东西，如人物、动物、景物或者风景等。但是，我们知道，许多绘画我们并不能明确指出画作上的物品，比如抽象绘画，那么我们就可以指出主要的形状、色彩、方向、构图等。比如，我们来看一下维米尔的《戴珍珠耳环的少女》，画中有一位带着珍珠耳环的少女，身穿一件朴实无华的棕色外衣，白色的衣领、蓝色的头巾和垂下的柠檬黄头巾布形成了鲜明的色彩对比。也就是说，在叙述环节，我们要说出我们看到了什么，作品给我们的感觉究竟是什么。一般而言，感觉都带有一定的复杂性与微妙性。感觉最好的接受方法是体验，语言则往往难以准确地传达某种感觉。但是，不管感觉多么微妙，总还是存在大的趋向性，我们可以从大的趋向性上接近自己的感觉并寻找相应的描述性词汇：庄重、强烈、轻柔、朦胧、悲怆、神秘、压抑、恐怖、深沉等。并且，这种感觉往往不是单一的，而是多种感觉的复合体。比如，我们来看一下吴冠中的抽象绘画《春如线》，我们首先看到的是画面中繁多的线，它们是变形的、扭曲的，并且有着紧密的结构，但吴冠中撒上去的这些看似毫无意义的墨点，却使得整个画面充满了流动的韵律。

2. 形式分析

形式分析是指探讨一件绘画作品的造型关系，包括各种形式的相互依存和作用方式，包括线条的种类、色彩的处理、空间的营造、构图的运用等。也就是这件绘画作品通过怎样的艺术语言来使你产生这样的感觉。我们继续看《带着珍珠耳环的少女》，维米尔这幅画采用了全黑的背景，从而取得了相当强的三维效果。黑的背景烘托出少女形象的魅力，使她犹如黑暗中的一盏明灯，光彩夺目。维米尔在画中使用平凡、单纯的色彩和有限的色调范围，然后用清漆取得层次和阴影的效果。我们再来看《春如线》的艺术语言运用，在色彩的使用上，吴冠中同样做到了既简约又精确，画中的色彩既少且淡，画中的几点红，与画面右下方的一方印章，巧妙地使画面达到了完美的平衡；山头的淡绿色，又使画面充满生气。

3. 解释

推测绘画作品的含义，或者说探讨画家通过画面所想表达的观念。任何绘画作品，除了作者展示给我们的形象外，其背后还蕴含着某种意义，或者说是作者的思想观念和情感态度。了解和明确作者的思想观念和情感态度是绘画鉴赏走向深度的表现。对于绘画作品含义与精神内涵的阐释需要以作品为依据，同时寻找作品以外的信息，如创作背景、作者等。

比如《带着珍珠耳环的少女》在进行解释这一步骤时，我们可以了解一下它的作者约翰内斯·维米尔。他是荷兰优秀的风俗画画家，他刻画织物的精湛技艺使无数画家叹为观止，对光线与色彩的运用更是炉火纯青。他的作品往往在平凡中现出悠远的寓意和深刻的哲理，既通俗朴实，又神秘莫测。在维米尔看来，珍珠是贞洁的象征，而这幅画的点睛之处，就是少女左耳佩戴的一只泪滴形状的珍珠耳环，在少女颈部的阴影里似隐私现。画中的少女超凡脱俗，她心无旁骛地凝视着画家，也凝视着我们。

吴冠中在描述自己《春如线》的作品时曾说，《春如线》是《牡丹亭·游园惊梦》中的一句唱词，给他留下了深刻的印象，“春如线，剪不断，理还乱，李煜之情丝丝入线”。线，形象地表达了情之缠绵。因为线有含情脉脉之意，所以在吴冠中眼中，这个世界都变成了线的组合。这些线，就代表着春天。吴冠中笔法的隽秀之美，使得整幅作品展现出春天的清新之美，很难有比这更准确地笔法了。

4. 评价

这一步骤即在一种范围内进行比较，以判断绘画作品的优劣，以及我们对它喜爱与否。这一过程要求我们在认真进行理性分析后，做出自己的价值判断。人们的喜好是多方面的，同学们在观赏的过程中只需要遵循自己的内心即可。

第二节　音乐艺术鉴赏

音乐是人类创造的一种声音艺术。它既是人类社会中最早出现的一种艺术形式，也是人们日常生活中最喜爱的艺术种类之一。音乐艺术的主要特征就是能带给人审美的愉悦、情感的共鸣。音乐通过它独特的功能来陶冶人的情操，净化人的心灵，美化人的行为。音乐是人类文化生活的重要组成部分，是每个人不可缺少的精神食粮。与其他艺术门类比较，音乐是最具群众性的一种。正如革命导师恩格斯所说："在一切艺术中，只有音乐才能产生与广大群众的合作，同时在表达力量上，音乐也是优胜者。"

一、音乐的基本特点

（一）听觉艺术

音乐是诉诸人们听觉的一门艺术。作曲家达尔克罗兹曾指出，一切音乐教育都应该建立在听觉的基础上，而不是建立在模仿和数学运算的训练上。实际上，创作者以听觉为第一媒介，能够用整个身心去感受、体验、认识和创作，将形象思维凝聚为听觉意象，并通过音符形象生动地展现出来。

在自然界中，存在着各种各样的声音，如百鸟和鸣、山泉叮咚、蛙声鱼跃……这些自然而然发生的原生态声音为自然界增添了诗情画意，也激发了人们的音乐创作灵感。音乐作为一种有组织、有规律、和谐的音律，能通过旋律、节奏、和声、音色等基本表现要素来抒发情感。因此，音乐的声音是经过长期实践，反复选择且有效控制的产物，也是人们有意识留存下来的听觉艺术。

（二）情感艺术

音乐在传达情感上不同于其他艺术形式，是因为它运用的审美形式是无形的，即声音。因此，音乐的创作、表演和欣赏都必须以人们的内心情感和思维活动为基础。

不同的音乐给人感受是完全不同的，或庄严肃穆，或慷慨激昂，或兴奋热烈，或悲痛激愤，或缠绵细腻……总之，音乐以一种看不见的方式，直接、真实、深刻地表达人的情感。

音乐可以直接反映人们内心情感的起伏和更为复杂的情绪，而且不受国家、地域、种族的限制，不同民族、不同阶层的人都可以直接地感受音乐的真挚情感。另外，人们在欣赏音乐时，往往通过耳朵接收刺激，即利用听觉感受音乐。但由于通感的作用，音乐也可以引起视觉意象。在视觉意象的传达下，人们能产生更丰富、生动的联想，进而引起更强烈的感情反应。

（三）时间艺术

音乐是在时间中有节奏地进行的。与其他艺术不同的是，雕塑、绘画等艺术形式往往存在于某个空间里，使人一目了然。当我们欣赏美术作品时，可以直观地看到美术作品的整体构造，进而慢慢品味画作的细节。而在欣赏音乐作品时，我们往往要与时间为伴。我们欣赏音乐时，只有聆听完整的作品，才会给我们留下整体的印象。如果只聆听音乐作品中的个别片段，通常难以获得完整的音乐意象。

音乐是由一连串乐音组成的音响，在时间中呈现、展开、再现直到播放完毕。音乐在时间中展开并受到时间的制约。由于音乐是时间艺术，具有转瞬即逝的特性，所以欣赏音乐需要敏锐的反应力和牢固的记忆力。

二、音乐的起源与发展

中国音乐早期是与诗歌、舞蹈等艺术形式结合在一起的，可以说音乐艺术是多种艺术形式的复合体。随着社会的不断发展，音乐艺术才得以从中分离出来，成为一种独立的艺术表演门类。音乐艺术的发展在依附社会发展的同时，也随着地域空间的转换和时间的流逝而不断地发生改变，呈现出不同的风格和不同的样式。不仅中西方的音乐艺术存在天壤之别，即使在中国，在不同的历史时期，在不同的地域空间，音乐艺术也有着较大的差异。

中国音乐有着非常悠久的历史，在几千年的历史长河中，各民族的劳动人民通过社会生产、生活实践，创造了极其丰富、具有我国民族特色的传统音乐文化，体现了中华民族的民族气质和民族精神，是我国古老文化中一颗璀璨夺目的明珠，也是世界音乐宝库中一朵艳丽的奇葩。

中国音乐品种繁多、形式多样，从远古夏商时期的乐舞到秦汉时期的歌舞大曲，再到宋元明清以来的戏曲音乐，可谓精彩纷呈。可以说，我们的祖先凭借他们的勤劳和智慧为我们创造了灿烂的中国音乐，为我们留下了一笔可贵的精神财富。

1. 原始音乐

原始音乐的出现与人们的生产、生活实践紧密相关。远古音乐大致可分两类：一类是以某某氏为名的古乐，如朱襄氏之乐、阴康氏之乐、葛天氏之乐等，时间较早；另一类是被尊为古代帝王的黄帝、颛顼、帝舜和夏禹等时代的古乐，时间稍晚一些。远古音乐的表现形式是原始乐舞，具有诗歌、音乐、舞蹈互相结合的特点，葛天氏氏族中的所谓“三人操牛尾，投足以歌八阕”的乐舞就是最好的说明。当时，人们所歌咏的内容如“敬天常”“奋五谷”等反映了先民们对农业、畜牧业以及天地自然规律的认识。由于人们对自然界认识的客观局限性，从而产生了对自然和神灵的崇拜，受这些因素的影响，反映到音乐领域就是出现了许多歌颂天地、神灵的音乐作品。如尧、舜、禹时的几部乐舞作品，就是在这些观念影响下产生的乐舞作品。

2. 夏商周和春秋战国音乐

夏商和春秋战国时期，是音乐制度的萌生到雅乐兴盛的一段时期。具体表现为：以打击乐器为主的多种乐器陆续产生，大型宫廷乐队初步形成，《诗经》和《楚辞》问世。所有这些，都为古代音乐文化的发展奠定了全面的基础。从古典文献记载来看，这时的乐舞已经渐渐脱离原始氏族乐舞为氏族共有的特点，更多的是为奴隶主所占有。从内容上看，它们渐渐脱离了原始的图腾崇拜，转而为对征服自然的人的颂歌。例如夏禹治水，造福人民，于是便出现了歌颂夏禹的乐舞《大夏》。夏桀无道，商汤伐之，于是便有了歌颂商汤伐桀的乐舞《大濩》。

西周和东周是奴隶制社会由盛到衰，封建制社会因素日趋增长的历史时期。西周时期宫廷首先建立了完备的“礼乐制度”。在燕飨娱乐中规定不同地位的官员享有不同的乐队和舞队编制。周代还有采风制度，收集民歌，以观风俗、以察民情。赖于此，保留下大量的民歌，经春秋时孔子的删定，形成了我国第一部诗歌总集——《诗经》。在《诗经》成书前后，著名的爱国诗人屈原根据楚地的祭祀歌曲编成《九歌》，具有浓重的楚地文化特征。至此，两种不同音乐风格的作品在我国的南北方交相辉映成趣。

3. 汉唐音乐

春秋、战国以来，宫廷音乐开始走向衰落，代之而起的是各种新兴的民间音乐。

汉唐时期，即从公元前206年~公元907年，在这一千多年的时间里，中国封建社会的文化经历了两汉、魏晋、南北朝的发展与转折，到唐代进入了全盛时期。在音乐上，则是以汉族与外族的频繁交流和宫廷燕飨的繁荣为标志。具体表现为：民歌蓬勃发展，诗歌广为流传，西域、阿拉伯的乐器和乐舞大量传入，唐代歌舞艺术空前繁荣，音乐家层出不穷，大量优秀的音乐艺术作品纷纷涌现，唐朝的音乐还流传到日本、朝鲜等国，对这些国家的音乐文化产生了深远的影响。

4. 宋元明清音乐

宋元明清时期，即公元960—1840年，这800多年中，中国封建社会开始逐渐走向衰落。明代中期出现了资本主义经济的萌芽，对中国封建社会的思想和文化的活跃起了十分重要的作用。在音乐上，则是以戏曲音乐、曲艺音乐的迅速发展为标志。具体表现为：时调小曲和词调广泛流行，曲艺音乐成为城镇市民喜闻乐见的艺术形式，戏曲四大声腔各具风采，各种乐器独奏与合奏形式的发展与成熟，古琴曲集的陆续问世，音乐美学进一步发展，等。这些都为中国古代音乐的发展注入了新的生机。

5. 近现代音乐

自鸦片战争开始，在历经一系列反帝反封建的农民革命、戊戌变法、辛亥革命、五四运动，以及中国共产党领导下的新民主主义革命、社会主义革命，这一时期，音乐文化的发展以民主、科学为主要潮流，但也交织着传统音乐、西洋音乐和外来流行音乐的碰撞。在不断地碰撞过程中，音乐艺术也得到了迅速的发展。特别是改革开放以来，随着人们物质和文化生活水平的提高，音乐艺术的需求量也普遍提高。我国的音乐艺术在继承和发扬我国优秀民族文化传统的基础上，借鉴、吸收外来的音乐艺术，并使其与我国的音乐文化传统紧密结合，创造了许多新的音乐形式，使我国的音乐艺术进入了空前繁荣的历史时期。

三、中国民族音乐体裁形式

中国民族音乐的体裁是丰富多样的，一般可以分为五大类，即：民歌、民族器乐、说唱音乐、戏曲音乐和歌舞音乐。我国民族器乐从乐器的组合特点，可分为五大类：吹打乐、丝竹乐、鼓吹乐、弦索乐和锣鼓乐等。也有把民族器乐曲分为丝竹乐、吹打乐和锣鼓乐三大类的。在此，我们着重介绍丝竹乐和吹打乐这两种体裁形式。

1. 丝竹乐

丝竹乐是中国传统器乐形式之一，是由丝弦乐器和竹管乐器演奏的音乐，主要流行在我国南方各地。乐种大致有江南丝竹、广东音乐、潮州弦诗、福建南音以及白沙细乐（流行于云南丽江等地）等。丝竹乐的传统曲目有：江南丝竹《欢乐歌》《云庆》《行街》《四合如意》《三六》《中花六板》等，广东音乐《饿马摇铃》《醉翁捞月》《平湖秋月》《步步高》《春郊试马》《鸟投林》等，潮州弦诗《昭君怨》《寒鸦戏水》《平沙落雁》以及《凤求凰》等。

2. 吹打乐

吹打乐也是中国传统乐种之一，是由吹、打两类乐器演奏的音乐，民间俗称锣鼓或鼓吹乐。常见的演奏形式有：河北吹歌、苏南的十番鼓和十番锣鼓、常州丝弦、潮州锣鼓、浙东锣鼓、西安鼓乐、晋北鼓乐、辽东大鼓、山东鼓吹等。吹打乐的风格粗犷，曲调简单，但往往乐曲篇幅较长。吹打乐中的河北吹歌及西安鼓乐等比较著名。河北吹歌主要流行于河北地区，深受北方人民喜爱，有吹奏民歌、河北梆子片段和群众歌曲的传统。风格热烈、活泼而诙谐，表现了北方人民憨厚、爽直的性格。较流行的河北吹歌有《放驴》《小二番》《得胜令》等。西安鼓乐也称陕西鼓乐，是一种比较完整的大型吹打合奏乐，保存下来的曲目和曲牌有上千首，同时还吸收了不少民间歌曲和民间器乐曲牌。吹打乐的传统曲目还有晋北鼓乐《春天套》《推辘轴套》《粉妆台套》《大得胜》，西安鼓乐《群仙会》《游月宫》，潮州锣鼓《薛刚祭坟》《关公过五关》以及《画眉跳架》等。

四、音乐的鉴赏

（一）音乐鉴赏的三个阶段

鉴赏音乐是一种审美活动。美的标准是由一定时代、一定民族、一定社会群体的审美趣味所决定的。音乐鉴赏一般可分为知觉的欣赏、情感的欣赏和理智的欣赏三个阶段。

1. 知觉的欣赏

知觉的欣赏，即通过听觉从感性上去认知音乐，也就是我们所讲的官能欣赏。进行知觉的欣赏，即能够反复背记乐曲的主题和旋律，熟悉声乐的各种演唱形式，并能听辨出各种常用的民族乐器和西洋乐器的不同音色，初步懂得各种乐器的不同性能与表现力。对于绘画来说，官能欣赏指的是通过眼睛的观看来感知色彩和线条的艺术；对于音乐来说，官能欣赏就是指耳朵对音乐的欣赏。但是知觉的欣赏是浅层次的音乐欣赏，是比较肤浅的，只满足于好听、动听。因此，要想对一部音乐作品进行完美的艺术享受、全面的艺术领略，就必须进入情感的欣赏和理智的欣赏的阶段。

2. 情感的欣赏

音乐艺术的目的就是要表达情感。不单单是音乐，文学、绘画艺术的目的都是要表达情感。不过，它们所借助的媒体不一样罢了。音乐是通过音符和音响，文学是通过文字和语言，绘画是运用色彩和线条。音乐是最抒情，也是最善于抒情的，它最擅长表现人们的内心情感。就如法国作曲家卡米尔·圣桑所说："在言辞穷尽的时候便有了音乐，音乐能够说出那种无法说出的东西，它促使我们在自己内心中去寻找前所未知的深处，它能表达任何言语都无法表达的情绪和心态。""当文字语言已不能再表达什么时，一万句欢乐的台词都不可能尽情释放你的欢乐，一万句悲伤的对白也不可能彻底表达你的悲伤，这时音乐是最好的表达方法。"情感的欣赏要求我们融入音乐当中去，全身心地投入到音乐当中去，深刻体会作者当时的内心情感，与作者产生共鸣。

3. 理智的欣赏

贝多芬说过："我希望人们用理性的耳朵来欣赏我的音乐。"要想对音乐有深层次的了解，就必须进入理智的欣赏阶段。理智的欣赏就是要从节奏、节拍、和声、调式、曲式、体裁等更专业、更理性的方面去分析作品，体会它的节奏有什么特点，它的各声部之间如何组合，它的整体怎样发展，乐曲是怎么呈示、展开、变化、结束的。

我们是用耳朵听音乐的，但是我们永远无法用耳朵欣赏音乐，只有大脑和心灵才能真正聆听和欣赏音乐。所以充实大脑理性的判断力和心灵丰富细腻的感情是提高音乐欣赏能力的关键。试想一个空洞的大脑和乏味的心灵，即使再加上一个比他人灵敏一百倍的耳朵，能正确欣赏音乐吗？所以音乐欣赏必须上升到理智的欣赏这一层次。

音乐鉴赏的这三个过程，是一个由表及里、由浅入深逐步提高的过程。中间并没有明确的概念，而是有着相互的关联。比如从情感的欣赏到理智的欣赏，欣赏者就要充分发挥自己全部的智慧和经验，并包含很多理性的认识。而理智的欣赏，又始终不能脱离感性体验，否则就不是音乐欣赏了。

（二）音乐鉴赏需了解的内容

从知觉、情感和理智三个方面全面地欣赏一个作品，就要了解以下几个方面的内容：

1. 作者及作品的时代背景

一部音乐作品，总是表现了作曲家对现实音乐的感受。因此，要比较深刻地领会作品的思想内容就必须了解作品产生的时代背景和时代特点。例如：贝多芬的《第三交响曲》（《英雄交响曲》）、《第五交响曲》（《命运交响曲》）、《爱格蒙特》序曲等英雄性格的作品，是在法国资产阶级大革命影响下产生的，反映了人民群众反抗专制暴政的斗争。

2. 民族特征

俄国作曲家格林卡说："创作音乐的是人民，作曲家不过是把它编成曲子而已。"一切音乐作品都根植于民族，因此都带有自己民族的音乐特征。有些作品概括体现了民族音乐的某些特点，另一些作品则与具体的民族民间音调保持着密切的关系。

3. 作者的创作个性

作曲家由于生活时代、环境、素养、经历和艺术趣味的不同，创作个性也各有不同。如贝多芬的《第九交响曲》与舒伯特的《未完成交响曲》是同一时期的作品，有同样的时代背景，但创作个性和创作风格大不一样，《第九交响曲》是悲壮宏伟的戏剧，而《未完成交响曲》则是哀感、动人的浪漫主义抒情诗。

五、名曲鉴赏

（一）梅花三弄

古琴曲《梅花三弄》相传为东晋时期的作品。一次，恒伊和王徽之（我国著名书法家王羲之的儿子）在路上偶遇，彼此都很欣赏对方，恒伊为王徽之吹奏了一首曲子，据说就是著名的《梅花三弄》。

这首曲子属于标题性音乐，乐曲的内容是表现梅花的；"三弄"是古代音乐中的一种曲式手法，有高声弄、低声弄、游弄之说。这首曲子通过对梅花凌霜傲雪神态的描绘，赞颂了梅花耐寒的高洁品质，在一定程度上反映了魏晋文人那种超脱尘世、孤芳自赏的思想感情。

全曲可分两大部分，第一部分主要是对梅花静态的描写，第二部分主要是对梅花动态的描绘。乐曲通过这样两个部分并运用各种对比手法，描绘了梅花在静与动两种状态下的优美形象。

乐曲一开始给我们展现了一个冬天的情景：万物凋零，草木皆枯，唯有梅花傲骨铮铮地开放。

接下来，主题音乐第一次出现，音乐非常清新雅致，好像看到一树梅花在远方出现：

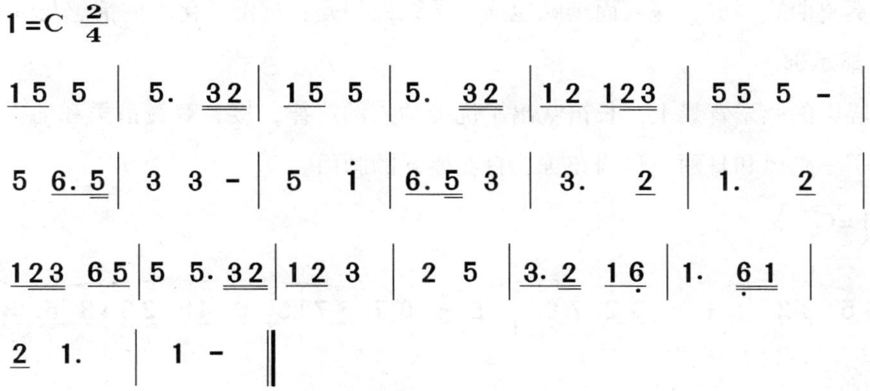

第二部分富有动态地衬托梅花傲然挺立的形象，更突出了梅花迎风斗雪的坚毅品质。

主题音乐第二次出现，乐谱同上，旋律没有改变，但是音调提高了八度，好像看到梅花在漫天飞舞，勾画出“风荡梅花，轻轻舞玉翻银”的意境。

主题音乐第三次出现，乐谱仍同上，旋律仍没有改变，但是音乐听起来更加苍劲有力，梅花经过风荡雪压之后，傲然挺立，笑对人生。

乐曲的尾声在轻松自如的气氛中进行，然后平稳结束，仿佛在经历了风荡雪压的考验之后，一切又重归于平静，梅花依然将它清幽的芳香散溢于人间。

（二）梁山伯与祝英台

小提琴协奏曲《梁山伯与祝英台》创作于 1959 年，乐曲内容来自一个古老而优美的民间传说：东晋时期，在我国南方的农村祝家庄，聪明热情的祝员外之女祝英台冲破封建传统束缚，女扮男妆去杭州求学，在那里与善良淳朴而家庭贫寒的青年书生梁山伯同窗三载，建立了真挚的友情，二人情同手足，但是封建礼教却让他们的爱情成了悲剧，最后两人双双殉情化为蝴蝶。这是陈钢和何占豪就读于上海音乐学院时的作品，那时他们还是风华正茂的学生。

陈钢（1935— ），上海市人，十岁时跟匈牙利钢琴家伐勒学习钢琴，1949 年进入前线歌舞团，1955 年进入上海音乐学院作曲系学习，毕业后留校任教，现为该校作曲系主任，中国音乐家协会理事，主要作曲有《梁山伯与祝英台》《阳光照着塔什库尔干》《苗岭的早晨》及交响曲《屈原》等。何占豪（1933— ），作曲家，浙江人，1960 年入上海音乐学院作曲系，1964 年毕业后留校任教，现为中国音乐协会理事，上海音乐学院附中校长，主要作曲有《二泉映月》《梁山伯与祝英台》《过年》《节日赛马》等。

这部作曲以浙江的越剧唱腔为素材，采用交响乐与中国民间戏曲音乐的表现手法，用奏鸣曲式写成，深入而细腻地描写了梁祝相爱、抗婚、化蝶的情感与意境。

1. 显示部

在轻柔的弦乐背景上，长笛吹出了优美动人的旋律，接着双簧笛柔和的引子主题展示出了一副风和日丽、鸟语花香、百花盛开的画面：

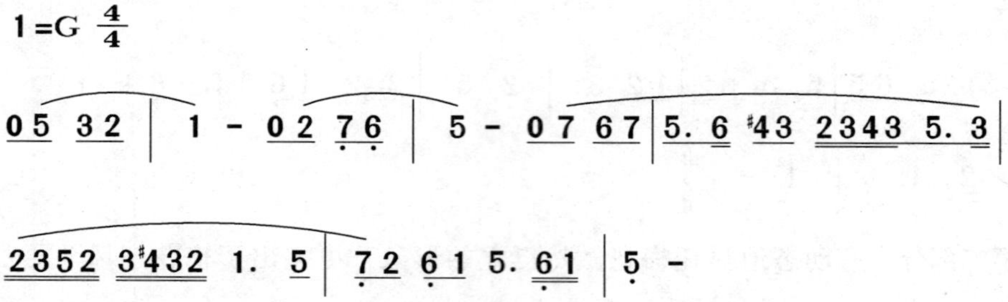

接着，便是优美的主部主题。在竖琴淡雅清澈的音型伴奏下，独奏小提琴奏出纯朴、诗意般的爱情主题：

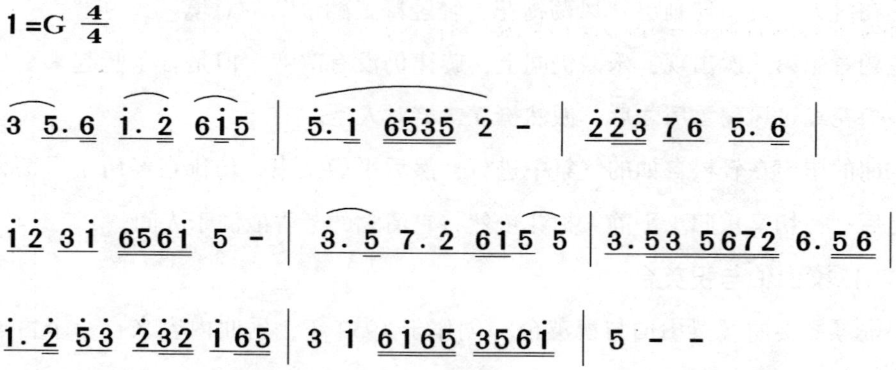

之后，大提琴和独奏小提琴进行着音乐上的对答，使人联想到梁、祝二人在草桥亭畔双双结拜的情景。然后又由乐队齐奏出爱情主题，表现了梁、祝真挚的友情和相互爱慕之情。

副部：由独奏小提琴的自由华彩的连接部引入轻盈愉快的旋律，结构在回旋曲式之中，描写了两人三载同窗，共读共嬉的愉快生活：

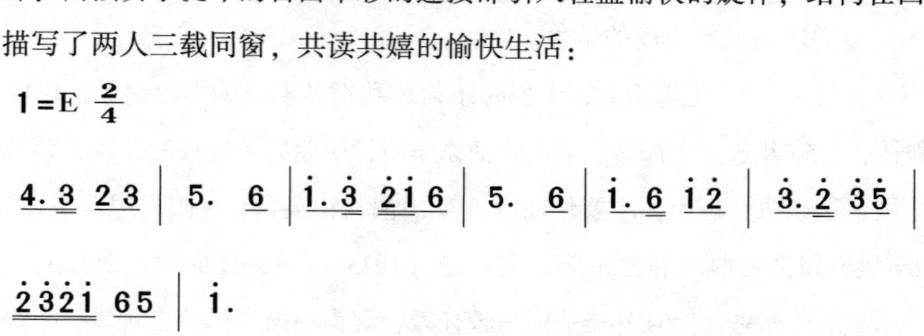

接着音乐转入慢板。慢板的主题是由爱情主题变化而来，其音乐中再次出现大提琴和独奏小提琴的对答，表现了十八相送、长亭惜别的依依不舍的情景。

2. 展开部

突然，音乐转为低沉阴暗，惊慌不安的小提琴把我们带到了这场悲剧性的斗争中。

抗婚，铜管以严峻的节奏、阴沉的音调奏出了封建势力残酷的主题：

1 =^{b}B

1 7 0 61 | 5 5 0 0 | 1 7 0 61 | 2 2 0 0 |

5. 3 23 56 | 3 3 0 0 | 5 . 3 23 56 | 1 1 0 0 |

接着，小提琴用戏曲散拍的节奏，叙述了祝英台的悲愤与惊惶，并刻画了祝英台誓死不屈的反抗精神，描绘出祝英台抗婚的情景。

随之，音乐转入慢板，又一次听到大提琴与小提琴的对答，时继时续、时分时合、如泣如诉的音调，把梁、祝楼台相会时的万缕情丝倾诉得淋漓尽致。

在展开部的第三部分——哭灵、控诉、投坟中，音乐急转直下，弦乐快速切分，节奏激昂而果断，独奏的散板与乐队齐奏的快板交替出现，深刻地表现了祝英台在坟前对封建礼教的控诉情景，她时而呼天嚎地，时而泣不成声。最后锣鼓齐鸣，祝英台纵身投坟，乐曲达到最高潮，祝英台以年轻的生命向苍天做了最后的控诉。

3. 再现部

化蝶，长笛的美妙旋律结合竖琴的急进华奏，把人们带到了神仙的境界。小提琴又重新奏出了那使人难忘的爱情主题，仿佛梁、祝在天上翩翩起舞，歌唱他们忠贞不渝的爱情：

彩虹万里白花开，
花间蝴蝶成双对。
千年万代不分开，
梁山伯与祝英台。

（三）《卡门》序曲

歌剧《卡门》是法国作曲家比才于1874年创作的，1875年3月首演。

比才（1838—1875），法国作曲家，生于巴黎的一个音乐家庭，父亲是歌唱演员，母亲是音乐教师，从四岁时便跟随母亲学弹钢琴。九岁起即进入巴黎音乐学院，从阿列维学习作曲。1857 年考取罗马奖后，在罗马进修三年。1863 年，写成第一部歌剧《采珍珠者》。1870 年，新婚不久参加国民自卫军，后终身在塞纳河畔的布基伐尔村从事写作。在他的戏剧配乐《阿莱城姑娘》和《卡门》等九部歌剧作品中，现实主义得到深化，社会底层的平民小人物成为作品的主角。在音乐中，他把鲜明的民族色彩、富有表现力的描绘生活的交响发展，以及法国的喜歌剧传统的表现熔于一炉，创造了 19 世纪法国歌剧的最高成就。比才一生登峰造极的作品就是歌剧《卡门》。

此歌剧的故事内容取材于法国作家梅里美的同名小说。故事发生在 1830 年，在西班牙的塞尔维亚城，青年军官唐·霍塞被烟草工厂的女工——一个性格倔强、放荡不羁的美丽的吉卜赛女郎——卡门所吸引，并堕入情网。他抛弃了未婚妻卡米拉，并在卡门的诱惑下离开军营，成了走私贩。在唐·霍塞被捕入狱期间，卡门又爱上斗牛士艾斯卡米罗，无论唐·霍塞怎样哀求和表白，卡门坚决地表示已经不再爱他。任何人都不能剥夺她的爱情自由。唐·霍塞忌火燃烧，在一次人们为斗牛士艾斯卡米罗获胜而欢呼时，唐·霍塞一刀刺死了卡门。剧中刻画了卡门豪爽开朗、热情而刚烈的性格，反映了不同的人对爱情不同的理解，也反映了当时资产阶级追求个性自由和个性解放的思想。

《卡门》序曲是一首明朗而光辉的管弦乐曲，经常被单独用于音乐会上的演奏。

本曲采用回旋曲式写成，主部旋律一下子把我们带入了喧腾的斗牛场中：

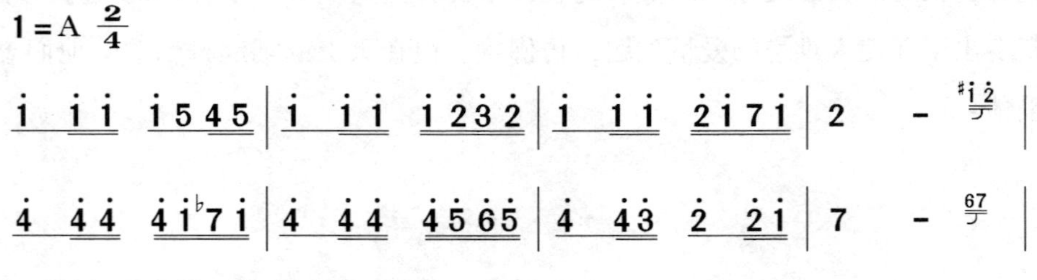

第一插部是儿童跳跃欢快的歌调：

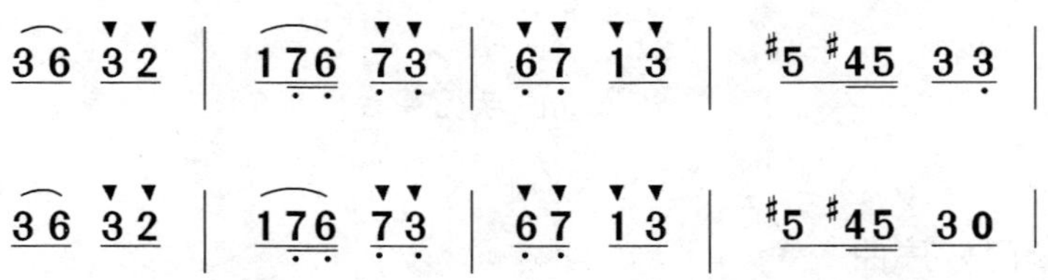

接下来是主部旋律第二次再现，之后奏出了威武雄壮的斗牛士之歌，它代表斗牛

士艾斯卡米罗的出场，以及人们对他的欢呼：

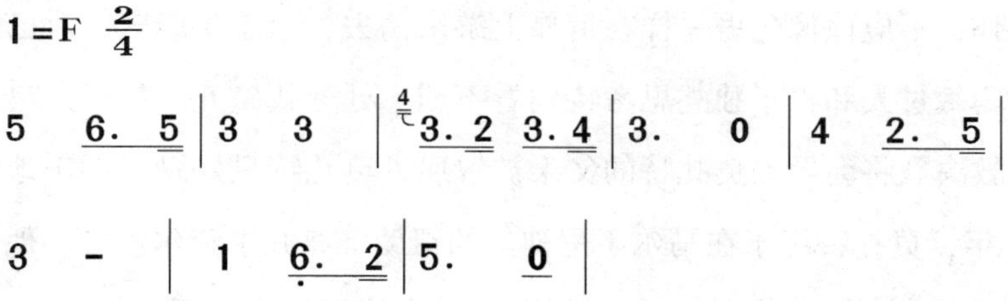

当第一个主题在热烈的情绪中再现后不久，音乐突然中断，乐队在低音部呈现出一个不安的悲剧性音调，这就是贯穿于全歌剧的卡门的主导动机，或曰“宿命的动机”。它概括地表现了卡门高傲、固执、热情、泼辣等性格特征，又明显地预示着压抑、阴暗的悲剧性结局：

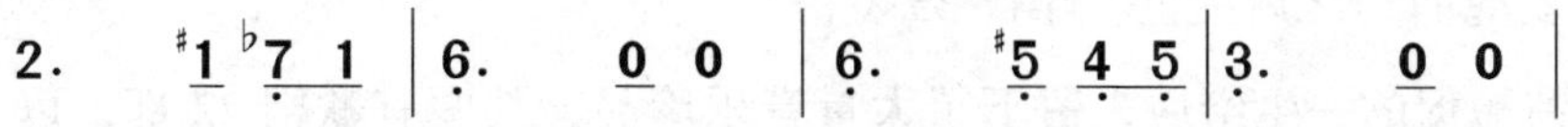

这个具有吉卜赛音乐风格的徐缓音调与前两个音乐主题在形象、格调和音乐气氛上都形成极大的反差。因此，《卡门》序曲单独演奏时又往往省略掉这段音乐。在主部主题光辉明朗中结束，形成一种明快热烈的气氛。

（四）《费加罗的婚礼》序曲

《费加罗的婚礼》序曲是由莫扎特于1786年完成。

莫扎特（1756—1791），维也纳古典乐派代表人物之一，1756年1月27日出生在奥地利西南部和德国交界的小城萨尔茨堡。莫扎特的父亲列奥波德·莫扎特是主教宫廷乐队的一名小提琴手。由于受家庭的影响，莫扎特从小热爱音乐，他4岁开始学习羽键琴，5岁能作曲，6岁就能登台演奏，并为人做即兴伴奏。1762年秋天和1763年下半年，老莫扎特从西吉兹蒙德主教那里为自己争得了休假，带着他11岁的女儿和6岁的儿子先后两次到欧洲各国旅行演出，获得很大成功。小莫扎特被人们誉为“音乐神童”，德国伟大诗人歌德在回忆录中写道：“我在他7岁那年见过他演出，那时我才14岁，我很清楚地记得那时他是个头戴假发、身配短剑的小大人。”

莫扎特8岁就写出了三部交响曲和四首小提琴奏鸣曲。他的早期作品受巴赫等人的影响较深，后来才逐渐形成自己的风格。莫扎特从11岁起开始创作歌剧，此后，他一直以演奏家身份在欧洲各国举行音乐会，并创作了大量各种体裁的音乐作品。他的父亲对他管教非常严格，负责儿子的普通文化教育。莫扎特对数学、语文、历史都接受得比常人快，还学会了意、法、英等多种语言。1773年，17岁的莫扎特回到萨尔茨堡，在大主教那里任乐师，弹羽键琴和拉小提琴。不久，这位大主教因年迈病逝了，伊·柯洛列多伯爵成为大公接替了大主教职务。新的大主教非常专横，他认为作为宫廷的奴仆，不应该像乞丐一样在世界上游来荡去，应忠于职守，对已经享有荣誉的莫扎特的聪敏过人和善于独立思考特别看不惯，处处找碴儿。如果违反大主教的意志，与大主教决裂将会导致莫扎特的父亲被解雇，莫扎特只好忍气吞声地留在大主教那里。1777 年，莫扎特终于在马尔丁尼神父的帮助下离开了萨尔茨堡。他先到了德国的慕尼黑，随后又到他父亲的故乡阿乌格茨堡，从那里前往曼海姆，后来到了维也纳。在那里，他认识了作曲家韦伯的堂妹康丝丹，第二年和她结了婚。虽然莫扎特没有固定的收入，婚后生活十分清苦，但他仍很乐观，创作热情也很高。莫扎特的作品以清秀流畅、结构工整为特色，奠定近代协奏曲的基调。1791 年 12 月 4 日，莫扎特在完成《安魂曲》之后逝世，年仅 35 岁。

莫扎特短促的一生给后人留下了大量音乐珍品，其中有歌剧 22 部，以《费加罗婚礼》《唐璜》《后宫诱逃》《魔笛》最为著名；交响曲 29 部，以《朱庇特》《巴黎》和《哈夫纳》最为著名；此外，他还写有几十部各种乐器的协奏曲，以及室内乐、钢琴曲等作品。

歌剧《费加罗婚礼》是莫扎特于 1786 年受奥地利皇帝约瑟夫二世之命写成的。歌剧脚本由达·朋特根据法国剧作家博马舍的喜剧《费加罗》三部曲的第二部编成。歌剧的主要内容是在 17 世纪时，西班牙塞维利亚城郊的阿尔玛维瓦伯爵爱上了夫人的侍女苏珊娜，因此他千方百计地破坏苏珊娜和未婚夫——他的男仆费加罗的婚事。后来聪明的费加罗争取到伯爵夫人的帮助，使伯爵的阴谋未能得逞，终于和苏珊娜结成了美满良缘。

歌剧的序曲运用了传统的双主题重复的奏鸣曲式结构原则写成，但省去了展开部，始终保持欢乐的情绪。它和歌剧的音乐以及剧情发展都没有什么直接的联系，只是为歌剧的出现造成一种欢乐的喜剧气氛。

序曲一开始，充满了幽默诙谐的色彩，仿佛预示着即将展开的错综复杂的戏剧性变化。

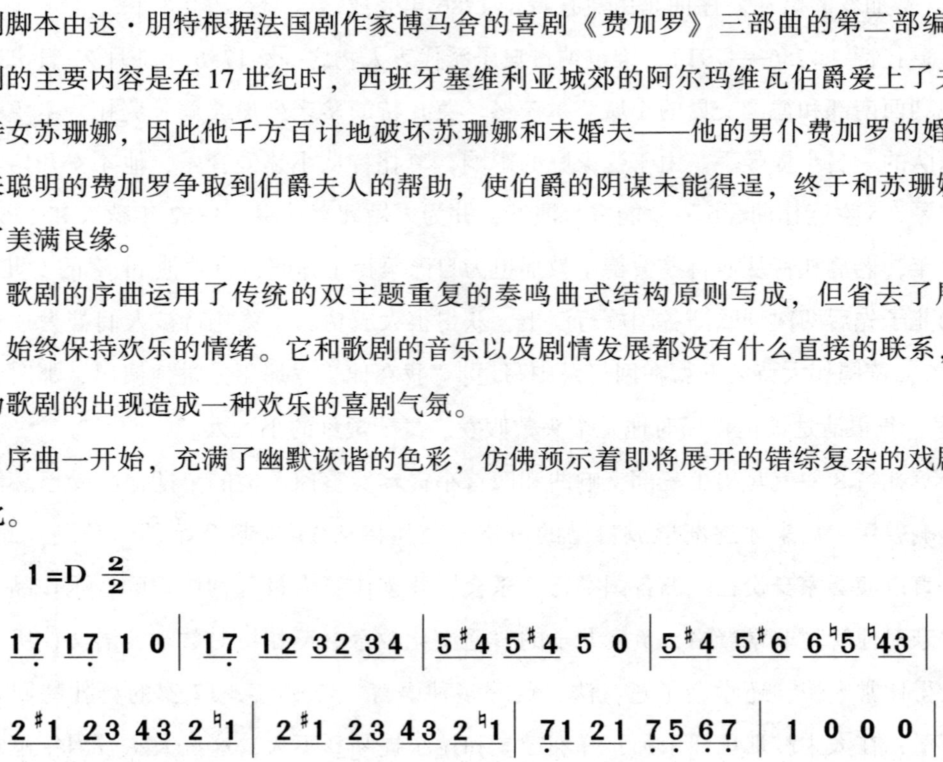

然后由木管乐器呈现第一主题。这一主题充满浓厚的乐观情绪。

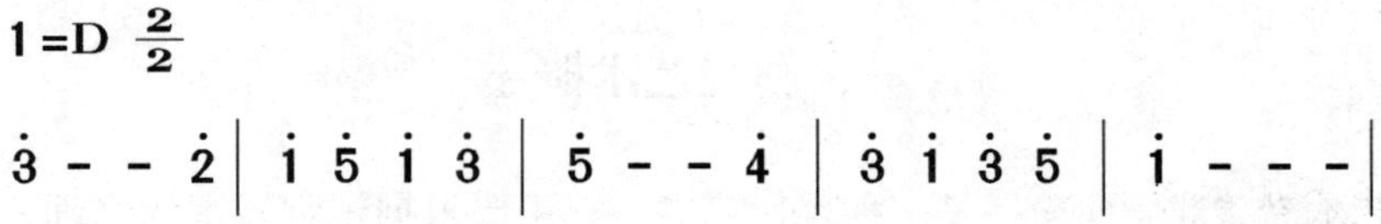

副题转 A 大调，仍为$\frac{2}{2}$拍。它有两个曲调，仍旧保持着欢乐的气氛。

曲调一：

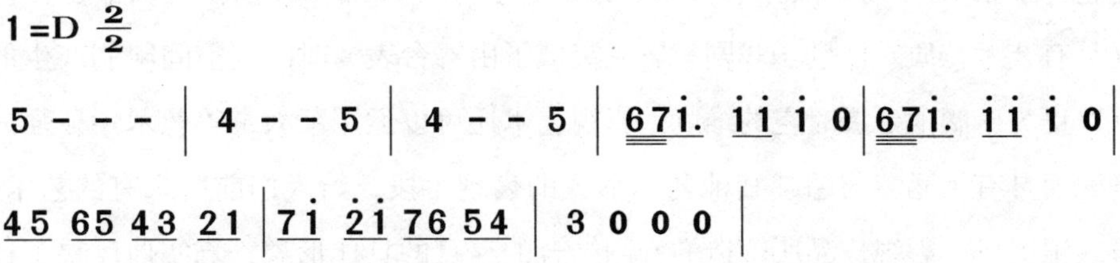

曲调二：

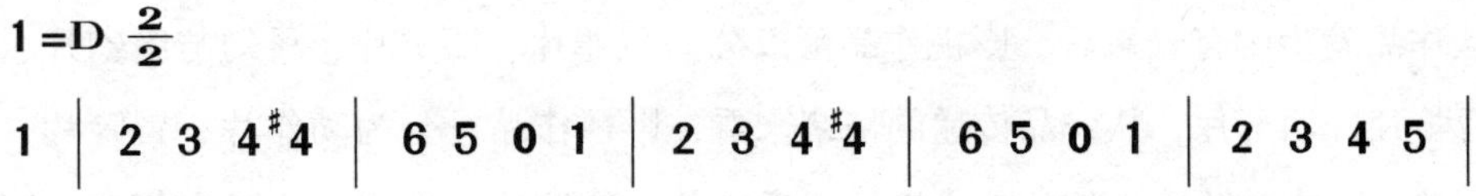

在再现部里，作曲家特意安排了一段新的、动听的曲调，充满着幸福感。

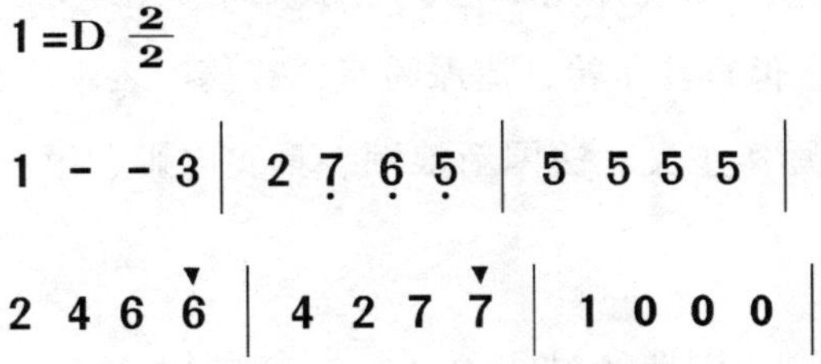

最后的尾声从小提琴的低音区开始，快速、波浪式的音型不断向上推进，短促有力的和弦与快速的音阶交替出现，造成了气势雄伟、欢欣鼓舞的热烈气氛；明亮的大调主和弦多次重复，序曲在光辉灿烂中辉煌地结束。

第三节　影视艺术鉴赏

影视艺术是所有艺术门类中最年轻、最具活力的一门艺术，它运用现代科技手段将各种艺术元素有机地组织起来，表现更为丰富的生活内容，具有更加强大的思想影响力和情绪感染力。今天，影视艺术已经成为人们日常生活的精神食粮，是人们平时接触最多的一种艺术形式。

一、影视艺术概述

影视艺术沿袭戏剧而来，是一种现代艺术。它主要根据视觉暂留的原理，运用照相与录音的方式把外界事物的声音与影像记录在胶片及其他媒介上，通过放映影像同时还原声音的方法，在银幕或屏幕上再现活动影像，体现同步音效，来表现剧本的内容。作为综合艺术，影视容纳了文学、摄影、绘画、音乐、舞蹈、雕塑、建筑等多种艺术形式，又具有艺术特质。区别于戏剧，影视突破了由舞台表演时间与空间限制产生的三一律，可以更为广阔地延展时空的维度。影视艺术还可以运用蒙太奇等艺术性极强的组接技巧，因而具有了涵盖与超越其他艺术形式的表现手段，给人们前所未有的艺术体验。在银幕或银屏里，影视作品所塑造的音画结合的逼真的具体形象，真实地反映了社会生活的原貌，可以使人们更广阔、更真实地感受生活与幻想之美。

从作品发生的背景来看，影视作品可以分为犯罪片、历史片、科幻与魔幻片、体育片、战争片、西部片；从作品传递的情绪来看，影视作品可分为动作片、冒险片、喜剧片、剧情片、玄幻片、恐怖片、推理片、爱情片、惊悚片；从表现形式来划分，影视作品又包括动画片、传记片、纪录片、实验电影（即先锋电影）、歌舞片、短片等。

影视艺术虽然是一门年轻的艺术，但百花争艳，流派纷呈，有德国表现主义、形式主义、印象主义、超现实主义、新写实主义、法国新浪潮、真实电影、第三电影、巴西新电影、德国新电影等。

二、影视艺术的特点

影视艺术融合了文学、音乐、美术、表演等多种艺术元素，以现代科技手段为表现的技术支撑，具有极其丰富的表现力和强大的艺术感染力，其内容又与人们的生活距离最近，因此，深受人们喜爱。概括地讲，影视艺术的特点如下：

（一）综合性

影视艺术是利用现代高科技手段将多种传统艺术元素进行有效整合而形成的一种新的综合性的艺术形式，其中不仅包含着文学、戏剧、音乐、舞蹈、建筑等多种传统艺术元素，而且又集纳了摄影、化妆、服饰、置景、空间设计等各种实用艺术元素，是视听综合、时空综合和媒介综合的产物。例如，观看电视连续剧《西游记》，既可以欣赏其中的服装艺术、音乐艺术、表演艺术，还可以欣赏其置景、摄影和语言艺术等。只要认真观赏，就可以从中获得多方面的艺术享受。

从表现手段来看，影视艺术综合运用了声、光、电、化学等各种科技手段来丰富自己的表现力。例如，利用化学技术制作烟火效果以表现战争场面。从一定意义上讲，科学技术的快速发展，直接推动了影视艺术的发展。今天影视剧中的快镜头、慢镜头、特技、超动感设计等，比真实的生活现象更具视觉魅力。这些都要仰仗现代科技的支撑。例如，在《西游记》“趣经女儿国”一集中，当女儿国国王要委身于唐僧时，制作方通过用光手段营造了一个十分温馨的情境，以烘托感情气氛。

从内容方面看，影视艺术的笔触可以伸向无穷的空间，并且具有统摄多方题材的能力。杂技、体育、武术、魔术、军事、刑侦、科幻、心理等各种题材都可以在影视作品中得到真实、生动细腻的表现。

（二）视听性

影视艺术是一种以视觉形象和听觉声响为主要表现手段的视听综合艺术。相对于文学、音乐这两种具有时间性、想象性的艺术而言，影视艺术主要是空间性、具象性的视觉艺术，影视作品的一切思想内涵都是通过视觉影像表现出来的。在视觉影像的基础上，音乐的使用可以进一步加强影视作品的感染力。例如，在《西游记》“趣经女儿国”一集中，唐僧在女儿国国王的柔情之下心有所动。就在两人即将沐浴爱河之际，唐僧被蝎子精劫走，一段美好姻缘就此中断。从此，国王心有所属，唐僧心有所恋。因此，当离开女儿国时，两人难分难舍。在这样的情境下，“相见难，别亦难”的歌曲响起，一下子将感情气氛渲染到极致。

影视艺术的视觉美，不仅来自自然与生活本来就具有的审美因素，而且还在于利用光线、色彩、影像等对自然美的提炼、凸现与升华。另外，因为人的感官所接收的80%以上的外界信息来自视听觉，并且人的审美体验活动主要依靠视听觉。因此，影视艺术就自然而然地成为人们最喜爱的一种艺术形式。

（三）故事性

影视艺术对生活的反映主要是通过讲故事的方式来实现的。具体来讲，一部影视剧能不能感动人，能不能激励人，能不能启发人等，都取决于故事的内容。因此，不论是影视编剧，还是影视的表演和拍摄制作，都要想办法把故事讲好。

因为影视作品讲述故事是通过镜头来进行的，不能像文学作品那样细致入微和尽情铺排，因此，影视作品中的故事一般矛盾冲突比较集中和突出，对悬念的解释相对较快。与此同时，“节外生枝”的穿插方法运用比较普遍。例如，《西游记》“趣经女儿国”一集中，当唐僧为女儿国国王的柔情所打动，两人将共浴爱河之际，蝎子精的出现使故事情节瞬间发生了变化。

（四）直观性

影视艺术具有一定的戏剧性，但与戏剧有很大的不同。戏剧演绎故事是在舞台上进行的，受舞台空间的限制，绝大部分场景都是模拟的。影视艺术对生活进行反映所采用的摄影技术，包括影像设备的可移动性，决定了影视艺术完全可以通过实景来表现自然和反映生活。因此，在所有的艺术形象中，影视艺术形象最具直观性，最易为人们所感知和理解。

真实地反映生活，是一切艺术都必须坚持的原则。在众多的艺术形式中，影视是最能客观地反映自然和生活本来面目的一种。影视艺术的基本表现形态，是由活动的、绘声绘色的画面组接而成的影像。和其他艺术相比，影像更接近于社会生活的原本状态，因此，影视艺术更能直观地反映生活。

（五）大众性

因为影视艺术以人物、场景、台词和音乐等为主要构成元素，通过一定的故事表现思想，这些元素都为人们所熟悉，因此，影视艺术是一种大众化的艺术。一般好的影视作品，不仅人人看得懂，而且人人看了都会有收获。例如电视连续剧《西游记》，不论是哪个层次的观众看，都能从中看到精彩，从而获得审美享受。

|延伸阅读|

影视文学剧本的特点

影视文学剧本是拍摄影视剧的依据和蓝本，而不是让读者直接像读小说那样拿来阅读的。影视文学剧本有以下几个特点：

1. 镜头性。影视首先是一种视觉艺术。影视文学剧本创作的根本任务就是描述出具体、生动的视觉形象，也就是为摄影机拍摄镜头提供有关画面内容的文字描述和说明。因此，影视文学剧本作者必须具有强烈的镜头意识或画面意识，在写作过程中要时时考虑所写的文字能否转化为一个个镜头或画面。

2. 描绘性。正因为影视艺术是由一个个活动的镜头连缀而成的视觉艺术，所以，在影视剧本的创作中就要把各种各样的不适合于拍摄镜头的非视觉内容化为视觉内容，最主要的就是要把看不见的人物内心活动化为可见的视觉形象。例如，当表现剧中人物思念亲人的心理活动时，采用镜头切换的方法，表现出回忆性的人物以往生活的画面。

影视文学剧本还需要注意把其他抽象的东西化为具体可见的形象。如一年四季、白昼黑夜等时序季节的转换，不能用“光阴似箭”之类的词语来概括，必须通过详尽细致的描绘化为具体的视觉形象——春天可用百花盛开来表现，夏天可用蝉鸣枝头来表现，秋天可用层林尽染来表现，冬天可用万里雪飘来表现，等等。

3. 画面性。虽然小说、戏剧、影视剧都要讲述故事，都属于叙事艺术，但是它们的表现方式大不一样，小说靠文字语言，戏剧靠人物对话，影视剧则运用具有视觉造型性的画面，即影视里叙述和回忆某件事、某个情景，必须用具体的画面来表现。

总之，在影视文学剧本中，看不见的东西一定要转化为视觉性的画面，以利于镜头的拍摄。

三、影视艺术的基本表现手段

影视艺术既是一门综合艺术，也是一种大众艺术。它以人们易于感知和理解的画面为主要表现形式，以意义明确的文学语言为思想载体，以音乐增强感染力，以故事情节和矛盾冲突引人入胜，采用蒙太奇手法将一个个镜头组合在一起，从而达到表现思想的目的。影视艺术的基本表现手段主要有以下几个：

（一）场景与镜头

影视场景是指通过镜头反映出来的场面和景象。场景一般由人物活动和环境背景等元素构成。人物既是演绎故事的主体，也是思想、精神和道德的载体；背景不仅衬托和凸显人物形象，而且在一定程度上能够表现人物的性格。影视剧中的场景一般分为远景、全景、中景、近景和特写五种。

1. 远景

远景是指表现远距离景物和人物的一种画面，分为远景和大远景两种。远景画面可使观众看到广阔的空间和深远的景象，一般用于交代人物活动的大背景和表现宏大的场面。例如，表现田野、山村等大的环境背景，表现火车从远处开来的场景等。

大远景比远景视野更大，视距更远，适于展现更加辽阔深远的背景和浩渺苍茫的自然景色。例如，王之涣《登鹳雀楼》中“白日依山尽，黄河入海流”两句诗所描绘的景象，用镜头表现出来就是大远景。这类镜头或者没有人物，或者人物只占很小的位置，犹如中国的山水画，着重描绘环境的全貌，给人以辽阔深远的视觉印象。大远景在影视片中主要用来显示人物活动或故事发生的大环境，烘托和渲染气氛。

远景镜头视野较大，经常用来表现事件发生的时间和环境。比如表现壮阔的自然风景、群众场面、战争场面等。远景画面重在渲染气氛，而不注重人物的细微动作。远景中的人物有时还做点状处理，所以远景不能用于直接刻画人物，但可以用来表现人物的情绪，因为影视画面是通过画面组接表情达意的。

2. 全景

全景是指将被拍摄的主要对象全部纳入画面，并且让其占满画面主体部分的场景。全景画面与远景相比，有明确的内容中心和画面主体，处于画面主体部分的被拍摄对象给人以完整、清晰的视觉印象。

由于全景是将被拍摄对象全部纳入画面，因此既能够清楚地表现人与人、人与物之间的关系，又能够表现人物完整的形象和整体行为动作，可以比较清晰地营造人物形象。与此同时，可以通过特定环境和特定场景表现特定人物。

3. 中景

中景是指将被拍摄对象的主体部分纳入画面的景象类型。表现人体膝盖以上或场景局部的画面一般都是中景。较全景而言，中景画面中人物的整体形象和所处环境居于次要地位，人物的动作成为主要表现对象。中景能够使观众看到人物膝盖以上的形体动作和情绪反应，有利于交代人与人、人与物之间的关系。

4. 近景

近景是表现人体胸部以上或物体局部的画面，是一种近距离观察人物与物体的景别。这种画面能使观众看清人物的面部表情或局部形体动作，有时也摄取景物的某一部分。近景的视距比特写稍远，有些摄取人物腰部以上的镜头，人物上半身活动和面部表情占据画面显著地位，成为主要表现对象。

在影视片中，为了强调人物表情和重要动作，常运用近景。近景和特写的作用有相似之处，即视距近、视觉效果鲜明且强烈，可对人物的容貌、神态、衣着、仪表等作细致的刻画。

5. 特写

特写是影视中拍摄人的面部、人体的局部、一件物品或物品的一个细节镜头，即视距最近的镜头。特写镜头由于视距短近，取景范围小，画面内容单一、集中、突出，能把所表现的对象从周围环境中突现出来、放大，因此可以形成强烈和清晰的视觉形象，起到强调的效果。

影视剧中的特写，是突出和强调细节的重要手段，它既可通过眼睛的顾盼、眉梢的颤动以及各种细微的动作和情绪的变化，揭示人物的心灵，也可把原来不易看清或容易忽视的细小东西加以突出，赋予生命，或借此刻画人物、烘托气氛等。

（二）台词与音乐

台词是指影视剧中各种角色所说的话。台词既是用以展开剧情、刻画人物、表现主题的重要手段，也是影视剧本构成的基本要素。

影视剧的台词具有四个特点：第一，具有动作驱动性，即在有限的表演时间内迅速推开人物的活动，并使之发生尖锐的冲突，以揭示人物的思想、性格、感情。第二，影视台词是性格化的，即根据不同人物的出身、年龄、职业、教养、经历、社会地位以及所处时代等条件，突出人物的语言特征。第三，影视台词比较精练、含蓄，力求用最简洁、最浓缩的词句来表达丰富的内容与深远的意境。第四，影视台词是口语化的，浅显易懂，富于生活气息，并且亲切自然。

影视音乐不是单一的音乐，而是与影视艺术的视觉影像相联系的特殊的音乐集合体。影视音乐主要由主题音乐、背景音乐、叙事性音乐、情绪音乐、节奏气氛音乐以及时空过渡的连续音乐等几个部分构成。影视音乐的片段性、不连续性和非独立性是它区别于其他音乐的重要标志。

影视作品中的音乐，一部分是参与故事情节的有声源音乐，主要起渲染情绪、突出主题、刻画人物的作用。另一部分是非参与故事情节的无声。在影视作品中，音乐不是自成系统、独立存在的，而是作为一个组合元素，为影片主题、人物、情节的塑造和发展服务的。因此，影视音乐不能以强的音响去与画面争夺观众，而应以不引人注意却强有力的方式支持画面，正如英国电影理论家林格伦所说的“最好的电影音乐是听不见的”。

（三）情节与矛盾冲突

情节和矛盾冲突是影视作品感人的两个关键因素。情节由一系列能够显示物与人物之间关系的具体事件构成，它把事件的内在联系展现在观众面前，一般包括开端、发展、高潮、结局四个部分。

矛盾冲突，也叫戏剧冲突，既是构成戏剧情境的基础，也是展现人物性格、反映生活本质、揭示作品主题的重要手段。矛盾冲突在作品中的表现方式主要有三种：一是表现为某一人物与其他人物之间的冲突，即外部冲突。二是表现为人物自身的内心冲突，即内部冲突。外部冲突与内部冲突这两种方式，有时各自单独展开，有时交错在一起，相互作用，互为因果。三是表现为人同自然环境或社会环境之间的冲突。任何一部好的影视作品，其中必定包含着强烈的矛盾冲突，矛盾越尖锐，冲突越激烈，越能吸引人。

（四）蒙太奇

蒙太奇手法是指影视镜头的剪辑和组合方法。一部影视剧的制作过程一般是这样的：先将全部要拍摄的内容分切为一个个相对独立又相互依存的镜头，一个镜头一个镜头地单独拍摄，拍摄好之后，再根据故事情节等把它们组合成完整的影视片。这种分切与组合方法被称为“蒙太奇手法”。

蒙太奇手法的运用实际上是利用人们的生活经验、想象与联想在进行创作。当不同时间、不同空间的画面组合在一起的时候，人们凭借生活经验，通过想象与联想的补充，在其大脑中再创造成一个完整的故事。

蒙太奇手法在影视创作中具有以下三个作用：

一是创造音画一体的具体视觉形象。一个个镜头就是一个个伴随着声音的画面单元，将这些画面单元依靠蒙太奇手法组接起来就构成了生动的视觉形象。

二是高度简练的叙述。蒙太奇结构可以省略掉许多对过程、细节的交代，而创造出独特的影视时空感。比如叙述一个人从西安到银川的过程，只需拍三个镜头就够了：一个镜头是人走进西安机场的“出发”大厅，第二个镜头是飞机起飞，第三个镜头是人走出银川机场的“国内到达”大厅。观众一看就明白是从西安到了银川，并且是坐飞机来的。

三是不同的镜头组接可以产生不同的含义。比如说，有四个镜头：一是一辆农用车拉着一车大白菜；二是人潮涌动的农贸市场；三是一辆装满大白菜的农用车旁，一个夹着皮包的人和菜农谈价钱；四是贴着“新鲜大白菜”广告的蔬菜超市。将这四个镜头按照“一、二、三、四”的顺序组接起来和将其按照“二三、一、四”的顺序组接起来，所表达的意思是不同的。

四、影视欣赏的要点

影视集多种艺术元素于一身，并以科学技术为坚强后盾，是最具广泛群众基础的大众化的艺术形式。影视艺术欣赏，不仅能够使人获得充分的审美享受，而且可以使人受到道德教育、精神鼓舞和思想启迪等。与此同时，影视欣赏还可以开阔人的视野、发展人的想象力，丰富人的情感、提高人的审美能力和思想分析能力。那么，怎样欣赏影视剧才能获得比较大的收获呢？一般来讲，欣赏影视剧主要从欣赏故事、分析人物形象、把握思想内容和鉴赏表现手法四个方面入手。这是基本的欣赏。如果能够将写作影视评论和观赏结合起来，欣赏活动就会进入理性的状态，从影视剧中得到的收获会更大。

影视是用镜头讲故事的艺术。一部影视剧只有把故事讲得条理清楚，讲得生动感人，讲得扣人心弦，使观众喜欢看，才可能对观众产生良好的思想教育效果和积极的审美影响。因此，欣赏故事是观看影视剧最基本的一个着眼点。

怎样欣赏故事呢？首先，弄清楚故事发生的背景、发展过程、高潮与矛盾冲突和结局等；其次，弄清楚故事所反映的社会问题或提出的人生问题，并考量其普遍性和典型性；再次，考量故事在丰富人的思想、完善人的道德、激励人的精神和美化人的情感等方面能够发挥的积极作用；最后，看故事是否感动人，是否激励人，是否鼓舞人，以及是否教育人等，同时看故事是否吸引人和扣人心弦等。把握住这几个要点，不仅能够把故事看得清楚明白，而且能够从中获得各方面的收益。

| 拓展阅读 |

中外影视艺术发展

1. 中国影视艺术介绍

1905年，中国第一部电影戏曲片京剧《定军山》诞生，是中国影视艺术的发端。随后，商务印书馆“活动电影部”的出现，代表了中国制片业的开始，紧随其后的有“亚细亚影戏公司”，影视公司如雨后春笋般产生，它们凭借戏剧舞台表演的经验，将中国戏曲和文明戏搬上银幕。除此之外，也拍摄了剧情短片和长片，对电影这种初创艺术作了初步的探索和尝试。1913年，中国第一部无声短故事片《难夫难妻》开中国家庭伦理剧之先河。《孤儿救祖记》等关注社会改造的进步电影于20世纪20年代开始出现。1931年，明星影片公司摄制完成电影《歌女红牡丹》，这是中国第一部有声电影。1935年，在莫斯科国际电影节上，由蔡楚生导演的《渔光曲》获“荣誉奖”，是中国第一部获得国际大奖的影片。伴随抗日救亡的时代旋律，中国电影人没有忘记自己的社会责任，拍摄了《狂流》《中华儿女》等鼓舞斗志、弘扬爱国主义的影片。抗日战争胜利后，《八千里路云和月》《一江春水向东流》等影片针砭时弊，深刻揭示社会矛盾，形成现实主义的创作潮流。与此同时，新的技术不断融合到电影的创作中来，1941年中国第一部长动画片《铁扇公主》完成，公映后受到好评；1948年由费穆导演，梅兰芳主演，华艺出品的戏曲片《生死恨》成为中国首部彩色电影，再创中国电影之最。

中华人民共和国成立后，涌现出《白毛女》《林家铺子》等大批优秀作品，塑造了大批具有鲜明特征并深入人心的银幕形象。1956年拍摄的《祝福》是中国第一部彩色故事片，而中国第一部彩色宽银幕故事片则是1959年拍摄的《老兵新传》。值得一提的是，1962年诞生了中国第一部彩色立体宽银幕故事片——《魔术师的奇遇》，是中国3D电影的肇始。1953年，中国第一部彩色舞台纪录片《梁山伯与祝英台》由上海电影制片厂摄制。1956年，木偶片《神笔》获意大利第八届威尼斯国际儿童电影节儿童文娱片一等奖，这是中国美术片第一次在国际上获奖。而剪纸片《猪八戒吃西瓜》的出现则为世界美术影片又增添了一个新品种。

20世纪70年代末至80年代，中国电影走出低潮，《小花》《人到中年》等大批优秀影片问世。而进入90年代，《开国大典》《大决战》等重大革命历史题材影片，《焦裕禄》《凤凰琴》等现实题材影片占据银幕，表明中国影视艺术的彻底复苏。

新旧世纪交替之际，中国电影伴随着体制的改革，其艺术质量和形式都有了新的突破。既有《孔繁森》《离开雷锋的日子》《喜莲》《那山那人那狗》等主旋律和传统作品，也出现了《甲方乙方》《不见不散》等贺岁片、喜剧片形式的优秀商业化作品。《邓小平》《可可西里》等作品赢得社会效益和经济效益的双丰收，而《英雄》《神话》等国产大片与国际大片争鸣，并一再创造中国电影的票房奇迹。

在中国影视艺术长廊中，港台影视作品有着极为重要的地位，20世纪八九十年代，当内地影视艺术尚在复苏之际，港台影视作品为内地的观众打开了了解外部影视艺术的一扇窗。大量优秀的市场化的影视作品冲击着海内外华人观众的视觉与审美——从武侠片的江湖恩怨到黑帮片的血腥火拼再到警匪片正义与邪恶的激烈冲突，从言情片中的缠绵悱恻到伦理片中市井小人物的悲欢离合，从都市轻喜剧的轻松诙谐到无厘头的荒诞不经；从暴力美学到新派武侠，从后现代主义解构主义到境象主义；从偶像明星到实力派老戏骨……多元的题材、丰富的表现手法、成熟的艺术理念，使得这一时期的港台电影成为一个时代的重要标记。

2. 外国影视艺术介绍

1895 年 12 月 28 日卢米兄弟制作的影片《火车进站》公开放映，这是世界上第一次电影公映，这一天成为电影诞生的纪念日，兄弟俩还创作了《卡米埃尔工厂的大门》《水浇园丁》《出港的船》等影片。乔治·梅里爱发明了“叠印”、“模型”、溶入溶出、淡入淡出的组接方法，以及移动摄影的手法，这些特技的运用使电影有了突破时空束缚的无限可能性。

1902 年，美国的鲍特在《一个美国消防队员的生活》中，第一次用时空转换的运动关系来进行电影叙事。1903 年，鲍特拍摄了《火车大劫案》，这部影片是西部片的鼻祖。

格里菲斯是电影艺术史上第一个伟大的艺术家，他发明了现代的剪辑观念。于 1915 年拍摄完成《一个国家的诞生》。该片首次在美国上映的日子被称作好莱坞统治世界的开始。

卓别林是默片时代喜剧的代表，其作品具有很高的艺术成就。他独特的人物造型、夸张的形体动作和富有表现力的面部表情将博大的人道主义、感动心灵的力量传递给观众，其喜剧被称为“带泪的微笑”。代表作品有《淘金记》《城市之光》《摩登时代》《大独裁者》等。

第一次世界大战后，苏联电影工作者库里肖夫、艾森斯坦、普多夫金等把蒙太奇发展成为一套完整的电影理论体系，首次提出了“电影艺术的基础是蒙太奇”，电影作品《母亲》成为这一理论的诠释。

弗拉哈迪被公认为“纪录电影之父”和第一位伟大的写实主义者，他的代表作纪录片《北方的纳努克》，是世界电影史上第一部真正意义的纪录片。

1927 年，美国华纳公司和贝尔试验公司合作制作的影片《爵士歌王》是第一部有声电影，电影从此成为一门具有独特表现形式的视听艺术。1935 年世界上

第一部彩色故事片《浮华世界》在美国出现。

1941年上映的《公民凯恩》反映了美国激烈的社会矛盾，艺术手法和电影语言上的创新，人物和主题的复杂而丰富使其不同于以往的影片，因而被称为“好莱坞的陌生人”。《公民凯恩》是美国现代电影的鼻祖，被认为是能与《战舰波将金号》相媲美的有史以来最伟大的电影杰作之一。

第二次世界大战后，新现实主义在意大利兴起，主要作品有罗西里尼的《罗马，不设防的城市》，德·西卡的《偷自行车的人》《擦鞋童》《温别尔托·D》，维斯康蒂的《沉沦》等。20世纪50年代法国新浪潮和左岸派进入人们的视野，如特吕弗的《四百下》，戈达尔的《筋疲力尽》，阿兰·雷乃的《广岛之恋》《去年在马里昂巴德》，亨利·柯比的《长别离》，玛格丽特·杜拉斯的《音乐》《印度之歌》等。

英国代表性的电影艺术家有劳伦·奥利弗，作品有改编自莎士比亚戏剧并自导自演的《哈姆雷特》。而阿尔弗雷德·希区柯克是著名的“悬念大师”，他的影片大多是犯罪题材，以人的紧张、焦虑、窥探、恐惧等为表现主题，作品有《蝴蝶梦》《精神病患者》《群鸟》等。大卫·里恩以文学戏剧式电影著称，他的《相见恨晚》《孤星血泪》享有盛誉。20世纪50年代开始，《桂河大桥》《阿拉伯的劳伦斯》等巨片问世，这些影片场面壮观雄伟，具有史诗般的风格。

瑞典的伯格曼是典型的“作者电影”的代表人物，集编、导于一身。影片带有鲜明的个人风格，深刻地探讨人生的孤独与痛苦，上帝是否存在，生与死、善与恶的关系等这些属于哲学范畴的问题，堪称“电影哲学家”。其代表作有《第七封印》《野草莓》《呼喊与细语》《芬妮与亚历山大》。与伯格曼相似，基耶斯洛夫斯基也是一位哲学气质相当浓厚的电影大师，主要作品有《薇罗尼卡的双重生活》《十诫》《三色》等。

20世纪70年代，在动荡不安的政治背景下，美国人陷入精神的废墟之中，颓废而叛逆。阿瑟·佩恩的《邦尼和克莱德》表达和宣泄了美国年轻一代精神世界中的茫然和灰暗，标志着新好莱坞电影的诞生。新好莱坞电影主要分为四种类型：犯罪片，代表作有科波拉的《教父》、马丁·斯柯塞斯的《出租汽车司机》；战争片，有迈克尔·西米诺的《猎鹿人》、科波拉的《现代启示录》；科幻片，有斯皮尔伯格的《大白鲨》《第三种接触》《E·T》《侏罗纪公园》、卢卡斯的《星球大战》；家庭伦理片，有《克莱默夫妇》《金色池塘》《母女情深》《雨人》等。

西班牙的阿尔莫多瓦则是20世纪80年代以来崛起的新锐导演。他的影片具有强烈的现代意识和艺术风格，构思新颖，造型新奇，带有荒诞、幽默的色彩。

第四节　建筑艺术鉴赏

建筑是指利用建筑材料和建筑技术，按照一定的规划和设计思路，构造出各种不同功能和用途的建筑物。建筑是人类文明发展的重要标志，是人类环境与自然环境相互作用的重要产物。从原始社会至今，人类在建筑方面经历了漫长而辉煌的历史，建筑风格也随着时间的推移不断变化和发展。俄国著名剧作家果戈理说："当诗歌和传说都缄默的时候，只有建筑在说话。"建筑承载了人类的生活、文化和社会活动，是时代的缩影，是历史的见证。同时，建筑也是人类艺术和文化的重要表现形式之一。

建筑艺术作为人类创造的最伟大的艺术之一，以其独特的美学价值和多样化的文化内涵，成为美育的重要载体之一。

一、建筑艺术的审美特征

建筑艺术是集实用性、技术性和美学性于一体的综合艺术，从形式、空间、结构等多个角度出发，创造出具有独特魅力的建筑作品。而建筑艺术的审美特征，则是建筑美学的核心。建筑艺术的审美特征包括形式美、空间美、功能美和文化美等方面。

1. 形式美

建筑的形式美是指建筑物的线条、比例、形状、轮廓等造型要素，遵循形式美法则。建筑所呈现的视觉效果，是建筑艺术最直接的外在表现。例如对称与均衡、比例与稳定、节奏与韵律等。形式美是建筑设计中最基础的审美要素，是建筑艺术实现视觉美感的关键因素之一。例如上海金茂大厦，建筑外观融汇了中国古塔的外形，采用按层次向上逐渐收缩的阶梯造型，使建筑呈现高耸感又不失稳定，同时让这座超高层建筑呈现出精致玲珑之感。又如，我国古代宫殿故宫的建筑群呈中轴对称的布局形式等，也是建筑艺术形式美的展现。

建筑的外观形态、垂直和水平的动线、光线的运用、材料的质感等因素，都影响形式美的表达。如果在设计中综合运用这些因素，会让人产生丰富联想和心理共鸣，满足人们内心的情感要求。例如，广州大剧院建筑表面以石材和玻璃为材料，创造出不规则的建筑形态，像珠江畔的两颗圆润的石头，而内部空间同样也是不规则的几何形体，给人强烈的流动感，充满了奇思妙想。

2. 空间美

建筑空间是建筑艺术最基本、最重要的构成部分。建筑空间中的大小、高度、深度、长宽等要素的相对变化构成了建筑空间的功能实体和立体的组织关系，同时也代表着建筑中所传达出来的情感和思想。如大教堂的高大和重量感、寺庙的宁静与神圣感、商业空间的活力与繁忙感等，都是建筑空间的美学表现和建筑情感的传递。建筑空间的布局、形态、比例、材料、色彩、光等因素都会影响人们对空间美感的感知。

建筑空间美有四个特点：生成性、动态性、连续性和层次性。生成性是指建筑空间的形成是建筑设计的过程之一，空间的大小、高度、进深和布局都是在设计阶段被决定的。动态性是指建筑空间的变化性和流动性，包括空间内部和外部的动态，比如建筑内部的流线和外部的景观呈现。连续性是指建筑空间的内外、上下、前后等方向之间的衔接和联系，空间内部的流通性和主次分明的布局，构成良好的整体效果。层次性是指空间内部的不同区域、功能和风格之间的层次关系。

3. 文化美

建筑的文化美是建筑艺术的重要方面，指建筑表现出来的文化、历史、地域、民族、风俗等方面的美学价值。建筑物是文化和历史的结晶，每个文化都有其独特的建筑文化，例如中国的传统建筑、古希腊文化所创造出的古典建筑、罗马式建筑、巴洛克式建筑、哥特式建筑等等。

建筑艺术的文化美体现在多个方面：首先，历史意义。建筑作品以其独特的风格和气息成为当地历史的见证和瑰宝，反映了当地的文化、社会和政治背景，如我国古代的长城、故宫和埃及的金字塔等。其次，地域意义。建筑作品是当地文化和地域特色的展现，如不同地区的民居、寺庙、城堡等建筑反映了地域特色和历史传统。再次，美学意义。建筑作品是一种艺术品，通过形式、空间、色彩等不同的美学手法，传达出当地的审美观念和文化情感，如我国古代的故宫、文艺复兴时期的宫殿、现代的高楼大厦等。最后，生态意义。建筑作品也需要考虑环保和可持续性原则，适应当地的自然环境和生态条件，创造出更美好的生活空间。

4. 功能美

建筑的功能美是建筑艺术的基础特征，是建筑的功能和用途与建筑形式之间的协调和统一，也是建筑的本质特征。建筑艺术的功能美要求建筑既要具有适当的功能和使用价值，又要表现出艺术性和美学价值。功能美的实现需要建筑设计师充分考虑建筑的功能和使用需求，同时运用合适的形式和技术，达到美观与实用的完美结合。因此，在建筑设计上，设计师需要围绕住宅、商业、办公、教育、医疗、交通等不同领域的实际需求，制定相应的建筑规划和设计方案，保证建筑功能的完美实现。同时，还需要在美学设计上注重细节和创意。一个建筑物的实用性和美学设计一样重要，它们是共存于一个整体的重要构成部分。例如，徽派建筑中的马头墙设计，高低错落，极具风格，具有防火功能，同时显示出建筑的动态之美。

二、建筑名作鉴赏

1. 北京故宫

北京故宫是中国历史上最为宏伟壮丽，也是最具有代表性的宫殿建筑之一，历史悠久，文化底蕴深厚。北京故宫是我国明清两代的皇家宫殿，位于北京市中心，占地面积达 72 万平方米，建筑面积约 15 万平方米，共有大小宫殿七十多座，房屋九千余间，是中国古代建筑的杰出代表之一，也是我国现存规模最大、保存最完整的古代宫殿建筑。

故宫修建始于明朝永乐年间，原是明朝的宫苑，经过数百年的改建扩充，成了如今的宏大建筑群。其建筑风格以黄琉璃瓦、红色墙体、白色大理石石台阶、金丝楠木柱为主要特色，融合了中国传统建筑的精华。故宫整体建筑呈中轴对称分布，功能上分为外朝和内廷两部分，外朝是举行重大典礼的场所，著名的三大殿（太和殿、中和殿、保和殿）由南向北分布在中轴线上。内廷的中心则是乾清宫、交泰殿和坤宁宫，统称后三宫，是皇帝和皇后居住生活的地方。其两侧为东六宫和西六宫，是妃嫔生活起居的地方。故宫的整体布局严格遵循了“前朝后寝”的封建礼制。

故宫建筑具有严格的等级制度，同时也体现出古人天人合一的哲学观。例如故宫最大的单体建筑太和殿，是等级最高的大殿。整个建筑采用了典型的中国古代宫殿建筑形式，沿着中轴线展开，其屋顶的样式也是最高等级的重檐庑殿顶，这些无不显示皇权的至高无上。垂脊的端部都布置有十个脊兽，它们是以龙、凤、狮子、独角兽等为原型的神兽，形态栩栩如生，寓意吉祥祈福。

故宫作为中国传统建筑史上最宏伟的木构建筑之一，不仅是中国传统建筑的杰出代表，也是中国历史文化的重要组成部分，对于研究中国的封建制度、皇家文化以及社会历史具有重要的意义和价值。

2. 北京天坛

北京天坛位于故宫所在的中轴线上，是我国现存最大的古代祭祀性建筑群。其建筑和布局体现了中国古代哲学、宇宙观念和建筑艺术的高度成就。

天坛是古代帝王祭天的场所，强调“君权天授”的“天子”地位。北京天坛始建于明朝永乐年间，占地面积约为273万平方米，由两道垣墙环绕，将建筑群分为内坛和外坛两部分，垣墙呈现北圆南方，是古人“天圆地方”的宇宙观的象征。内坛是天坛建筑群的主体部分，由北部的祈谷坛和南部的圜丘坛组成。

祈谷坛是皇帝在初春祈求上天保佑丰年之地，以祈年殿和皇乾殿为主体建筑。祈年殿是天坛的标志性建筑，是一座三重檐攒尖顶圆形大殿，覆以蓝色琉璃瓦，金宝顶，等级崇高。蓝色的琉璃瓦顶层层向上，象征与天相接。整个大殿屹立在三层汉白玉石基之上，殿内三层环立大柱，内层四根象征了一年四季，中间十二根象征十二个月，外层十二根象征十二时辰，外面两层相加代表了二十四节气，内三层总共二十八根，又代表了二十八星宿。

圜丘坛是皇帝冬至日祭天大典的场所，又叫祭天台，以圜丘、皇穹宇为主体。圜丘明朝初建时为三层蓝色琉璃圆坛，清乾隆时期扩建改为三层汉白玉栏板、艾叶青石台面圆坛，其四周环绕两层蓝色琉璃瓦矮墙，外层为方形，内层为圆形，寓意“天圆地方”。古代将奇数称为“阳数”，而“九”作为阳数的极数，是尊贵的象征。圜丘的石阶、石栏板的数量皆为“九”或“九”的倍数，象征着“九重天”。

天坛整体建筑以“天人合一”的思想为核心，以古代宇宙观为基础，通过建筑的形式、空间、色彩、功能等呈现文化内涵与建筑的艺术的高度统一。

3. 苏州拙政园

苏州拙政园是苏州古典园林的典型代表，始建于明德年间，距今已有400多年历史。拙政园与北京颐和园、承德避暑山庄、苏州留园一起被誉为中国四大名园。

中国古典园林分为皇家园林和私家园林，与宏大壮阔的皇家园林颐和园不同，作为私家园林的拙政园更为精致含蓄，是以小见大的艺术典范。全园占地78亩，分东园、中园、西园三部分。东园疏朗明快，林木丰茂，多假山怪石，充满田园山野之趣。主要建筑有兰雪堂、芙蓉榭、放眼亭等。中园是拙政园的主体，也是其精华所在。总体布局以水池为中心，傍水建设亭台水榭、廊桥画舫等，与水面倒影相互呼应，构成高低错落、疏密有致的景观空间，展现出一步一景的审美意境。代表建筑有远香堂、小沧浪、香洲、荷风四面亭、小飞虹等。西园为清代后期修建，别名“补园”，园内曲水环绕，楼阁台馆依地势沿山傍水建造，有卅六鸳鸯馆、留听阁、倒影楼、与谁同坐轩等建筑。

拙政园的水系是其园林的核心和灵魂，包括了池塘、小湖泊、溪涧、叠水等。许多建筑是依水和地形起伏而建，由于水的聚散变化形成了若干大大小小的中心，有了不同的空间和景观，整个水面虽然分隔开来，但是互相贯通，每个园区的环境既自成一体，也相互连通。粉墙黛瓦、窗棂雕花、门楼飞檐、趣石假山和水面的波光倒影，构成了一道道绝美的景观，营造出如诗如画的江南水乡意境。

拙政园将山水、建筑及植物三者巧妙地融合，通过各种造景方式，将自然风光、文化元素和人文情怀融为一体，如中国文人山水画般超脱自然，在有限的空间内创造出无限的意境，让游人在园中体验到山水之美、文化之蕴和情感之境。

4. 国家体育场

国家体育场，是位于北京市奥林匹克公园内的主体育场馆，是 2008 年北京奥运会和残奥会的主办场馆之一。它的建筑设计灵感来源于鸟的巢穴，因此有“鸟巢”之称。

体育场造型独特，整个建筑的外形呈现出独特的鸟巢形状。像树枝一样的编织网状结构，看似随机无序，实则经过严密的力学计算，以确保巨大的镂空网状构架的稳定性和安全性。鸟巢整体曲线流畅自然，具有仿生美学意义，旨在强调建筑和自然、人与自然的和谐关系。

北京鸟巢设计方案由瑞士建筑大师雅克·赫尔佐格和中国建筑师李兴钢等共同完成，是全球最大的钢结构建筑之一，建筑面积达 25.8 万平方米，可以容纳 9.1 万名观众。体育场由相互独立的两个部分构成，一部分为钢筋混凝土，主要用作观众看台；另一部分为钢结构鸟巢形外观，呈现出独特的网状结构。顶部覆以透光薄膜，能够起到防风防水的作用，为观众提供舒适的体验感，同时能够提高自然光的利用率，保证体育场的光线充足。

国家体育馆是一项具有里程碑意义的建筑设计，既有东方传统文化的韵味，又显现出现代建筑技术的精华，是现代建筑设计的里程碑。

5. 广州大剧院

广州大剧院，是广州新中轴线上的一座标志性建筑，坐落于天河区。该建筑总占地面积达4.2万平方米，建筑面积达7.3万平方米，建筑总高度为43.1米。广州大剧院是一座综合性文艺场馆，包括歌剧厅、实验剧场、当代美术馆以及三个音乐排练厅。该建筑的设计者为英籍伊拉克设计师扎哈·哈迪德，是当代建筑界最具影响力的建筑师之一。

广州大剧院的外观设计大胆创新。主体建筑采用黑白灰色调的“双砾”设计，被称为“圆润双砾”。其设计灵感来源于广州镇城之石——海珠石的传说，剧院的主体建筑就像是被珠江水冲刷形成的“砾石”。建筑的外立面没有一面垂直的墙，而是倾斜的不规则几何形体，仅外表面就有64个面，41个转角和104条棱线。这样的设计使得建筑物外形扭曲倾斜，给人留下强烈的视觉冲击感。此外，广州大剧院外表采用的是虹吸排水系统，通过表面石材间缝收集雨水，随时收集、排放，是环保节能的典范。

广州大剧院的内部设计同样令人惊叹，为观众带来了全新的艺术享受。歌剧厅共设1804个座席，采用了“双手环抱形”的设计，呈三层楼分布。天花板上设计有“满天星”效果，营造出璀璨的星空视觉效果。歌剧厅内部采用了不对称的构造、流线型的墙体和特殊的凹槽设计，有助于音响效果的发挥，同时也营造出“行云流水”般的梦幻效果，给人以流动之感。都说建筑是凝固的音乐，音乐是流动的建筑。广州大剧院的内部设计将“建筑是凝固的音乐，音乐是流动的建筑”展现得淋漓尽致。

第七章　拓展实践：非物质文化遗产

非物质文化遗产是一个国家和民族历史文化成就的重要标志，也是优秀传统文化的重要组成部分，凝结着地区或民族的文化特质与精神内核，展现了人类对美好生活的向往，以及最本真的审美情感，是不可忽视和值得开发的审美教育资源。中国具有五千年的文明史，非物质文化遗产不仅积淀深厚、种类繁盛，而且地域代表性和东方美学特征明显，蕴含着深厚的中华美育精神。充分发挥我国非物质文化遗产的美育价值，对于传承和弘扬中华优秀传统文化，引领正确的审美观念，增强全民族的文化认同感和文化自信心具有重要意义。本章以剪纸和和泥塑这两个非物质文化遗产项目为主进行深入学习。

第一节　剪纸艺术

一、剪纸艺术的形成与发展

剪纸，又称为刻纸、剪花，是指用剪刀或刻刀在纸上进行剪刻花纹和图案的艺术形式，广泛流传于民间，常用于美化人民的生活环境或作为民俗活动中的物品。

剪纸是我国传统的民间艺术之一，具有悠久的历史。剪纸以纸张为创作材料，通过剪、刻等技法产生镂空的艺术造型，但是纸张易腐烂，保存极为困难，所以能够完好流传下来的剪纸实物非常少。根据考古发现，目前已知最早的剪纸作品是新疆维吾尔自治区吐鲁番市阿斯塔纳古墓出土的剪纸，这部分剪纸属于南北朝时期的作品。

剪纸作为一种镂空艺术，它的起源却不限于纸。在汉代发明纸张之前，我国先民就在金箔等薄片材料上剪镂各种图案，用以装饰各种用品工具。将剪镂的金箔图形粘贴在器物上打磨镶嵌，其剪镂的金箔、银箔、铜箔等金属图形饰片，就是剪纸的前身。三星堆遗址祭祀区出土的造型既似飞鸟又似巫女的镂金箔片，距今有5000年历史，被认为是目前我国发现的最早的新石器时期剪镂金箔形象，比金沙遗址出土的商周时期金箔剪镂图案《太阳神鸟》出现的时代还要早。战国时期出现在皮革上镂花，在银箔上镂空刻花。汉代出现的皮影人造型也是镂空技艺的体现。可见剪纸艺术是最古老的艺术形式之一。

南北朝时期民歌《木兰辞》中“当窗理云鬓，对镜贴花黄。”这里的“花黄”是当时女性脸部的一种额饰，是用金黄色的纸剪制成的各式装饰图样，贴于面部作装饰，是当时流行的妆容。唐代以前，古人称剪纸为“胜”。“胜”，就是用纸或金银箔、丝帛剪刻而成的花样，“胜”有华胜、人胜、幡胜、方胜、金胜、银胜之分。剪成套方几何形者，称为“方胜”；剪成花草形者，称为“华胜”；剪成人形者，称为“人胜”。汉代，立春时节，将用金银箔纸、丝织绢品剪裁制作的装饰品，戴在头上或系在花下。这些装饰品形似幡旗，故名“幡胜”。立春之日剪制各种各样的幡胜作为礼物进行馈赠是当时的习俗。

剪纸在唐代快速发展，当时的剪纸招魂风俗已经盛行，唐代诗人杜甫在安史之乱时曾写过一首《彭衙行》：“暖汤濯我足，剪纸招我魂。”现藏于法国、日本、英国等国家博物馆的唐代剪纸，都展现了高超的剪刻技术和极高的艺术水平。这一时期的剪纸也发展出不同的制作形式，形成了更丰富的类型。唐代的剪纸艺人们在技术上逐渐摆脱了对工具和材料的依赖，开始更加注重技法的运用和推广，比如当时的镂花木板纹样就具有明显的剪纸特征。另外，唐代宗教盛行，因此唐代的剪纸艺术也有一定的宗教意义。唐代佛教兴起后，剪纸艺术开始被用于佛教寺庙中，作为供佛的祭品或者佛教建筑的装饰，进一步推动了剪纸艺术的发展。比如现藏于印度新德里博物馆的唐五代时期的《双鹿佛塔》剪纸。

宋代商业发达，造纸业进入繁荣时期，民间造纸业非常兴盛，生产出的纸品也名目繁多，为剪纸的普及奠定了基础。宋代剪纸使用范围非常广泛，如作为民间馈赠礼品的礼花，美化窗户的窗花，还有为了使陶瓷具有更为精美的纹样，将精致的剪纸作为陶瓷的花样。将剪纸跟蓝印花布工艺结合，制作镂空花版，给布匹印染出丰富的花纹。

明、清时期的剪纸达到了艺术的巅峰，进入了鼎盛时期。明清时期的剪纸艺术在社会各个领域都有着广泛的应用。剪纸作为装饰品在当时非常流行，人们常在门窗、彩灯、扇子、刺绣等物品上用剪纸纹样进行装饰。剪纸成为装饰美化居住环境的必需品。同时，剪纸作为庆祝、祭祀和婚丧嫁娶等场合的礼仪用品，体现了人们的文化传统和礼仪习俗。在宫廷中，剪纸也是常用的装饰品，用于装饰宫殿和供佛器。

近现代时期的剪纸艺术在当时历史变革的时代背景下，有了更为深远的发展。新文化运动的先进知识分子如蔡元培、周作人、鲁迅等积极地倡导大家关注中国民俗学，并广泛地收集整理民间文学资料，以及包括剪纸在内的民间艺术作品，为剪纸艺术的系统化研究提供了丰富的资料。我国剪纸技艺都是民间手艺人通过口手相传的方式代代相传。20 世纪 30 年代，艺术家陈志农开始进行民间剪纸艺术的研究，并且以北京为创作背景，从艺术家的视角，用剪纸艺术的表现方式展现了老北京大量的风俗民情，如串街小贩、作坊工匠、食摊茶挑、集市庙会、市井闲人等，体现出浓厚的生活气息。剪纸作为我国最为普及的民间艺术之一，有着深厚的群众基础。20 世纪 40 年代，延安鲁迅艺术学院的艺术家们积极学习当地的民间剪纸艺术，创作了大量反映西北边区人民生活、生产、革命建设的现实题材的剪纸作品。这种以抗日战争和边区建设为题材的剪纸运用了传统的剪纸样式，让人感觉熟悉亲切，同时也起到革命宣传的作用。它推动了群众性剪纸的创作和发展，使传统的民间剪纸发生了革命性的变化，开创了中国剪纸的新纪元。

新中国成立后，剪纸艺术得到了政府的重视和支持，在“百花齐放，百家争鸣”文艺方针的指导下，艺术家和剪纸艺人产生了前所未有的创作热情，创作了大量表现新社会、新生活的作品，极大地丰富了中国民间剪纸艺术的形式和内容。创作题材涉及各行各业，并且还将剪纸应用到了电影动画制作上，比如《葫芦兄弟》《金色的海螺》等就是动画中的人物和物象就是以剪纸为造型的，非常具有中国特色。

改革开放以后，中国社会经济发展进入了快速发展的新时期，剪纸艺术也在这个背景下得以进一步发展和繁荣。由于社会对于艺术的审美标准发生了变化，传统民间艺术需要与现代审美接轨，剪纸艺术家将中国传统文化与现代审美相结合，创造出更具时代感和观赏性的作品。中国剪纸艺术家开始参加国际剪纸艺术展览和交流活动，向国际社会展示中国剪纸艺术的独特风格和时代内涵，促进了中外文化交流和艺术合作。剪纸艺术得到了更大的发展空间和机遇，同时也在传承和发展中面临新的挑战。

二、剪纸艺术的种类及形式

（一）剪纸艺术的种类

1. 美化环境类

这类剪纸往往作为装饰图案直接张贴在门窗、顶棚、墙壁、彩灯上，用以装点环境、渲染气氛，如窗花、墙花、顶棚花、门笺等。

窗花，是指将纸张剪出各种图形，张贴在窗户上，以装饰居住环境的一种传统民间艺术形式。窗花是使用最广泛、最普及的剪纸种类，也是剪纸艺术中的典型代表。不论是在宫廷还是在民间，窗花剪纸都非常受欢迎。窗花的形式多样，有团花、角花、跨越窗格的拼花，题材多为吉祥动物、花草纹样、传说故事、人物等。

墙花，是指贴在墙上的剪纸，用以装饰室内墙壁，美化室内环境。墙花的篇幅较大，以吉祥题材为内容，有图案或文字。由于墙花张贴的位置不同，名称也不同，北方农家土炕周围贴的称“炕围花”，贴在灶边的称“灶头花”。

顶棚花，是指贴在室内屋顶天花板上的大幅剪纸。过去农村的房屋，都是在用秸秆做的天花板上裱糊白纸。由于白色太单调，故多在逢年过节或结婚喜庆的日子里张贴大幅剪纸。

门笺，又称门彩、喜笺、吊钱等，是春节时悬挂在门楣上的剪纸，是由唐宋时期挂春幡的习俗演变而来。门笺的形状基本上为长方形，主要图案在中间，上面留出天头，这是为了便于张贴；左右边框稍窄，下摆则较特别，或为流苏形，或为锯齿形；中间的图案多作几何纹并嵌以“福、禄、寿、喜、财”等吉祥文字。一般五张并列张贴或成套张贴，其状如小幡旗，颜色多样鲜艳，增加了节日的气氛，也有祈福驱邪之意。

2. 人生礼仪类

此类剪纸多为民俗活动的重要用品，一般不用于张贴，多为摆衬用，在人生礼仪活动中点缀礼品、嫁妆、祭品、供品等。

喜花，是在婚嫁礼仪中用来装饰各种器物用品和室内陈设的剪纸，也称为“礼花”。一般是将剪纸摆衬在茶具、皂盒、面盆等日用品上，也有贴在梳妆镜上的。用以庆贺新家庭的诞生，寄托美好的祝愿。喜花图案题材多带有吉祥如意、爱情美满的寓意。色彩为大红，外形轮廓饱满完整，样式有圆形、方形、如意形、菱花形、桃形、石榴形等，配置以各种吉祥的纹样，如龙凤、鸳鸯、喜鹊、牡丹等。用以烘托结婚氛围。

寿花，是指贺寿时摆衬在要送的寿面、寿饼、蹄髈等寿礼上的剪纸，图案多为猴子献桃、五福捧寿、梅花闹寿、福寿双全、长脚寿字、方寿字、圆寿字等。

3. 刺绣花样类

我国旧时的女性从年幼时便要学习“女红”，包括纺织、刺绣、缝纫、编织等，这是她们的必备技能。剪纸花样作为刺绣的底样，创作于绣花之前，多以较薄的白纸剪成。刺绣花样剪纸的题材非常广泛，花鸟、瑞兽、人物等均有表现。

鞋花，指用作布鞋鞋面刺绣纹样的剪纸。两只鞋采用对称图案。鞋花布局结构疏朗，以吉祥纹样为主，题材有花草、小鸟等。

帽花，指过去农村中的儿童所戴的帽子上装饰图案的刺绣纹样剪纸，从造型到装饰花纹，体现了年轻母亲们的才能和智慧，是对儿童的祝福。内容多以吉祥花卉和动物为主。

衣袖花，指用于衣袖部位的刺绣底样的剪纸。例如，我国西南地区少数民族服饰衣袖上的刺绣花纹，在衣袖处图案纹样有规律的重复，连续环绕一圈，非常具有装饰感。其题材有龙凤、花鸟及几何纹样等。

枕头花，是指用作枕头刺绣底样的剪纸，亦称“枕顶花”。以前枕头为长条形，枕顶是缝在枕头两侧作为堵头。枕头花的形状有正方形、圆形等，其内容多为表现爱情、长寿等的吉祥纹样，画面构图匀称，结构疏朗。

（二）剪纸艺术的表现形式

民间剪纸历经数代传承，逐步形成了多种表现形式，从色彩表现方面可以分为单色剪纸和彩色剪纸。

1. 单色剪纸

单色剪纸是在单色纸上进行剪刻，是剪纸中最基本的形式，颜色多为红色、褐色、黑色、金色等，其中红色最为常见，也是普及程度最高的颜色，主要用于窗花装饰，白色多为刺绣的底样。单色剪纸包括折叠剪纸、剪影、撕纸。

折叠剪纸，是指将纸先按照一定的规律进行折叠，然后再进行剪制。折叠剪纸的形成的图案呈现出对称或者以一个基本纹样反复重复的特点。这类剪纸制作效率高，图形结构清晰，形式美感强烈，具有特殊的艺术效果。这种形式最早出现在我国南北朝时期，至今仍然是一种常见的表现形式。

剪影是剪纸艺术中的非常传统的形式，它通过外轮廓表现人物和物象的形状，所以对外轮廓的特点进行概括提炼尤为重要。这一形式由于主要关注外轮廓的形态和美感，多为表现人物或其他物体的侧面。使用的工具主要是剪刀和刻刀，纸一般用黑色或深色纸。将剪好的作品衬在白色或浅色底板上，表现出透光效果，是一种很有意境的剪纸类型。皮影人物造型的创作就是源于剪影。

撕纸是由传统的民间剪纸发展出的新类型。在传统的认知中，剪纸创作要借助剪刀或刻刀等工具，然而有些剪纸艺术家不用剪刀和刻刀，只用手撕便可完成一幅作品。此类剪纸作品不仅构图饱满，造型生动，还因为手撕的缘故，形象的轮廓充满了自然的韵味，有一种浑然天成的感觉。这种技法不是一朝一夕练就的，而要经过长期的训练及实践，对手指的控制度、对纸的性能熟悉度都要达到很高的水平。

2. 彩色剪纸

彩色剪纸种类繁多，并且随着剪纸艺术的探索和发展，彩色剪纸的表现形式越来越丰富，主要包括点彩剪纸、分色剪纸、套色剪纸、填色剪纸、剪绘剪纸等。

点彩剪纸，指用颜色在剪刻完成的作品点染上色，也称为点染剪纸。此类剪纸进行上色点染的部分，一般使用阴刻技法，以留出大面积的阳面进行点彩上色。所用材料多为白色宣纸，因为宣纸易于渲染彩色。为了避免跑色影响画面和提高制作效率，所用的颜色里加了白酒，这样只要染了第一张，颜色就会自动往下渗透，可实现几张作品同时点染上色。点染剪纸具有晕染效果，画面层次丰富，具有一定立体感。另外，由于所用颜色均为品色，色彩纯度高，明快响亮，具有浓郁的乡土气息。

分色剪纸，是指将两种或两种以上单色剪纸进行组合拼贴形成画面，基本上每个物象都是相对独立的单色剪纸。

套色剪纸，是指根据画面构思将剪刻好的单色剪纸下面套上各种颜色的纸块衬托，形成颜色丰富、造型多样的剪纸作品。这类剪纸对创作者的技术水平和艺术素养要求较高，要求他们既要对图像的造型有很强的把控能力，也要对色彩的运用有较高的认知。例如被誉为“剪花娘子”的工艺美术大师库淑兰的作品，便是套色剪纸的一种表现形式。

剪绘剪纸，是一种将绘画和剪纸结合的艺术形式，绘画和剪纸技法相互渗透，使得剪纸作品更加生动、丰富和独具特色。这类剪纸首先用剪刀将纸张剪出图案，贴到背景上，再用绘画的方法在背景纸面上描绘图像，这样很多细部可以直接用笔画出。剪画结合可以产生一种新的意趣，既使用了绘画技法，同时也保留了剪纸的独特性。

三、剪纸艺术作品鉴赏

我国民间剪纸艺术是一种实用性强、表现力丰富、流行广泛的民间传统手工艺，距今已有两千多年的历史，具有深厚的文化意义和独特的审美特征。

(一) 民间剪纸的文化意义

剪纸作为民间艺术形式之一，具有广泛的群众基础，是伴随人们的生产生活而产生的，是民间文化和民俗生活的完美结合，其所形成的文化系统带有鲜明的民俗特征。受当地风俗习惯、地理环境、人文环境以及审美趣味的影响，我国的剪纸作品千姿百态、各具特色。

在我国，根据剪纸风格的不同可分为三大派系：北方派、江浙派、南方派。北方派剪纸粗犷豪放、淳朴明朗，题材丰富，涉及生活的方方面面。以山东剪纸、陕西剪纸为代表。江浙派剪纸细致挺秀，题材多为花草、瑞鸟，画面层次分明，既有北派剪纸的淳朴生动，又有南派剪纸的细腻柔美，以乐清剪纸最为出名。南方派剪纸线条优美，结构严谨，题材多为花鸟鱼虫、民间故事以及戏曲人物，以佛山剪纸和潮州剪纸最为出名。

剪纸是一种用剪刀和纸张创作造型的传统艺术形式。它具有广泛的文化意义。

首先，民间剪纸反映了中国古老的民间传统文化和信仰。中国民间剪纸作品通常以神话传说、戏曲人物、民间故事和传统图案为基础，这些图案经常在婚礼、生日和节日庆祝等场合使用，是中国文化遗产的重要组成部分。

其次，民间剪纸体现了中华民族团结、友爱、福祉、幸福等精神与情感。比如，《百鸟朝凤》就是代表作之一，它将百鸟飞舞的场面表现得淋漓尽致。这种传统剪纸艺术通过形象、色彩等表现形式，在表达节庆祝福及宣扬家国情怀等方面扮演了非常重要的角色。

最后，民间剪纸也是一种传统工艺品，展现了民间手工艺人的创意和工艺技巧。剪纸师傅不仅要有丰富的文化知识和艺术才能，还要掌握剪纸技巧，难度较大。在今天，民间剪纸已成为利用微信、抖音等平台进行传播的创意剪纸手工艺品。

综上所述，中国民间剪纸具有广泛的文化意义，展现了中华民族和谐、美好、善良等多个品质。

(二) 民间剪纸的审美特征

中国民间剪纸作为中国传统文化的一部分，千百年来一直是老百姓喜欢的艺术形式。作为手工艺术的一种，民间剪纸的审美特征有其独特之处。

1. 审美特点

简约美：民间剪纸追求简洁而具有深度的美感，不会过于浮华或累赘，而是在有限的空间线条中体现丰富的情感和意蕴。

装饰性：剪纸作品中的造型图案是经过概括提炼的，是立体物象的平面化、图案化的表现，折叠剪纸创作的图形具有韵律感，画面体现出形式美，构成感强。

实用性：剪纸作品常作为节日装饰、婚庆花彩、民俗活动道具等，具有实用性。

象征性：在中国传统艺术中，象征性是一种非常重要的表现手法，即通过物象来表达情感和思想，寄托美好的愿景和渴望。民间艺人通常以吉祥图案为基础，创作出象征深刻意义的作品，以表达对生活的热爱和关注。这种表现方式经过历代的传承和发展，已经形成了较为稳定的表现程式，同时蕴含着深厚的美学意蕴。

意象造型：中国民间剪纸作为中国传统造型艺术中最为普及的样式之一，深刻地反映了中国民间艺术的造型观念、美学观念和哲学观念。中国民间剪纸独具特色的艺术造型体系具有一种观念造型艺术的风格，凭借着独特的主观意象，创造出绚丽多彩的艺术世界。剪纸作品传达情感，重视意境而非形态，追求写意而非写实，彰显出中国民间统一的造型观念，展示了中国民间独特的心理结构和审美观念。

2. 表现形式

对称美：中国民间剪纸普遍采用对称图案，折痕可以使剪出的形象对称，形成视觉上的美感。

空间感：中国民间剪纸利用图案与空洞之间的关系，营造出虚空与实体、轻重缓急的美感。

行笔自然：民间剪纸不太追求形象的“逼真”，而是追求艺术的生命力，用自由的作画来处理形象，用变化的形式表示出构图的节奏。

3. 造型语言

精神抒发：中国民间剪纸在作品中，通常借助形象象征、意象象征等表现方式，使图案显得富有象征性和寓意性。

变形处理：民间剪纸在表现主题时，有时会对形象进行翻转、缩放、拉长等变形处理，展现出一种富有想象力、神秘感的艺术效果。

（三）剪纸作品鉴赏

剪纸艺术是中国传统的民间艺术之一，它以纸张为材料，通过剪、刻、拼等手法来创作出各种图案或形象，展现了美好的生活情感和文化价值。以下将从剪纸作品的表现形式、创作技法、审美价值等方面进行鉴赏。

1. 作品的表现形式

剪纸作品的表现形式有多种，包括平面、立体、单层、多层等。

平面剪纸作品通常是将纸张铺开后进行刻画，呈现出平面形式，是最普遍的剪纸形式。例如吐鲁番阿斯塔纳墓出土的北朝团花剪纸，整体为圆形，造型饱满，画面均匀，图案的中心类似八芒星，向外依次为两圈菱形花纹，交叉排列，错落有序；再向外圈为带锯齿纹的三角形边饰，边缘呈波浪状。整个剪纸图案层次分明，变化繁复，颇有韵律感，极具装饰性。整个剪纸造型优雅，刀法精细，具有古朴浓郁的民间风格。

立体剪纸作品则在平面剪纸作品的基础上，通过折叠、粘贴等技法，将其变成立体形式。这也是剪纸艺术的重要创新方向，将传统剪纸技艺跟现代美术结合，将二维平面的剪纸艺术变为三维立体形式的综合艺术，极大地增强了剪纸艺术的观赏性和艺术感染力。

单层作品只有一层纸张，多层作品则将多张纸张叠加在一起，每层都剪出不同的形状，拼贴成完整的作品。最具代表性的当为库淑兰的作品《剪花娘子》，她的作品风格独树一帜，“剪花娘子”的形象让人过目不忘。作品画面富丽、繁复，层次丰富，色彩艳丽。画面中运用了大量花草纹样，人物形象秀丽端庄，特点突出。

2. 创作技法

剪纸的创作技法主要包括对称剪、手撕、阴阳剪等。对称剪是指将纸张折叠后，对称地剪出相同的形状，形成复叠的图案。随意剪则是无计划地剪出各种自由韵律的线条与形状，让形象和线条相互交融。阳剪，是指剪出形象的线条，去掉空白的部分，表现为“线线相连”，镂空感强，画面精致细腻。阴剪，指剪掉图案的轮廓线，保留线条以外的部分，表现为“线线相断”，画面以面为主，整体成块状。大多剪纸作品都是将这两种创作技法结合使用，能够使画面丰富。

3. 审美价值

剪纸作品的审美价值主要表现在以下几个方面：

形象美：剪纸的形象有时借鉴自然，其形态生动有力，使观众不仅可以从作品中感受到自然之美，也能感受到创作者的个性与创意。

色彩美：剪纸作品所使用的颜色常常是红、黑、白等鲜明的颜色，由于色彩的对比度强，能够提高作品的艺术价值和观赏性。

层次美：多层次的剪纸作品由于采用了叠加的手法，带来了一种空间层次的美感和视觉上的良好效果。

文化美：剪纸作品是一种传统文化的传承，体现着深厚的中华文化底蕴，具有启迪人心的文化价值。

剪纸艺术自古以来便是中国传统文化的重要组成部分，是中国民族传统文化的精髓所在，同时也是能让人感受到美的一种艺术形式。

四、剪纸的制作

1. 工具的准备

剪纸所需要的工具主要有剪刀、刻刀、垫板、针线或订书机等。其中剪刀是最常用的工具，剪刀的选择要根据作品的篇幅以及精细程度进行选择，一般选择剪口细、剪切力好、手感舒适的剪刀。刻刀有斜刀口、圆刀口、正尖形三种。垫板是刻纸时，垫在下面保护桌面和刀刃的。针线、订书机是几张纸叠剪时，用于固定纸张的。如果要对剪纸进行染色还需要准备颜料和毛笔。

2. 纸张的选择

剪纸所用的纸张应该具有一定的韧性和承受能力，以便更容易剪出线条和图形。不同质地的纸剪出的效果也不尽相同，可根据作品表现的需求选择相应的纸张。

3. 剪纸的基本技法

剪纸作为线、面结合的平面艺术，制作时不论是用剪刀铰制还是用刻刀镂刻，都要求造型饱满圆润、齐整有力，线条挺拔流畅、均匀精细，锐角的处理要如麦芒般尖利。

在剪制的过程中不能无章法地随意下刀制作，要遵循一定的原则，才能顺利高效地完成作品。一般都是先剪复杂的地方，再剪简单的地方；先剪主要的部分，后剪次要的部分；先剪里面的部分，再剪外围的部分。剪纸过程中，剪刀应该缓慢、平稳地剪动，不要使用猛力，以免纸片折断或出现过多毛刺。

4. 团花的制作方法

剪纸团花是一种具有韵律美的剪纸艺术形式，主要通过将纸张对折后再剪纸，对折的次数决定作品中图形的重复次数。下面以十二角团花为例，其制作方法如下：

所需材料：剪刀、正方形彩色纸张、铅笔。

步骤：

首先，将准备好的彩纸沿对角线进行对折，再将长边均分成三份，沿虚线对折。

第二步，将对折后的彩纸沿中线再对折。

第三步，再上一步的基础上再沿中线对折一次。

第四步，用铅笔在上面画出要制作的图案，可以选择花朵、动物等图案。

第五步，用剪刀将图案剪下来。如果图案复杂，可以在剪之前，将需要剪掉的部分涂为阴影，以免剪错。

最后，将剪制完成的团花仔细地展开压平整，十二角团花作品就完成了。

五、剪纸艺术的创作实践

剪纸艺术是中国传统手工艺之一，在中国文化中具有重要的地位。剪纸艺术具有简单、精致、富有创意等特点，是中国文化中独特的艺术表现形式，拥有着千百年的历史，并且不断地发展变化着。

为了使剪纸艺术更好地传承和发展，艺术家和手工艺人一直在进行剪纸的创新研究和探索，使这种传统手工艺不断地融入现代元素，让它在现代社会中依然保持着充满活力的发展态势。

首先，从题材的选取来看，传统的剪纸题材多以花、鸟、昆虫、人物、神话传说等为主题。然而现代人的审美感受和生活方式已经发生了很大变化。因此，一些剪纸艺术家在题材的选取上加入了新的元素，如现代景观、流行文化、科技元素等，使其更符合当代人的审美和生活需求。比如，一些剪纸作品通过利用流行文化元素，如卡通影视、音乐、游戏等，吸引了更多年轻人的关注和喜爱。同时，还有一些剪纸作品以当代的城市景观为基础，将城市建筑和文化元素融入剪纸中，让传统手工艺术更具有时代感。

其次，新的表现形式也是剪纸艺术创新实践中的重要方面。传统剪纸以纸刻画轮廓或画面为主，但在现代的新材料和新技术的使用，使剪纸突破了材料的限制，例如可以使用塑料纸、透明纸张、亚克力、金属等材料进行创作，使剪纸的创作领域更加广阔。此外，也出现了利用激光雕刻、数控切割等技术的新工艺，大大缩短了剪纸创作的时间，加强了创作效率。

最后，将当代生活与剪纸艺术结合是剪纸艺术的又一项创新实践。随着现代人生活方式的不断变化和完善，人们更加注重环境、注重健康、注重个性、注重感官体验等。因此，有一些剪纸作品在表现主题的同时，也通过对材料的选择和做工的精致等方面，满足当代人对于艺术品的要求和期待。比如，有一些剪纸作品利用绿色环保原料，将环保主题融入艺术创作中，提醒人们关注环保事业。同时，还有一些剪纸作品展现的是时代的人文情怀和精神内涵，如母爱、父爱、友谊、人性、爱国情怀等，让人们更加关注当代的社会问题和文化价值。此外，还可以进行多维度的尝试。例如，可以探索新的剪纸形式和表现手法。也可以将剪纸艺术引到服装设计、室内设计、家具设计等现代设计领域，实现剪纸的实用性和艺术性的有机结合。

总之，剪纸艺术作为一种传统手工艺术，需要不断地融合新的元素和尝试新的表现形式，与时俱进，才能被人们推崇和欣赏。随着社会的不断发展，人们对于艺术品的需求也日益增长，因此，我们期待剪纸艺术家能在传承传统的同时，不断进行创新与实践，创造出更多具有时代感、艺术性和表现力的作品。

第二节　泥塑艺术

一、泥塑艺术的形成与发展

泥塑艺术是我国民间传统艺术之一，起源于新石器时代，已有几千年的历史了。泥塑艺术是以泥土为材料，用手工技艺塑造出各种具有审美造型的艺术形态，或素或彩。泥塑的造型多以人物和动物为主，也有一些生动有趣的仿生作品。在民间，泥塑常被称作“彩塑”或“泥玩”，被广泛传播，受到人们的喜爱。

民间泥塑艺术历史悠久，源远流长，是我国最古老的民间艺术之一。在我国上古神话传说中，女娲用泥土仿照自己的形象抟土造人，创造了人类。这便是最早关于泥塑的传说。从考古学来说，我国泥塑艺术可追溯到距今四千至一万年前的新石器时期。由于泥土材质较为脆弱，容易被破坏或磨损，历史上留存下来的作品非常有限。有一些泥塑作品经过特殊的烧制工艺，变成了陶器。如河姆渡文化遗址出土的陶猪、陶羊距今六千至七千年左右；河南新郑裴李岗文化遗址出土的古陶井及泥猪、泥羊头距今约有七千年，是人类早期手工捏制的艺术品，也是我国考古发现的最早的泥塑实物。这时期的泥塑艺术主要以民间风俗、物品等为主题，形体古朴稚拙，呈现出一种虔诚祭祀的氛围。

从新石器时代开始，泥塑艺术一直持续发展，到了秦汉时期已经成为重要的民间艺术。秦汉时期，国家统一，国力强盛，中国古代建筑经历了历史上的第一次发展高峰。这一时期，墓室建筑和墓葬制度也极为兴盛。泥塑作为陪葬物品的重要艺术形式，在这一时期有了较大发展。在手工捏塑技艺的基础上，探索出了模制的制作方式。这不仅大大提升了泥塑作品的制作效率，并且为制作大型的泥塑作品提供了技术条件。其中，最为著名的应为已被列入世界文化遗产的秦始皇陵兵马俑。数以千计的陶制兵马俑一经发现，便震惊了世界，被誉为“世界第八大奇迹”。这些秦俑按 1∶1 比例制作，由战士、将领、战车、战马等数千个雕像组成，场面宏大，雕像威风凛凛，队列整齐，展现了秦军的编制、武器装备和古代战争的阵法，反映了秦朝兵强马壮的阵容，可以说是一幅威武雄壮的古代军事画卷。这些陶俑均是用泥塑模制作粗胎后再复泥进行精细修饰和刻画，最后将分别制作好的头、手和躯干组装套合在一起，完成陶俑的泥塑部分的。将泥塑的陶俑进窑烧制完成后，再进行彩绘，这样一件兵马俑才最终完成。兵马俑是我国古代陶泥塑制作艺术的杰出代表，是中国古代陶俑的巅峰之作。

汉代陶泥塑作品多为小型的，数量非常庞大，其形象生动活泼，气质自然真实，是我国小型墓葬艺术的顶峰之作。这些作品不仅表现出了高超的技艺和艺术表现力，同时也展现了当时社会的文化和审美特色。

两汉时期以后，随着道教和佛教的兴起和传入，宗教建筑空间和偶像塑造活动逐渐增多，直接推动了泥塑艺术的进一步发展。通过对佛像和神像的制作和装饰，泥塑艺术呈现出更加多样化和精细化的特点，成为宗教文化艺术的重要组成部分。

唐朝时期，泥塑艺术得到了空前的发展和繁荣，尤其是大型的宗教彩作泥塑艺术。当时的泥塑作品，在造型、色彩和形式方面具有极高的艺术价值，作品以壁画、雕塑、龛像、众像等形式呈现，主要表现佛、神、仙、鬼、怪等形象，以及各种历史和民间故事。民间泥塑艺术中，也出现了以真人为模特进行塑像的形式。众多优秀的工匠和泥塑家数不胜数。最著名的是被称为“塑圣”的杨惠之。他撰写了关于泥塑技法的《塑诀》一书，是工匠们进行塑作的理论指南，可惜后世失传。唐代泥塑作品风格以端庄、华丽、凝重为主，融合了汉族和各民族的文化元素，刻画出了当时社会的气息。

宋代时期，泥塑艺术继续发展。泥塑艺术不仅在宗教场所得到广泛应用，还开始普及到民间。除了大型佛像和道教神像外，小型人物、动物、花鸟等生动形象的泥塑玩具也得到广泛的推广，并成为人们生活中不可或缺的一部分。宋代经济发达，商业繁荣，出现了以泥塑制作为职业的手艺人，并将泥塑作品当作商品出售。记录了北宋都城东京社会生活、经济文化的《东京梦华录》一书，记载“磨喝乐”在七月七日前后开始销售，受到了平民百姓的欢迎，是当时东京著名的泥玩具。当时的人们购买这些泥塑玩具来庆祝“乞巧节”。宋代文学作品中有许多描绘民间泥塑的记载，如南宋吴自牧《梦粱录》中记载：“市井儿童手执新荷叶，效‘摩睺罗’之状。此东都流传，至今不改，不知出何文记也。”这一场景生动地反映了当时社会民间泥塑工艺的繁荣以及受欢迎程度。

明清时期，泥塑艺术走向大众化阶段。泥塑在社会上广泛传播，在小型泥塑方面尤其如此，其成本低，外观精致，不仅可以用于观赏和陈设，还可以让儿童玩耍，逐渐成为老百姓喜爱的艺术品。泥塑的生产几乎遍布全国主要农耕地区，同时也出现了许多著名的泥塑艺术品，如天津的“泥人张”，山东高密的“叫虎”，北京的“兔儿爷”等。

民国之后，民间泥塑艺术继续发展。由于各地地理和文化因素的不同，泥塑作品也呈现出丰富多彩的样式和特色。这些泥塑作品，无论是在颜色、造型还是题材上，都展现了地区文化的独特魅力和历史传承。有的泥塑鲜艳浓烈，形态夸张，具备浓烈的民俗特征；而有的则淡雅精致，恰如所在地区的文化风情。有的泥塑小而巧妙，让人不禁想要收藏；有的则粗犷写意，形态各异，让人大开眼界。

近代时期，随着国家对非物质文化遗产项目的重视，泥塑艺术作品在一些艺术品展览和民俗展览中得到大力推广和宣传。泥塑的表现形式和创作题材更加丰富多样，满足了人们多元化的审美需求。

总之，民间泥塑艺术是一种丰富多彩、富有独特魅力的中国传统文化艺术，历经千年而不衰。它是中华民族传统文化的重要组成部分，值得我们广泛传承和弘扬。

二、泥塑的类别和文化意义

泥塑艺术是中国传统文化的重要组成部分，在文化传承、民族精神传承、民俗艺术传承等方面具有重要的文化意义。泥塑文化具有独特的民间文化特征和内涵。它不仅是一种传统手工艺，也是我国民族精神和民俗文化的重要载体。了解泥塑艺术的分类，深入挖掘泥塑文化的内涵和特征，可以更好地保护和传承中国的传统文化。

(一) 泥塑的类别

我国民间泥塑种类丰富，形式多样，可按照制作工艺、表现形式、使用功能、创作题材的不同来进行区分。

1. 制作工艺

泥塑艺术作为我国古老的传统艺术，在几千年的发展历程中，加工技艺逐步成熟完善。以制作工艺分类，泥塑基本可分为手工捏塑类、模制塑作类和胎塑类。

手工捏制法是最早的泥塑技艺，通常用于制作体积较小，无须建立骨架的小型泥塑。例如河南的淮阳泥泥狗、泥人张泥塑、无锡泥人等都是典型的手捏泥塑作品。这种手工制造方式需要手艺人有较高的技巧和丰富的经验，他们以精细的细节表现和雕刻技巧著称。同时，手捏泥塑也具有细货和粗货的区别，徒手捏制的为粗货，造型淳朴，粗犷写意，例如淮阳的泥泥狗。需要辅助工具经精细化制作的为细货，形体生动，精致逼真，例如泥人张。

模制塑作法是以模件加工为主的泥塑形式。这种制作方式可保证生产出来的泥塑具有相对一致的规格和造型，便于后续进一步的细节刻画，同时在一定程度上规范了制作流程，大大提升了生产效率，具有标准化生产的特点，为泥塑作品批量生产提供了条件。

胎塑法一般用于大型的泥塑作品，因泥质材料的支撑力有限，制作大型的泥塑作品时，用泥多，负重较大，作品容易变形。因此，制作时需要先建立一个骨架，然后用泥土包覆在骨架上进行塑作。骨架的建立需要考虑泥塑作品的整体结构和比例关系，并且要能够承受住泥土的重量和压力。在塑作过程中，泥塑师傅需要不断地修正形态，调整线条，打磨细节，以达到最终的效果。这种制作方式适用于大型雕塑作品，以宗教类的雕塑为主。

以上三种制作方法各有优点，在制作民间泥塑的过程中，大多使用多种加工方式，以满足不同形态和尺寸的泥塑需求。多种加工方式的结合使用可以充分发挥每一种加工方式的优势，同时也可以弥补每一种加工方式的不足，提高泥塑作品的质量和观赏效果。

2. 表现形式

从泥塑作品的艺术表现形式来分，泥塑有素胎、墨线和彩塑三种。

素胎是民间泥塑最低本的制作方式，它不需要经过勾线和上色的步骤，保留泥土的自然颜色和纹理。这种制作方式常用于制作生活题材的民俗泥塑，例如农民、工匠、牛车、水车等。由于素胎泥塑没有绚丽的色彩和复杂的线条，因此它更加注重泥塑雕刻本身的造型、姿态和神态，展现泥塑本身的魅力和内涵。因为少了彩色制作步骤，素胎泥塑制作时间较短，成本也较低，但完成后的效果也因此更加朴实和自然，完全展现出民间手工艺术的本质。

墨线泥塑注重在泥塑造型上使用墨线来勾勒线条、刻画细节，线条精细，素雅朴实。这种表现形式使用得较少，以凤翔泥塑为代表。

彩塑泥塑是民间泥塑的主要形式，在制作过程中需要使用各种鲜艳的颜料进行彩绘，以表现出人物和动物的特点与形态。彩塑泥塑的绘画技法丰富多彩，使用各种鲜艳的颜色进行彩绘，能够给人以视觉上的美感，有着浓厚的民间文化气息和地方特色。

3. 使用功能

泥塑的使用功能丰富多样，可分为宗教泥塑、儿童玩具、赏玩摆件等不同类型。宗教泥塑是泥塑的重要功能之一，通常是各种神像，是宗教信仰的重要组成部分。宗教泥塑通常会融入当地的风俗文化、艺术特色和宗教信仰等元素，形成各具特色的风格和形态。儿童玩具是泥塑的另一种常见用途，民间流传着“孩子哭，找他妈，他妈买个泥娃娃，逗得孩子乐哈哈”的民谣。清朝时期，山集和庙会上的摊位上常常有卖泥塑玩具的，可见当时泥塑玩具深受孩子们的欢迎。

4. 创作题材

民间泥塑创作题材内容丰富，与人们的生活密不可分。常见的有宗教风俗类、戏曲故事类、祥瑞动物类、社会生活类。

宗教风俗类泥塑作品是指与宗教信仰或地方风俗习惯有关的作品。这些作品常见于民间庙会和宗教仪式等场合，例如寺庙、道观等。宗教风俗类泥塑作品以其严肃、神秘、庄严的题材内容而著名。在宗教类泥塑作品中，常见的是神灵和宗教领袖的形象，例如菩萨、佛像、元帅、花神、上元之神等。这些作品形态各异，有的饰有华丽的衣饰，有的手持法器。除了宗教类泥塑作品外，还有一些与民间风俗习惯有关的作品。例如立春时节有“鞭春牛”的风俗活动，象征着春耕的开始，泥牛因此成为当时广受欢迎的商品。

戏曲故事类泥塑作品是以传统戏曲剧目和民间故事为题材的作品。这些作品形态多样，可以是人物形象、舞台道具、背景等。在戏曲故事类泥塑作品中，常见的是一些经典的戏曲人物，例如《红楼梦》中的贾宝玉、林黛玉，《西游记》中的孙悟空等。此外，还有一些民间故事和传说故事的泥塑作品，比如《白蛇传》《牛郎织女》等。这些故事中的人物形象和故事情节常常被人们用泥塑来表现，形成了别具一格的艺术风格。

祥瑞动物类泥塑作品包括以十二生肖和其他具有吉祥意义的动物为题材的作品。这些泥塑作品一般制作精细，形态栩栩如生，寓意吉祥如意，常常被人们用来作为室内摆设或馈赠礼品。

社会生活类泥塑作品是以社会生活中的人物和场景为主题的作品。这些作品体现了人们对社会生活的生动描绘和丰富想象，也是泥塑艺术中的重要部分。

二、泥塑的文化意义

民间泥塑是中国传统民间手工艺术之一，具有浓厚的地方特色和文化内涵。它代表了当地人民的文化信仰、审美观念和生活方式。其文化特征和意义主要表现在以下几个方面：

（一）宗教信仰

在古代社会，由于对自然界的无知和恐惧，人们产生了对超自然的信仰和崇拜，宗教在人类社会中扮演着至关重要的角色，是一种精神力量。宗教题材的泥塑是古代人们与神灵沟通的桥梁，是神的化身，供信仰者膜拜崇拜。因此，泥塑作品被广泛应用于宗教崇拜和祭祀等活动中。

（二）求愿祈福

民间泥塑常在求愿祈福活动中使用，具有特殊的寓意和象征意义。在中国古代社会，求愿祈福是一项重要生活内容，与宗教信仰有密切的关系，是更为具体和日常化的精神意识。泥塑用于求愿祈福活动，常被制作成各种吉祥的形象，如龙凤、十二生肖、麒麟等。这些泥塑作品通常代表着吉祥、福气、富贵等寓意，寄托着人们的美好愿望和期盼。

（三）社会教化

泥塑作为一种民间手工艺术，不仅具有祭祀、装饰的作用，同时也有重要的社会教化意义。泥塑作品取材广泛，往往具有一定的象征意义和寓意。民间泥塑作品可以通过生动的形象，表现出性格鲜明、道德观念清晰的人物和故事，如悲欢离合、爱恨情仇等，以此来传递一定的道德教育和价值观念。这种对美德的赞颂，将潜移默化地影响到观众的思想和行为。同时，泥塑作品就是一种价值体现，以独特的形式、色彩和风格，展示了创造者对于美的追求和表达。

（四）赏玩意趣

泥塑作品形态各异、色彩斑斓，具有很强的视觉冲击力和观赏性，让人们在欣赏中获得美感的享受和艺术的启迪。泥塑作为一种传统民间艺术，具有浓厚的传统文化气息和人文精神，可以使人们受到传统文化的熏陶。同时，泥塑作为一种艺术装饰手段，可以作为家居装饰的一部分，增添居家环境的文化氛围，增加生活的格调和品位。

三、民间泥塑的代表流派

（一）天津泥塑——泥人张彩塑

天津泥塑以精湛的技艺和栩栩如生的形象而著名，以泥人张彩塑最具代表性。泥人张彩塑产生于清朝道光年间，距今已有约180年历史。它起源于天津地区的泥塑制作技艺，以张明山先生为代表，人称“泥人张”，因其技艺精湛而被广泛传承和发展。泥人张彩塑以其精细的手工雕刻、栩栩如生的塑造形象和独特的艺术风格流传至今。

泥人张彩塑的艺术风格强调现实主义，能够生动地塑造出人物的性格和身姿。由于注重解剖结构的准确性，泥人张彩塑作品非常写实，能够表现出精湛的细节。这类作品虽然有一定程度的夸张，但是极具中国韵味。同时，泥人张彩塑的色彩秀丽、精致、典雅，多用于室内装饰或赏玩陈设，大小适宜，一般为40厘米左右，适合放置于桌子或展示架上，又称为架上雕塑。泥人张彩塑的创作主要是以人物为主。取材多为历史上的名人、民间故事、神话传说以及经典戏文，也有现实生活中的人物。同时，泥人张彩塑也会根据不同的需求，创作一些具有时代特征的作品。泥人张彩塑的经典作品是张明山的《少女》。作品中两个古代少女坐于石凳上闲谈私语，人物的体态结构精到：削肩细腰的娴静优雅的女子形象栩栩如生，面部表情刻画细致入微，细眉凤眼，一颦一笑，眉目传情。

（二）江苏泥塑——惠山泥人

惠山泥人是中国江苏省无锡市惠山区传统民间手工艺品，创始于明代末年，距今已有400多年的历史。早期的泥人主要用于供奉和儿童玩耍，采用模具印坯，色彩鲜艳、夸张生动，被称为粗货，售卖对象主要是城乡中的儿童和农民。随着昆腔戏在无锡地区的流行和各种戏剧演出的活跃，惠山民间泥人艺人对其不断观摩，在泥人早期产品中创作出高度不超过10厘米的“小戏文”，被称为细货。后来发展为以戏曲中的情节人物为创作题材的“手捏戏文”。

惠山泥人的粗货和细货有着不同的艺术特点。粗货因为采用简单的模具和高浮雕手法，在造型上通常呈现出圆润、块面平衡过渡的特点，头大身短、方盘大脸、口鼻方正，朴实、稳重、端庄。其彩绘颜色鲜艳，但普遍较为粗犷。粗货模型产量较大且较为简单，适合儿童玩耍和民间供奉。经典作品为“大阿福”，色彩鲜艳、明丽，身体圆润，面部表情生动，怀抱麒麟，一脸欢喜的样子，给人带来了欢乐和幸福感。细货则更注重造型的细节和精细度，制作需要手工捏塑，因此每一件作品都是独一无二的。其造型精巧、细致，线条流畅，姿态优美，颜色温润柔和。随着制造者的艺术水平的提高，细货可以准确地表现出各种人物形象、神佛形象、动物形象等。细货通常适于收藏和展示，具有很高的艺术收藏价值。代表作品为“手捏戏文”系列，造型精湛，手法娴熟，细节加工精细，形态传神，完全再现了戏曲舞台上经典的一瞬间的场景。

（三）山东泥塑——聂家庄泥塑

聂家庄泥塑是山东泥塑的代表之一，是一种集形、色、声、动为一体的艺术形式，创始于明朝万历年间，已有400多年的历史。制作过程相当复杂，需要经历十几道工序，但制成后所呈现出来的造型、色彩和表情都极富创意和生命力。泥塑的形象大胆夸张、感性朴实，色彩鲜明动人，能够动态演绎、发出声音，独具艺术魅力和感染力。

聂家庄泥塑汲取了高密扑灰年画和剪纸艺术的造型技巧，追求简约而不失真实、夸张而不失自然。泥塑艺人通过巧妙的手法，将平面的、二维的艺术形象变成了立体的、三维的艺术作品，创作出形态多样、兼收并蓄的精美泥塑。在塑造人物或动物时，泥塑艺人注重五官的细腻描绘，但四肢和衣饰等则只注重表现出大致的结构和形状，既忠实于现实，又富有创意。聂家庄泥塑具有声形并茂的特色，这是由于它最初是作为儿童玩具而产生和发展的。儿童天性活泼好动，对于缺乏动静的物品不太感兴趣，泥塑艺人们为了吸引孩子们的注意力，巧妙地运用了各种动和声技巧，使聂家庄泥塑成为一种能够发出各种声音的艺术作品。发声方式大致可归为四类：推拉、摇晃、摇动、吹气。这种别具特色的声音设计，给聂家庄泥塑增添了许多趣味性和生动性，使它成为受人喜爱的民间艺术形式。

在敷彩方面，聂家庄泥塑的色彩运用简洁明朗，色彩的搭配与山东地区的年画类似，色彩艳丽，对比强力，极具乡土气息，多用红、绿、黄、蓝、紫等色，同时搭配少量的金、银色装饰，创造出单纯质朴和吉祥欢乐的气氛。代表作为“泥叫虎”。

（四）陕西泥塑——凤翔泥塑

凤翔泥塑是陕西省凤翔县的一种传统民间艺术形式，历史悠久。它的历史最早可以追溯到秦汉时期，但比较准确的说法是始于明代，凤翔泥塑形态多样，制作精细，色彩多样，形态逼真，是一种富有民间特色的艺术表现形式。当地人称之为“泥货”。

凤翔泥塑的创作内容主要以人物和动物为主。基本可以分为三大类型：摆件类、挂片类、立人类。摆件类多以动物彩塑为主，如坐虎、坐狮、十二生肖等；挂片类多以瑞兽神仙为题材，如虎头、狮头、麒麟送子、天官赐福等；立人类主要是塑造民间传说和历史故事中的人物形象，如《西游记》《三国演义》中的人物。凤翔泥塑的彩绘色彩非常鲜艳浓郁，具有强烈的对比效果，能够与造型和纹饰相得益彰，突显出当地人民朴实豪放的审美意识。

凤翔泥塑的设色分为彩绘和素绘两种方式。彩绘使用的颜色种类较少，以白色为底色，选用墨色勾线，主色通常为大红和大绿，辅色则使用玫瑰红和黄色，配合金色补充，形成画龙点睛的效果。整体注重块面效果，颜色鲜艳华丽，有很强的装饰效果和民间乡俗趣味，展现出古朴粗犷之美。素绘只在涂白的泥胎上勾画墨线纹饰，勾画的墨线具有流畅自然的效果，黑色的墨线与白色的底子相辅相成，相得益彰，体现出装饰韵味和现代感，展现出古朴高雅的独特风格。

（五）河南泥塑——淮阳泥泥狗

淮阳泥泥狗又称“灵（陵）狗”，是淮阳区太昊伏羲陵泥玩具的总称。其起源于伏羲女娲“抟土造人”的传说，相传它是由女娲用泥土捏造出来的，为伏羲看护陵庙的神狗。最初作为祭祀用品，后逐渐演变为艺术品。其造型题材非常广泛，并不仅限于狗，还有猴、虎、小鸟等多种形态，还有如人面鱼、独角兽、猴头燕等奇特怪异的造型，充满了图腾信仰的神秘意味。

泥泥狗泥塑的造型独特，外形单纯、简练，线条以弧线为主，体积感强，具有很强的张力和大气感。泥泥狗设色古朴，独具特色，与其他地区的泥塑以白色为底色不同，它的主体色为黑色，其他色有青、赤、黄、白等。淮阳泥泥狗工艺特色的巧妙之处在于，黑色为底色，然后再使用其他四种饱和度和亮度极高的色彩进行点画和描绘，强调抽象的符号，形成了粗朴、热烈、厚重、神秘的审美特点。

四、泥塑的制作

（一）材料

泥塑的制作材料主要是泥土和彩绘颜料。

泥土作为泥塑最基本的材料需要进行特别的选制，一般选择质地细腻、黏性高、可塑性强的泥土。常用的有黏土和陶土，其中黏土是一种多孔、可塑性强的土壤，含有较高的黏性物质，常用于制作粗糙的泥塑；陶土则是一种细腻、黏性较弱的土壤，制作的泥塑更有光泽和细腻的质感。同时，为了增强泥土的可塑性和韧性，一般都要在泥土里添加辅助材料，如棉絮、纸草纤维、蜂蜜等。

颜料，一般为墨汁和彩色颜料，彩色颜料主要有透明的品色和不透明的矿物质颜料两种类型，现代泥塑创作中多用丙烯和广告色。此外，还需要用到大白粉、立德粉等粉底材料，以及用于调制颜料的辅助材料——胶水等。

（二）工具

制作泥塑的工具，除了手工捏制外，为了使作品呈现出不同的造型和更多的细节，制作过程中还需要大量的辅助工具，如泥塑刀、拍泥板、雕塑台、模具等，彩绘用的毛笔、刷子等。同时还有一些非常规工具，如剪刀、梳子等，这些工具没有硬性的规定，都是由手艺人在泥塑创造过程中发掘自制的。

（三）技法步骤

民间泥塑因其造型、体量、产地的不同，制作方法也不尽相同，基本的技法步骤包括以下几个方面：

1. 准备材料和工具

根据所要创作的泥塑作品的特点要求，准备泥土和制作工具。泥土一般需要捣炼、摔打，做成熟泥，密封分装备用。工具根据造型需要进行选择，包括各种用于塑型的雕塑刀、拍泥板、雕塑台、模具等较大的工具，用于细节刻画的小工具，彩绘用笔和颜料等。

2. 制作基础

为了保证泥塑的稳定性，一般要在底部加重，让其重心稳固，便于展示和陈设，通常用木板或泥板承载，大型的泥塑还需要用木棍、铁丝等搭制骨架，以支撑泥塑材料的重量，保证其造型的坚固稳定。

3. 制作胎体

胎体的制作分为制粗模和细部刻画。制作雏形粗模有手工捏制和模制两种方法。手捏法通常从大体轮廓开始，逐步进行局部到整体、整体到局部的调整和修饰，不断加泥减泥，最终成型。制作过程中，要注意造型的比例、线条和结构等问题。模制泥塑的制作步骤包括制作模子、制作胎体、调整胎体和抛光等。首先是设计，制作者需要根据需要制作的泥塑形象，进行形状的设计和构思。其次是制作模子，制作者需要根据泥塑的形状和比例，制作出精确的模子。制作模子的材料通常选用木质或硅胶等，制作过程中需要考虑模子的可调节性和易于取出泥塑。然后是制作胎体，制作者需要将泥土卷成小圆球，压入模子中，并用压模工具使其沿着模子表面均匀地分布。制造胎体时要注意，泥土的厚度要充分考虑所做泥塑的大小和比例。接下来是调整胎体，制作者可以通过随机捏按、修改和切割，使其更接近所需的形状和比例。完成粗模后再深入塑造，进行精细刻画与加工。对于不同的形象，制作者会运用不同的手法，如揉、搓、捏、包、推、拍、敲、镶、贴、扳、捻等手法，使泥塑更加逼真。

4. 整体调整

胎体完成后，需要进行整体的调整，使泥塑的线条更加完美流畅，形态更加生动自然。同时，通过碾磨和抛光等手段，使泥塑表面光滑细腻，增加其美感和硬度。

5. 晾晒

制作完成后的泥塑还需要放在背阴通风处晾干。时间长短取决于泥塑的大小及厚度，一般需要几天至几周的时间。但需要注意防止泥塑变形或开裂。

6. 绘色

在制作泥塑作品时，最后一个步骤通常是上色。有一句俗话叫作“三分塑，七分彩”，说明了着色对于作品的重要性。一般来说，在着色前先在素胎上涂一层底漆，以保持表面的平滑，并且便于吸收后续的彩绘颜色。彩绘所用的颜料一般都是品色，利用水胶进行调配，以增强颜色的附着力。

（四）聂家庄泥叫虎制作

在聂家庄泥塑中，虎是一种常见的造型之一，一般采用模制的方式制作。

1. 备泥：取当地黏性较大的泥土，大约在地下一米左右，一般为褐红色。将其加工成熟土，制成泥条或泥饼备用。

2. 备细干土：为了防止泥土跟模具粘连，导致泥模脱模时被损坏，要在模具里撒上干燥的浮土或草木灰，然后再填入泥条或泥饼。

3. 制坯：将细干土提前撒入两模具，填入泥条并压实，去掉多余的泥土，抹平制成泥胎，然后将两个模具对齐压紧缝隙，在模具底部粘上泥饼，并留好孔道，以便后续安装响哨。最后脱模风干。

4. 修坯：将泥叫虎的头身泥坯和尾部泥坯晾至半干，进行造型的修整，泥坯干透之后打磨抛光。

5. 制响哨：将约 3 厘米的芦苇秆一端斜切 45°角，再用油纸或薄膜粘在切口上，制成响哨。将响哨用胶固定在泥虎腹部预先留好的孔道中。

6. 上皮纸：用牛皮或厚皮纸，卷成筒状，将泥叫虎的头身部和尾部连接起来。

7. 粉底：将立德粉加胶调制好，为制好的完整泥坯刷白底色。

8. 上色：在制作泥叫虎时，常使用品色颜料，因为它的遮盖性较差。上色的步骤是先涂浅色再涂深色，先涂大面积区域后再涂小面积区域。

9. 装饰：等颜料完全干燥后，艺人会在叫虎的头部和耳朵等位置粘贴白色毛饰等物，以增加视觉效果。

五、泥塑艺术的创新实践

泥塑艺术作为一种传统的手工艺，有着悠久的历史和厚重的文化底蕴。然而，随着时代和文化的发展，泥塑作为一种艺术形式也需要不断地进行创新实践，以适应当代社会的需求和审美趋势。

（一）多元化的表现形式

传统泥塑作品以尺寸较小的小雕像为主，这种单一的表现形式在现代社会已经不能满足人们的审美需求。因此，现代泥塑艺术家开始尝试多元化的表现形式，如进行大型公共艺术的创作，从而使泥塑艺术走向大众，向社会传达出更多艺术观念和内涵。

（二）创新的艺术手法

在原有的泥塑技法的基础上，现代泥塑艺术家开始尝试各种创新的艺术手法。例如，现代泥塑作品中运用了空间感、光影效果、材料混合、多媒体手段等，使泥塑作品具有更加丰富多彩的形式和内涵。同时，泥塑艺术家还不断融合更多的现代艺术元素和潮流，如结合书法、绘画、建筑、雕塑等不同领域的艺术形式，使泥塑作品实现跨界创新。

（三）涵盖丰富的题材

泥塑艺术的题材从传统的人物、地域认知、风俗习惯等扩大到了更多的领域和主题。现代泥塑艺术家将泥塑作品的题材范围扩大了很多，涵盖了更广泛的社会领域，如环保主题、科技主题、历史主题、文化主题、人物主题等。物质与精神方面都有了表达。

（四）深入社会生活

现代泥塑艺术家深入社会生活，找到更多的艺术创作素材。例如，制作生动有趣的泥塑作品可以呈现出社会中的各种现象和风俗，从而实现社会和艺术的有机融合，为人们提供更加直观有趣的文化体验。

总的来说，泥塑艺术的创新实践正在带领泥塑艺术迈向更广阔的未来。多元化的表现形式、创新的艺术手法、丰富多彩的题材，以及丰富的社会生活，这些都为泥塑艺术的新发展开辟了更多空间和可能性。相信在泥塑艺术家们的不懈探索和创新实践下，泥塑艺术会更好地适应现代社会，为人们带来更多精神美的享受。